D1687560

Thomas Söding

Umkehr der Kirche

Thomas Söding

Umkehr der Kirche

Wegweiser im Neuen Testament

HERDER

FREIBURG · BASEL · WIEN

MIX
Papier aus verantwor-
tungsvollen Quellen
FSC® C083411

© Verlag Herder GmbH, Freiburg im Breisgau 2014
Alle Rechte vorbehalten
www.herder.de
Umschlaggestaltung: Verlag Herder
Satz: Barbara Herrmann, Freiburg
Herstellung: CPI books GmbH, Leck
Printed in Germany
ISBN 978-3-451-30915-1

Inhalt

Vorwort 7

Orientierung am Neuen Testament 9

I. Der Auftrag der Kirche 16
   1. Mit einer Guten Nachricht 16
   2. Unterwegs 28
   3. Zur Einheit und zur Vielfalt 43

II. Das Leben der Kirche 56
   1. Missionarisch 56
   2. Kooperativ 66
   3. Konstruktiv 81

III. Die Reform der Kirche 108
   1. Back to the roots 108
   2. Katholisch werden 124
   3. In der Welt, nicht von der Welt 134

IV. Frauen für die Kirche 143
   1. Frauen wie Lydia 143
   2. Diesseits und jenseits des Schweigens 151
   3. In alter und neuer Stärke 157

V. Dienste und Ämter in der Kirche 162
   1. In der Kraft des Geistes 162
   2. Auf die Kirche achten 168
   3. In Rom und aller Welt 184

VI. Eucharistie 193
   1. Das kostbare Mahl 193
   2. An der Quelle des Lebens 202
   3. Für alle 207

Inhalt

VII. Spiritualität ... 217
    1. Aufbrechen & Innehalten ... 217
    2. Beten & mehr ... 226
    3. Hören & Sprechen ... 247

VIII. Solidarität ... 256
    1. Brot für die Welt ... 256
    2. Schutz für die Kleinen – Gedanken zum Missbrauchsskandal ... 263
    3. Einsatz für das Leben ... 275

Nachweis der Erstveröffentlichungen ... 280

Bibelstellenregister ... 282

Vorwort

Die katholische Kirche muss sich reformieren. Wer zweifelt daran? Zu groß sind die weltweiten Probleme, den Glauben neu zu entdecken und in alter Frische weiterzugeben. Zu einfach sind die Antworten, die die Quelle der Schwierigkeiten »draußen« suchen, in der bösen Welt, und die Lösungen »drinnen«, am heimischen Herd. Aber wie soll die Kirche sich reformieren? Und wohin?

Wer Orientierung sucht, kommt am Neuen Testament nicht vorbei. Aber wer das Neue Testament liest, um Anstöße zu finden, kann nicht in den vorgegebenen Strukturen bleiben, die in einem Reformprozess zu optimieren wären. Die Frage wird grundsätzlicher. Erstens hat es eine ideale Kirche nie gegeben, auch am Anfang nicht. Zweitens ist in 2000 Jahren so viel Wasser den Jordan hinuntergeflossen, dass unmöglich aus einer Rückkehr zu dem, was am Anfang einmal war, Zukunft zu gewinnen wäre.

Das Neue Testament selbst blickt nach vorn: auf das Reich Gottes hin, das nahekommt. Dies ist die entscheidende Blickrichtung für die Kirche aller Zeiten, auch heute. Das Schlüsselwort des Neuen Testaments, das verstehen lässt, was »Reform« heißen kann, ist »Umkehr«. Das Wort hat Jesus nicht erfunden, sondern in der prophetischen Theologie Israels gefunden. Zuletzt hat es Johannes der Täufer geprägt, von dem Jesus sich im Jordan hat taufen lassen. »Umkehr« meint eine Kehrtwende des Lebens: weg von der Fixierung auf die Vergangenheit, hin zur Orientierung an der Zukunft; weg von der Fixierung auf das Böse, hin zur Orientierung am Guten; weg von der Fixierung aufs Gehabte, hin zur Orientierung am Verheißenen. Bei den Propheten, bei Johannes und bei Jesus ist Umkehr mit dem Bekenntnis der Sünden verbunden und der Erfahrung der Vergebung, mit Reue und Zuversicht, Buße und Aufbruch zu einem neuen Leben.

»Umkehr« hat den Vorteil, dass Gott ins Spiel kommt und dass nicht nur Institutionen vor Augen stehen, sondern Menschen. Umkehr ist eine Sache des ganzen Herzens und der ganzen Seele, des vollen Verstandes und der vollen Kraft. Umkehr ist immer eine persönliche Entscheidung und eine persönliche Konsequenz; aber Umkehr ist auch die Bewegung einer ganzen Gemeinschaft, die ihre Sünden loswerden will – um sich von der Gerechtigkeit Gottes erfüllen zu lassen: »Dein Wille geschehe, wie im Himmel, so auf Erden«.

Wer so betet, mit den Worten Jesu, weiß, dass Umkehr nicht mit der Bekehrung abgetan ist, sondern eine permanente Dimension persönlichen und kirchlichen Glaubenslebens ist. Die Umkehr, die im Neuen Testament gefordert wird, setzt die entscheidenden Wegmarken für die Kirchenreform.

Das Buch soll einige Impulse aufgreifen. Es geht auf neutestamentliche Studien zurück, die als exegetische Beiträge zur aktuellen Reformdebatte betrachtet werden können. Für dieses Buch wurden sie durchgesehen, aktualisiert und neu zusammengestellt.

Bochum, 10. Januar 2014   *Thomas Söding*

Orientierung am Neuen Testament

Die Krise der Kirche in Deutschland und Europa ist unübersehbar. Die Zeit, da man »Hymnen an die Kirche« (Gertrud von le Fort)[1] gesungen hat, ist vorbei. Nach wie vor gibt es »Kirchenträume« (Norbert Lohfink)[2]: heute vor allem die Vision einer Gemeinschaft, die sich auf dem Wege weiß; bei einigen die Sehnsucht nach einem Freundeskreis, der Geborgenheit und Sicherheit im Glauben verleiht; bei wenigen die Utopie einer Kontrastgesellschaft, in der die Menschen anders leben, anders denken, anders arbeiten, anders beten als in der Umwelt. Doch für allzu viele sind diese Träume nur Schäume.

Die Situation scheint paradox: Zum ersten Mal in der Konzilsgeschichte hat das Zweite Vatikanum die Kirche zum großen Thema gemacht; zwei seiner Schlüsseldokumente, *Lumen gentium* (»Licht der Völker«) und *Gaudium et spes* (»Freude und Hoffnung«), sind von den aufgeschlossenen Zeitgenossen als wegweisende Reflexionen begrüßt worden, weil sie trotz aller Kompromisse, die eingegangen werden mussten, dem Prinzip des *aggiornamento* (Verheutigung) ebenso verpflichtet gewesen seien wie der Treue zum Ursprung. Allerdings ist die Wirkung kein durchschlagender Erfolg gewesen.

In den Kirchen der südlichen Hemisphäre und des ehemaligen Ostblocks haben sich Entwicklungen abgespielt, die einerseits die Identität der Kirchen auf eine harte Bewährungsprobe gestellt, andererseits aber die moralische Autorität der Ortskirchen vergrößert haben. Es gibt wachsende Gemeinden, besonders in Afrika und Asien, mit neuen Formen des Gottesdienstes, der Spiritualität und der Ethik, die für die gesamte Kirche eine große Bereicherung sind,

---

[1] Gertrud von le Fort, Hymnen an die Kirche, München ²²1990 (1924).
[2] Norbert Lohfink, Kirchenträume. Reden gegen den Trend, Freiburg – Basel – Wien 1989 (1982).

besonders wegen der Glaubensfreude, die sie ausstrahlen. Allerdings gibt es auch ein massives Erstarken der Freikirchen, die vielen Katholikinnen und Katholiken freier, offener, intensiver erscheinen als die Kirche, in der sie getauft worden sind.

Im Westen ist die Ära nach dem Konzil nicht nur eine Zeit massiver Kirchenkritik wegen ausgebliebener oder halbherziger Reformen, sondern auch eine Zeit großer Frustrationen über fehlende Resonanz in der Gesellschaft und starker Unsicherheiten hinsichtlich der neuen Rolle, die der Kirche als ganzer, aber auch den verschiedenen Gliedern innerhalb der Kirche, insbesondere den Klerikern und den Laien, nicht zuletzt den Frauen zufallen soll. Die Phänomene deuten nicht nur auf eine Krise der pastoralen Strategien und institutionellen Strukturen, sondern der kirchlichen Identität in einer demokratischen und pluralistischen Wohlstandsgesellschaft hin. Diese Identitätskrise resultiert einerseits daraus, dass die ekklesiologischen Impulse des Zweiten Vatikanischen Konzils erst in Ansätzen aufgenommen, realisiert und weitergedacht worden sind; andererseits resultiert sie daraus, dass in den Jahrzehnten nach dem Konzil eine Vielzahl neuer, ebenso rasanter wie tiefgreifender gesellschaftlicher Entwicklungen eingetreten ist, auf die neue Antworten gesucht werden müssen.

Die Geschichte der europäischen Neuzeit ist auch die Geschichte der Säkularisierung Europas. Weite Bereiche des Lebens, nicht nur die Wissenschaft und die Technik, auch der Staat und die Ökonomie, die Kultur und die Gesellschaft, selbst die ganz persönlichen Wertvorstellungen und Überzeugungen, nicht zuletzt die Sexualmoral und das Familienbild, werden immer weniger von religiösen Traditionen und Positionen beeinflusst, auch bei denen, die sich voll und ganz zur Kirche rechnen. Soziologen sprechen von einer fortschreitenden Segmentierung der Gesellschaft; die Religion ist nur einer von vielen Lebensbezirken, ohne große Ausstrahlung auf die anderen Bereiche und ohne große Einflüsse von ihnen. Die Konsequenzen sind unvermeidlich: Der Einfluss der Kirchen auf das öffentliche Leben ist gesunken. Die Identifikation mit der Kirche wird immer weniger selbstverständlich. Das elementare Glaubenswissen schwindet. Die Zahl der Kirchenaustritte schwillt wellenförmig an. Volkskirchliches Leben löst sich immer weiter auf. Die Zahl der Konfessionslosen steigt, zumal im Osten und Norden, zunehmend auch im Westen und im Süden. Die Symbiose von abendländisch-europäischer Kultur und christlicher Kirchlichkeit ist dahin. Wenn man nicht auf die offiziellen Mitgliedszahlen schaut, sondern auf die aktive Teilnahme am Gemeindeleben, bilden die Christen beider großen Konfessionen in weiten Teilen Deutschlands und Europas nur mehr eine Minderheit. Dass dies die Kirchen in eine schwere Identitätskrise stürzt, ist unvermeidbar.

Freilich zeigt sich in letzter Zeit auch, dass die Säkularisierungsschübe im Wirbel postmoderner Lebenskonzepte durchaus mit einer neuen Religionsfreudigkeit einhergehen können. Buchhandlungen machen beste Umsätze mit esoterischer Literatur. Firmen verordnen ihren Managern Kurse für positives Denken und transzendentale Meditation. Fernsehsendungen, die Lebenshilfe mit allerlei religiösen Betrachtungen verbinden, erzielen beachtliche Einschaltquoten. Das Interesse für fernöstliche, indianische und afrikanische Religionen ist nicht gering, wenn es auch nur einen kleinen Teil der Bevölkerung erfasst.

Das Phänomen ist ambivalent. Einerseits scheint es zu bestätigen, dass Religiosität eine Konstante menschlicher Existenz ist, auch in der Moderne. Andererseits signalisiert es eine tiefe Unsicherheit in den transzendentalen Suchbewegungen vieler heutiger Menschen. Wie Johann Baptist Metz analysiert hat, lassen sie sich auf eine eher vage, konsumorientierte, gewiss pluralistische, in jedem Fall synkretistische Religiosität ein, die mit einem eigentümlichen Ausweichen vor der Frage nach einem persönlichen Gott einhergeht.[3] Er spricht von einer Gotteskrise; eher sollte man von einer Glaubenskrise sprechen. Die Religiosität der Menschen gerät in der Sog einer breiten geistigen Strömung, die in den letzten Jahren gerade in Deutschland zu einem tiefgreifenden Wandel des Lebenskli-

---

[3] Johann Baptist Metz, Theologie gegen Mythologie, in: Herder Korrespondenz 42 (1988) 187–193.

mas geführt hat: Aus einer Konflikt- und Risikogesellschaft ist eine Erlebnisgesellschaft geworden.[4] Zur Steigerung des eigenen Lebensgefühls ist – neben vielem anderen – auch das Religiöse durchaus willkommen; es wird freilich funktionalisiert: als Mittel zur Befriedigung des Bedürfnisses nach Selbsterfahrung, Selbstverwirklichung und Selbsttranszendenz.

Ist diese Analyse nur in Ansätzen richtig, nimmt es nicht Wunder, dass die Kirchen von neuen Formen der Religiosität wenig profitieren können. Mit verbindlichen Entscheidungen, mit langfristigen Festlegungen, mit klaren Bekenntnissen, mit harten Forderungen verträgt sich dieser Trend nicht. Mehr noch: Die neue religiöse Welle verändert das Denken und Glauben der Kirchenmitglieder selbst. Die Lust an der Vielfalt, am Experiment, am Neuen und Unbekannten ist groß: Man nimmt sich die Freiheit, anders als die Kirchenleitungen zu denken; man sieht keine Probleme darin, das Glaubensbekenntnis für sich persönlich nur in Teilen als verbindlich zu erachten; man lässt sich im Gottesbild, in der Frömmigkeit, in der privaten Theologie ganz unbefangen von buddhistischen, hinduistischen, animistischen Traditionen inspirieren; die Differenzen zu anderen Religionen werden relativiert, von den Unterschieden zwischen den christlichen Konfessionen ganz zu schweigen.

Diese breite Bewegung ist unter vielerlei Rücksichten zweifellos positiv zu beurteilen: der Trend weg von Fixierungen auf kirchliche Autoritäten, weg von Selbstimmunisierungen vor fremden Einflüssen, hin zur Anerkennung des hohen Wertes anderer Religionen, hin zur Akzeptanz und Praktizierung eines legitimen, weil vom Evangelium selbst begründeten Pluralismus in Theologie und Kirche. Aber die Grenze zwischen Pluralismus und »Vielmeinerei« (Johann Wolfgang Goethe) ist fließend. Interessenvielfalt kann auch Oberflächlichkeit, Toleranz auch Profillosigkeit, Offenheit auch Denkschwäche kaschieren. Eine Unterscheidung der Geister tut not; sie vorzunehmen und für den Aufbau der Ekklesia zu nut-

---

[4] Vgl. Gerhard Schulze, Die Erlebnisgesellschaft. Kultursoziologie der Gegenwart, Frankfurt/Main [6]1996 ([1]1992).

zen, ist schwer. Die gesamtgesellschaftlichen Trends zur Privatisierung des Glaubens, zur Funktionalisierung der Religion und zum harmlosen Synkretismus sind so stark, dass sie durch einzelne Initiativen noch so engagierter Gemeinden, noch so begabter Lehrerinnen und Lehrer, noch so aufgeschlossener Pfarrer nicht gestoppt werden können. Sie verlangen nach einer neuen Ortsbestimmung der Kirchen, nach einer selbstkritischen Situationsanalyse, in der sie ihre Berufung neu zu entdecken hätten.

Die Kritik an den bestehenden Verhältnissen und die Suche nach Alternativen bleiben allerdings immer wieder an volkskirchlichen Modellen orientiert, die eine irgendwie geartete Symbiose von kirchlichem und gesellschaftlichem Leben voraussetzen.[5] Das ist zum Scheitern verurteilt. Auch die klassische Pfarreistruktur löst sich langsam auf, mögen auch die Gemeinden besser sein als ihr Ruf. Die Suche nach Alternativen ist notwendig.

In dieser Situation nach den Kirchenbildern des Neuen Testaments zu fragen, kann nicht Ausdruck eines biblischen Romantizismus sein. Eine heile Anfangszeit der Kirche hat es nie gegeben. Die These, die Geschichte der Kirche sei eine einzige Geschichte des Abfalls von den Idealen Jesu, ist, so kritisch und aufgeklärt sie sich geben mag, selbst der ideologische Ausdruck eines unkritischen und unaufgeklärten Bewusstseins. Die sozialen, gesellschaftlichen, kulturellen und technischen Lebensbedingungen haben sich seit der urkirchlichen Zeit derart immens verändert, dass eine Rückkehr zu neutestamentlichen Kirchenstrukturen ins Abseits führen müsste.

Dennoch ist die Frage nach den neutestamentlichen Gemeindeformen von größter Aktualität. Jede Reform der Kirche, die wirklich zu neuen Ufern geführt hat, ist entscheidend durch die Rückbesinnung auf den Anfang bestimmt gewesen. Die Treue zum Ursprung ist eine wesentliche Voraussetzung ekklesialer Identität. Der Grund liegt nicht allein in einem formal bleibenden Schrift- oder Traditionsprinzip; der Grund liegt vielmehr in der »Dynamik des An-

---

[5] Ausnahmen bestätigen die Regel: Vgl. Christian Hennecke, Kirche, die über den Jordan geht. Expeditionen ins Land der Verheißung, Münster [5]2011 (2006).

fangs« (Anton Vögtle)⁶: in der großen, in der unvergleichlichen spirituellen, kerygmatischen und ethischen Kraft, von der die ersten Jahrzehnte nach Ostern geprägt gewesen sind. Sich zu vergegenwärtigen, in welchem Umfeld, aus welchen Antrieben, unter welchen Schwierigkeiten, mit welchen Hoffnungen, auf welchem Grund die ersten christlichen Gemeinden entstanden sind, ist deshalb eine unentbehrliche Hilfe für die Suche nach neuen, glaubwürdigen Formen des Kircheseins hier und heute.

Freilich kann das theologische Potential, das die neutestamentlichen Schriften für die Identitätsbildung der Kirche heute bereitstellen, nur dann erschlossen werden, wenn in der Schriftauslegung neue Fragen und alte Fragen neu gestellt werden. Das Thema, das traditionell die meiste Aufmerksamkeit auf sich zieht, ist die Amtstheologie. Die ökumenische, kirchenrechtliche und pastoraltheologische Brisanz der Fragestellung ist offenkundig; in der Einsicht z. B., welche Rolle Frauen in den urchristlichen Gemeinden spielen konnten und dann bald wieder nicht mehr, liegt einiger Zündstoff. Deshalb muss dieses Thema exegetisch immer wieder neu aufgearbeitet werden. Doch wäre es problematisch, die Hauptaufgabe einer neutestamentlichen Ekklesiologie in der Untersuchung von Diensten und Ämtern, Strukturen und Institutionen der ersten Gemeinden zu sehen. Fundamentaler als die Frage nach Ämtern setzt die Frage nach urchristlichen Lebensformen und Gemeindemodellen an: Was hat Menschen in neutestamentlicher Zeit dazu bewegt, Christen zu werden? Was hat sie motiviert, Christen zu bleiben? Wie haben sie ihr Christsein zu leben versucht? Wie hat das Alltags- und das Sonntagsleben einer urchristlichen Gemeinde ausgesehen? Welchen Herausforderungen mussten sich die ersten Christen stellen? Welchen Zwängen sahen sie sich ausgesetzt? Welche Alternativen gab es? In welchem Umfeld haben sich die ersten christlichen Gemeinden entwickelt?

Richtet sich die Aufmerksamkeit auf diese Fragen, erweist sich in neuer Weise die grundlegende Bedeutung des Neuen Testaments:

---

6 Anton Vögtle, Die Dynamik des Anfangs, Freiburg – Basel – Wien 1988.

erstens weil es keine starke, mächtige, etablierte, selbstsichere, sondern eine kleine, schwache, angefochtene, diskreditierte, aber eben dynamische und faszinierende Kirche zeigt; zweitens weil es in einer pluralistischen Welt der Religionen christliche Identität weder durch Verschmelzung noch durch Rigorismus zu gewinnen sucht, sondern (jedenfalls in seinen großen Schriften) angstfrei und sensibel, durch Dialog und Kritik, im Respekt vor den spirituellen und ethischen Werten griechischer Religionen, in tiefer Zustimmung zur Bibel Israels, voll Vertrauen in die unvergleichliche Kraft des Evangeliums (Röm 1,16f.).

I. Der Auftrag der Kirche

Die Kirche ist mit einer guten Nachricht unterwegs zur Einheit und zur Vielfalt des Glaubens ganz verschiedener Menschen, die allesamt »auf den Namen des Vaters und des Sohnes und des Heiligen Geistes« getauft sind (Mt 28,19) – oder doch eingeladen sind, sich taufen zu lassen, wo auch immer und wie auch immer sie leben. Die Gute Nachricht ist das Evangelium Jesu Christi: wie unendlich nahe Gott den Menschen kommt und die Menschen Gott kommen, so dass sie auch sich selbst und ihre Nächsten, sogar ihre Feinde anders sehen können, nämlich wie Gott sie sieht. Die Einheit ist die gemeinsame Konzentration auf Gott, wie ihn Jesus Christus in der Kraft des Geistes gezeigt hat (und zeigt), und die daraus folgende Pflege eines Miteinanders, das im Kern nicht auf Interessen, sondern auf Berufungen beruht. Die Vielfalt ist die Weite der Glaubenserfahrungen und die Tiefe der persönlichen Glaubenseindrücke.

1. Mit einer Guten Nachricht

Im Philipperbrief[7] schreibt Paulus als Überschrift einer ganzen Reihe von Mahnungen und Aufmunterungen (Phil 1,27):

Es kommt nur auf eines an:
Führt euer Gemeindeleben so, wie es dem Evangelium Christi entspricht.

Der Satz ist markant, aber problematisch. Kommt es tatsächlich nur darauf an, dass die Gemeinde so lebt, wie es dem Evangelium entspricht? Kommt nicht vielmehr alles darauf an, dass sie die drängenden Aufgaben und Probleme in unserer Gesellschaft wahrnimmt und – soweit es in ihrer Kraft steht – zu lösen versucht? Eine schnelle

---

[7] Als Kommentar vgl. Ulrich B. Müller, Der Brief des Paulus an die Philipper (ThHKNT 11.1), Leipzig ²2002 (1993).

Antwort könnte sich allzu leicht als vorschnell erweisen. Aufgeworfen ist ein Grundproblem, mit dem sich die Kirche in ihrer Gesamtheit und in den einzelnen Gemeinden immer wieder aufs Neue auseinanderzusetzen hat: das Problem, welche Bedeutung das Evangelium für die Gemeinde und für die Kirche haben kann und haben muss und welche Perspektiven sich für ihre Lebensformen und Aufgaben ergeben, wenn sie ganz vom Evangelium her zu leben versucht.

Um dieses Problem in seiner ganzen Schärfe zu sehen, aber auch um Ansätze und Perspektiven für Lösungen zu erkennen, ist es unumgänglich zu fragen, wie das Verhältnis von Evangelium und Gemeinde im Neuen Testament selbst gesehen wird. Der Blick ist auf solche Aussagen, Vorstellungen und Konzeptionen zum Thema »Evangelium und Gemeinde« zu lenken, denen innerhalb des Neuen Testaments selbst eine Schlüsselfunktion zukommt. Ein erster Schwerpunkt liegt deshalb auf der Frage, inwieweit die Verkündigung Jesu von Nazareth selbst Gemeinde zu bilden versucht hat; ein zweiter Schwerpunkt ist die Frage, welche Schwierigkeiten und Perspektiven sich für die Evangeliumsverkündigung aufgrund von Tod und Auferweckung Jesu ergeben haben; einen dritten Schwerpunkt bildet die Frage, wie Paulus, derjenige, der der universalen Evangeliumsverkündigung entscheidend zum Durchbruch verholfen hat, das Verhältnis von Evangelium und Gemeinde sieht.

a) Der jesuanische Ansatz

Zum Abschluss seines Evangelienprologs versucht der Evangelist Markus mit wenigen Worten den Kern der Botschaft Jesu freizulegen.[8] In Mk 1,14f. heißt es:

> Nachdem aber Johannes ausgeliefert worden war, kam Jesus nach Galiläa und verkündete das Evangelium Gottes:
> »Erfüllt ist die Zeit
> und nahegekommen ist die Gottesherrschaft.

---

[8] Vgl. Thomas Söding, Die Verkündigung Jesu – Ereignis und Erinnerung, Freiburg – Basel – Wien ²2012 (2011).

Kehrt um
und glaubt an das Evangelium!«

So klar die heutige Bibelwissenschaft sieht, dass diese Verse aus der Feder des Evangelisten selbst stammen (der freilich Traditionselemente aufgegriffen hat), so klar darf doch auch gesagt werden, dass es Markus gelungen ist, entscheidende Aspekte dessen deutlich werden zu lassen, was als Grundanliegen Jesu von Nazareth heute erkennbar ist. Dazu gehört nicht zuletzt, dass Jesus selbst als Verkünder des »Evangeliums Gottes« gesehen wird.

Diese Aussage von Mk 1,14 trifft sich mit der einer alten Tradition, die auf die »Logienquelle« zurückgeht (Mt 11,2–6 par. Lk 7,18f.22f.): Auf die Frage des Täufers, ob er es sei, der kommen soll, oder ob sie auf einen anderen warten müssten, antwortet Jesus, auf Stellen im Jesajabuch anspielend (Jes 26,19; 29,18; 35,5f.):

Blinde sehen und Lahme gehen, Aussätzige werden rein und Taube hören, Tote werden auferweckt,

um all dies – wiederum in Anspielung auf eine Jesajastelle (61,1) – in dem Wort zusammenzufassen:

Und den Armen wird das Evangelium verkündet.

Das Evangelium, das Jesus verkündet, ist nach Mk 1,15 die »Frohe Botschaft«, dass Gott seine Herrschaft nahekommen lässt, eine Frohe Botschaft für alle Menschen, insbesondere aber für die Armen. Denn Jesus verkündet in seinem Evangelium Gott als denjenigen, der den Antritt seiner Herrschaft, die für die Menschen – durch das Gericht hindurch – Heil, Leben und Rettung schlechthin bedeutet, nicht bis in eine ferne Zukunft vertagt, sondern nahebringt. Von dieser andrängenden Nähe der zukünftigen Gottesherrschaft ist bereits die Gegenwart durch und durch bestimmt. Sie ist deshalb eine Zeit, in der einerseits das Heilshandeln Gottes in ganz neuer Intensität erfahrbar wird, in der aber andererseits auch der Anspruch Gottes, der aus seinem eschatologischen Heilshandeln entspringt, die Menschen in neuer Intensität trifft.

Von beidem, zuerst vom Zuspruch, dann aber auch vom Anspruch Gottes, hat jede Evangeliumsverkündigung zu reden – und hat Jesus als der erste, als der von Gott selbst gesandte Bote der Gottesherrschaft in seiner Evangeliumspredigt durchweg geredet. Wie die Antwort auf die Täuferfrage aus der Erinnerung festgehalten hat, gehört zu Jesu Verkündigung zunächst, dass er den Menschen, die ihm begegnen, insbesondere aber den Armen, konkrete Erfahrungen heilsamer Nähe der Gottesherrschaft vermittelt: indem er sie von Krankheit und Besessenheit befreit; indem er sie von den Rändern der politischen und religiösen Gesellschaft an einen gemeinsamen Tisch holt; und indem er sie vom Joch einer Gesetzesauslegung befreit, die den Zugang zum Reich Gottes versperrt.

Zur Evangeliumsverkündigung Jesu gehört es aber auch, dass er den Anspruch weitergibt, den Gott erhebt, wenn er seine Herrschaft nahekommen lässt. In Mk 1,14f. stehen dafür die Stichwörter »Umkehr« und »Glaube«: Jesus fordert die Hörer seiner Botschaft zu einer radikalen Neuorientierung ihres gesamten Lebens mit all seinen Wünschen und Hoffnungen, Erfolgen und Misserfolgen, Erfahrungen, Ängsten und Erwartungen auf: zu einer Wendung um 180 Grad weg von der Fixierung auf sich selbst, hin zu einer Orientierung an Gott, die von rückhaltlosem Vertrauen getragen ist, zu einem geklärten Bekenntnis führt und tiefgreifende Folgen für das zwischenmenschliche Verhalten hat. Im Zusammenhang damit fordert Jesus aber auch eine Solidarisierung mit seiner eigenen Person und seiner Botschaft. So geht es aus dem alten Wort Lk 12,8f. hervor:

> Amen, ich sage euch,
> wer sich zu mir vor den Menschen bekennt,
> zu dem wird sich auch der Menschensohn bekennen vor den Engeln Gottes.
> Wer mich aber vor den Menschen verleugnet,
> der wird auch vor den Engeln Gottes verleugnet werden.

Mit diesem Ruf zur Umkehr, zum Glauben und zur Solidarisierung mit ihm, dem prophetischen Boten der Gottesherrschaft, hat Jesus ganz Israel angesprochen, um es in der Nähe der Gottesherrschaft zu sammeln und als Gemeinde Gottes neu zu formen. Jesu Evangeliumsverkündigung zielt also von Anfang an auf die Bildung einer Gemeinschaft des Glaubens hin, und zwar auf eine (innerhalb Israels) offene Gemeinschaft. Jesu Ziel war es nicht, einen heiligen Rest auszusondern; Jesus wusste sich vielmehr dazu gesandt, allen Menschen in Israel, nicht nur den Männern, sondern auch den Frauen (Lk 8,2), nicht nur den Gesunden, sondern auch den Kranken (Lk 11,20), nicht nur den Gelehrten, sondern auch den Unmündigen (Lk 10,21), nicht nur den Etablierten, sondern auch und gerade den Marginalisierten, den Armen (Lk 6,20f. par. Mt 5,3–12), das Evangelium von Gottes nahekommender Herrschaft zu verkünden, um sie für die Sache Gottes zu gewinnen. Auch Heiden – von denen in Galiläa und Judäa viele lebten – hat Jesus nicht zurückgestoßen, sondern angenommen.

Dem Ziel der Sammlung ganz Israels und seiner Öffnung für die Heiden dient es auch, wenn Jesus einzelne Menschen in seine Nachfolge ruft. Die Jünger, die Jesus sich erwählt hat, müssen aus ihren bisherigen Leben ausbrechen (Mk 1,16–20; 10,28–31; Mt 8,21), um die Unsicherheit und Unstetigkeit des Wanderlebens Jesu teilen zu können, der selbst »keinen Fleck Erde hat, um dort sein Haupt niederzulegen« (Lk 9,58), und dadurch frei zu werden, an Jesu Sendung teilzunehmen und – in der Vollmacht Jesu (Mk 6,7) – gleichfalls das Evangelium von Gottes Reich zu verkünden (Lk 10,9 par. Mt 10,7).

Im Überblick betrachtet, zeichnen sich vier Wesensmomente der Evangeliumsverkündigung Jesu ab:

Erstens: Jesus selbst sieht seine entscheidende Aufgabe darin, das Evangelium Gottes zu verkünden.

Zweitens: Als Evangelium verkündet er, dass Gottes Herrschaft heilbringend nahegekommen ist.

Drittens: Diese Evangeliumsverkündigung zielt auf die Sammlung ganz Israels als Gemeinde, die sich neu auf den Willen Gottes verpflichtet.

Viertens: Diesem Ziel dient es, wenn Jesus einzelne Menschen in seine Nachfolge ruft, damit sie mit ihm – aus seiner Vollmacht heraus – das Evangelium von Gottes Reich verkünden.

b) Der österliche Motivationsschub

Mit seiner Verurteilung und Hinrichtung am Kreuz war (oder schien) Jesu Evangeliumsverkündigung gescheitert: Jesus hat mit seinem Glaubens- und Umkehrruf nur wenige erreicht; ein Großteil hat sich seiner Botschaft verschlossen; mit maßgeblichen Kreisen des Judentums geriet Jesus aufgrund seiner Evangeliumsverkündigung, die ihn zugleich für die ungeteilte Geltung des Anspruchs Gottes und für die rückhaltlose Öffnung der Heilsgemeinde auch für die Sünder und Unreinen eintreten ließ, zunehmend in Konflikte, die seine Hinrichtung durch die Römer mit verursacht haben werden; von den Jüngern schließlich berichtet das älteste Evangelium, dass sie dem Druck des Leidens nicht standzuhalten vermochten und alle geflohen sind (Mk 14,50).

Umso erstaunlicher ist es, dass nach dieser Katastrophe des Todes Jesu die Verkündigung des Evangeliums nicht aufhört, sondern in ihrer ganzen Dynamik erst beginnt: Die Grenzen der Israelmission werden im Ausgriff auf die Völker gesprengt; zuerst in Jerusalem, vielleicht in Galiläa, sehr schnell aber auch in Syrien und Kleinasien bilden sich Gemeinden von nachösterlichen Jüngern, die den Namen Jesu anrufen und bald auch »Christen« genannt werden (Apg 11,26).[9]

Die Initialzündung, die diesen Prozess ausgelöst hat, war – nach der übereinstimmenden Auskunft des gesamten Neuen Testaments – die Erfahrung der Auferweckung Jesu von den Toten. Wie auch immer im Einzelnen den Erstzeugen der Auferweckung, die aus dem Kreis der vorösterlichen Jünger Jesu stammten, diese Erfahrung zuteilgeworden ist (die neutestamentlichen Texte bleiben in dieser Hinsicht mit Recht sehr zurückhaltend): Entscheidend war die Erfahrung, dass Gott seinen Knecht Jesus, den getöteten Boten der Gottesherrschaft, von den Toten auferweckt (1 Kor 15,3–5) und zu seiner Rechten erhöht hat (Phil 2,6–11). Zu dieser grundlegenden

---

[9] Vgl. Dieter-Alex Koch, Geschichte des Urchristentums. Ein Lehrbuch, Göttingen 2013.

Der Auftrag der Kirche

Auferweckungserfahrung gehört aber auch, dass Jesus von Nazareth – und niemand anders – sich als Auferstandener den Jüngern zu erkennen gibt, um sie wiederum zu sammeln und erneut in die Nachfolge zu rufen mit dem Ziel, dass sie seine Evangeliumsverkündigung fortsetzen. Der Evangelist Matthäus stellt dies in den Mittelpunkt seiner Auferstehungsbotschaft. Der auferstandene Jesus tritt in die Mitte der (übriggebliebenen) elf Jünger und sagt ihnen, die zweifeln (Mt 28,18ff.):

> Mir ist alle Macht gegeben im Himmel und auf Erden.
> Geht darum hin und macht alle Völker zu Jüngern,
> indem ihr sie auf den Namen des Vaters und des Sohnes und des heiligen Geistes tauft
> und sie lehrt, alles zu halten, was ich euch geboten habe.
> Und siehe: ich bin mit euch alle Tage bis ans Ende der Welt.

Wodurch ist nach diesem Manifest die nachösterliche Evangeliumsverkündigung gekennzeichnet?

Erstens: Die nachösterlichen Verkündiger werden vom Auferstandenen selbst gesendet. Er ist der eigentliche Initiator der nachösterlichen Evangeliumsverkündigung.

Zweitens: Diese Verkündigung ist von der Zusage des Auferstandenen getragen, alle Tage »mit« den Jüngern zu sein; sie darf und soll sich mithin auf die Verheißung gründen, dass der Auferstandene mit aller ihm von Gott verliehenen Vollmacht in der Mitte der Jünger als ihr Beistand wirkt.

Drittens: Die nachösterliche Evangeliumsverkündigung steht in Kontinuität zur vorösterlichen, weil der auferstandene Jesus in der Mitte seiner Jünger bleibt. Die Jünger haben nichts anderes zu lehren, als das, was Jesus selbst ihnen gesagt hat – was das Bemühen um ein zeitgemäßes Sprechen nicht ausschließt, sondern voraussetzt. Das deutlichste Neuheitselement ist die – trinitarisch angelegte – Taufe, die (so lässt sich theologietechnisch sagen) sakramental die Zugehörigkeit zu Jesus und zum Gottesvolk bewirkt.

Viertens: Die nachösterliche Evangeliumsverkündigung ist von ihrem Wesen her universal, weil Tod und Auferweckung Jesu die

Universalität der Heilsintentionen Gottes unwiderruflich aufgedeckt haben.

Fünftens: Den nachösterlichen Jüngern, die das Evangelium verkünden sollen, wird vom Auferstandenen die Aufgabe und die Vollmacht gegeben zu taufen und zu lehren. Diese Vollmacht ist an die Aufgabe gebunden; sie ist eine Vollmacht, die um des Dienstes am Evangelium willen entstanden ist und sich deshalb ganz in den Dienst des Evangeliums stellen muss.

Sechstens: Das Ziel der nachösterlichen Evangeliumsverkündigung liegt darin, alle Völker zu Jüngern zu machen. Das ist weit mehr, als sie zu belehren; es heißt, die Hörer des Wortes an die Person Jesu zu binden, ihnen seinen helfenden Beistand erfahrbar zu machen, sie zum Tun des Willens Gottes einzuladen (wie er am nachdrücklichsten in der Bergpredigt formuliert wird) und sie dadurch zur Mitarbeit am Werk der Evangeliumsverkündigung zu befähigen, zu der (nicht nur) nach matthäischer Sicht alle nachösterlichen Jünger berufen und befähigt sind, d. h. alle Glieder der entstehenden Gemeinde, unbeschadet ihres je verschiedenen Charismas.

c) Die paulinische Konsequenz

Der erste, der die Konsequenzen aus der Auferweckung des Gekreuzigten für Aufgabe, Perspektive und Form der nachösterlichen Evangeliumsverkündigung in aller Klarheit gesehen und verfolgt hat, war Paulus.[10] Er war zwar nicht der erste »Missionar«, der Heiden bekehrt hat (vgl. Apg 8,4–25; 10f.), aber er war der erste, der die Aufgabe universaler Evangeliumsverkündigung zur Mitte seiner apostolischen Existenz gemacht hat. Dafür war seine persönliche Ostererfahrung entscheidend: seine Begegnung mit dem Auferweckten, von der er im Galaterbrief (Gal 1,15f.) schreibt, dass er sie zugleich als Berufung zur Heidenmission erfahren habe:

---

[10] Vgl. Klaus Haacker, Paulus, der Apostel. Wie er wurde, was er war, Stuttgart 2008.

> Gott aber, der mich von meiner Mutter Schoß erwählt
> und durch seine Gnade berufen hat,
> gefiel es, seinen Sohn in mir zu offenbaren,
> damit ich ihn den Heiden als Evangelium verkünde.

Das Programm der universalen Evangeliumsverkündigung, also auch der damals keineswegs unumstrittenen Heidenmission, das aus dieser Berufung folgt, hat Paulus am intensivsten in dem Brief reflektiert, der zu seinem »Testament« geworden ist, dem Römerbrief. Im ersten Satz dieses Briefes stellt Paulus sich der ihm unbekannten Gemeinde (von Gal 1,15f. her verständlich) als »berufener Apostel, ausgesondert für das Evangelium Gottes« (Röm 1,1) vor. Wie sehr diese »Aussonderung« für ihn Berufung zur universalen Heidenmission meint, geht aus dem Rahmen des Römerbriefs besonders deutlich hervor. Paulus sucht das Gespräch mit der Hauptstadtgemeinde (Röm 1,11f.), weil er von Rom aus eine neue Phase seiner Evangeliumsverkündigung einleiten will: Nachdem er seine Mission im Osten des römischen Imperiums im Wesentlichen für abgeschlossen hält, will er sein Arbeitsfeld in den Westen, bis hin nach Spanien, verlagern (Röm 15,23f.). Der Vorbereitung dieses Planes, der Einstimmung der Gemeinde auf seine Absichten, aber auch der theologischen Reflexion dieses universal auszubreitenden Evangeliums dient der Brief an die Römer.

Inwiefern aber drängt das Evangelium zur universalen Verkündigung und damit zur Bildung von Gemeinden in der ganzen damaligen Welt? Eine Antwort ergibt sich aus der »Definition« des Evangeliums, mit der Paulus die Einleitung seines Briefes beschließt und dessen Thema vorstellt (Röm 1,16f.):

> Ich schäme mich nämlich des Evangeliums nicht:
> Es ist die Kraft Gottes zur Rettung für jeden, der glaubt,
> den Juden zuerst, aber auch den Griechen;
> denn in ihm wird die Gerechtigkeit Gottes geoffenbart
> aus Glauben zum Glauben,
> wie geschrieben steht (Hab 2,4):
> »Der aus Glauben Gerechte wird leben.«

Das Evangelium ist danach weder eine Summe von Glaubenssätzen noch gar ein Buch über das Wirken Jesu; Evangelium ist vielmehr die Macht des zur Rettung aller Menschen entschlossenen Gottes, die er am intensivsten in der Auferweckung des für alle Menschen gestorbenen Gottessohnes Jesus erwiesen hat. Von dieser Macht Gottes sieht Paulus sich selbst in seiner ganzen Existenz ergriffen. In Röm 15,16, dort, wo er auf seine weiteren Missionspläne zu sprechen kommt, versteht er sich als Diener Jesu Christi, der

> das Evangelium priesterlich vermittelt;
> denn die Heiden sollen eine Opfergabe werden, die Gott gefällt,
> geheiligt im Heiligen Geist.

Wenn Paulus hier von einer Opfergabe spricht, zu der die Heidenvölker selbst werden sollen, so steht dahinter nicht die Vorstellung, dass Gott durch Selbstdemütigung, Zerstörung der eigenen Persönlichkeit oder blinde Unterwerfung in seinem Zorn beschwichtigt werden sollte. Gott ist vielmehr – dies ist ja das Evangelium – im Voraus und geradezu gegen die Sünde, gegen die Abgewandtheit der Menschen von Gott zu deren Rettung entschlossen. Wohl aber steht hinter dem Bild von der Opfergabe die Vorstellung, dass Gott sich ein Volk aus den Völkern sucht, das ganz ihm zu eigen ist. Die Aufgabe des Apostels ist die eines Priesters, der das Evangelium vermittelt, indem er durch seine Verkündigung Gemeinden bildet, in denen diese Übereignung des einzelnen und der Gemeinschaft an Gott vollzogen wird.

Welcher Anspruch ergibt sich daraus für die Gemeinden selbst? Das Entscheidende drückt Paulus im Römerbrief wiederum in der kultischen Terminologie der Opfersprache aus. In Röm 12,1, wo Paulus die praktischen Schlussfolgerungen aus seiner theologischen Reflexion des in Röm 1,16f. vorgestellten Evangeliums zieht, heißt es als Überschrift über die gesamte Paränese:

> Ich ermahne euch also, Brüder, durch das Erbarmen Gottes,
> euch selbst als lebendiges, heiliges, Gott wohlgefälliges Opfer darzubringen!

Der Tenor der Forderungen, die Paulus als Sprachrohr Gottes stellt, lautet: Daraus, dass Gott zur Rettung aller Menschen, die Sünder sind, entschlossen ist, entspringt ein Anspruch Gottes, der den ganzen Menschen in all seinen Lebensvollzügen fordert und dem der vom Wort des Evangeliums getroffene Mensch nur dann gerecht werden kann, wenn er sich selbst innerhalb der Gemeinschaft, in der er lebt, Gott ganz übereignet als dankbarer Ausdruck seiner Angewiesenheit auf Gott. Paulus fordert die Christen und die Gemeinde damit auf, sich in ihrer ganzen Existenz allein auf das Evangelium zu gründen.

Dies hat konkrete Folgen. In der Gemeinde von Rom gibt es Konflikte zwischen »Starken« und »Schwachen«. Die »Schwachen« halten bestimmte Speisevorschriften und Riten ein; sie essen kein Fleisch (Röm 14,2), verzichten auf Alkohol (Röm 14,21) und beobachten bestimmte Feste und Fasttage. Sie verurteilen die »Starken« (Röm 14,3.4.10.13), die sich um diese Vorschriften nicht kümmern und ihrerseits die »Schwachen« verachten (Röm 14,3). Paulus versucht, die Gemeinde zu einer Lösung dieses Konfliktes zu bewegen, aber nicht dadurch, dass er einer der beiden Parteien Recht gibt (auch wenn er selbst sich eher der Gruppe der »Starken« zurechnen würde), sondern dadurch, dass er beide Gruppen und die Gemeinde insgesamt auf das Evangelium verpflichtet. Den anderen zu verurteilen, aber auch, ihn zu verachten und ihm gar durch das eigene Handeln »Anstoß zu geben«, d. h. ihn zum Abfall vom Glauben zu führen, ist für Paulus deshalb ausgeschlossen, weil Christus für alle gestorben ist und auferweckt wurde, »um Herr zu sein über Tote und Lebende« (Röm 14,9).

Die Art und Weise, wie Paulus in diesem Konfliktfall argumentiert, ist von grundsätzlicher Bedeutung für das Selbstverständnis christlicher Gemeinde; denn diese Argumentation führt an einem Beispiel modellartig vor, dass eine Gemeinde nur dann und nur in dem Maße ihrer Bestimmung und Berufung gerecht werden kann, wie sie ganz vom Evangelium her lebt. Ihre vom Christusgeschehen her vorgegebene Bestimmung und Berufung ist es nach Paulus, »ein Leib in Christus« zu sein (Röm 12,3–8; vgl. 1 Kor 12,12–27). Dies – so zeigt es die Einbettung des Gedankens in die Paränese – kann nicht nur ein abstrakter theologischer Gedanke bleiben, sondern muss die Gemeindemitglieder zu einem Handeln inspirieren, das tatsächlich zur Einheit und Gemeinschaft führt.

Das einheitsstiftende Prinzip ist für Paulus die Liebe, in der Gottes Liebe weitergegeben wird (Röm 5,5). Die Einheit und Gemeinschaft, die dadurch zustandekommt, ist ein lebendiges, den anderen in seiner Andersartigkeit annehmendes Miteinander und damit das Gegenteil von Gleichschaltung. Eine solche Gemeinde ist fähig, auch nach außen zu wirken und anderen das Evangelium zu verkünden. Auch im Römerbrief finden sich Ansätze dafür, dass die auf dem Evangelium gründende Liebe der Gemeindemitglieder untereinander nicht auf die Gemeinde begrenzt werden kann. Die paulinische Ethik der Agape erinnert im Römerbrief am stärksten an die Bergpredigt: Der Apostel fordert die Gemeinde zur Gastfreundschaft auf und dazu, ihre Verfolger zu segnen, (soweit es möglich sei) Frieden mit allen Menschen zu halten und dem Feind zu essen und zu trinken zu geben, wenn er Hunger und Durst hat (Röm 12,13–20). Auch dies kann als eine Form der Evangeliumsverkündigung verstanden werden, zu der die Gemeinde aufgerufen ist, weil das Evangelium die Macht der Liebe Gottes ist, der zur Rettung der Welt entschlossen ist.

Wird das Evangelium derart fundamental verstanden, so, wie es letztlich von Jesus selbst her vorgegeben ist, dann muss tatsächlich Geltung beanspruchen, was Paulus im Philipperbrief schreibt: Alles kommt darauf an, dass jede Gemeinde und die Kirche insgesamt ihr Leben so führt, wie es dem Evangelium Gottes entspricht. Denn nur in dem Maße, wie sie sich auf das Evangelium Gottes gründet, kann sie die ihr aufgetragene Aufgabe erfüllen und zur Zeugin der heilshaften Nähe Gottes in dieser Welt werden.

2. Unterwegs

Der Hebräerbrief[11] ist wegen seiner Sprache, seiner Thematik und seines Denkstils nicht nur eine der schwierigsten und anspruchsvollsten, sondern auch eine der unbekanntesten und unzugänglichsten Schriften des Neuen Testaments. Wie aktuell und relevant er aber ist, zeigt sich sofort, wenn man die geschichtliche Situation betrachtet, in der er entstanden ist, und die pastoraltheologische Strategie bedenkt, die der Verfasser mit seinem Schreiben verfolgt. Er schickt die Gläubigen auf Wanderschaft. Christsein ist ein Weg. Die Kirche ist *on tour*.

Der Hebräerbrief ist an eine Gemeinde gerichtet, die sich in einer kritischen Lage befindet. Es geht nicht um prinzipielle Kontroversen mit Vertretern christlicher Tora-Observanz wie im Galaterbrief; es geht nicht um die kritische Auseinandersetzung mit überschäumendem Enthusiasmus wie im Ersten Korintherbrief; es geht nicht um die theologische Zurechtweisung sektiererischer Skrupulosität wie im Kolosserbrief; es geht auch nicht um die Lösung bedrohlicher Konflikte mit Häretikern wie im Ersten Johannesbrief. Die Probleme scheinen auf den ersten Blick viel banaler, sie haben es aber in sich, und sie liegen viel näher bei den Glaubensproblemen der Gegenwart.

a) Die Mühen der Ebene

Der Hebräerbrief wendet sich an Christen der zweiten oder dritten Generation (2,3), denen der Elan der Anfangszeit abhandengekommen ist (vgl. 10,32–35). Der Autor hat wohl eine bestimmte Gemeinde und in dieser Gemeinde besonders eine bestimmte Gruppe von Christen vor Augen; aber er weiß, dass die Schwierigkeiten, mit denen sie zu kämpfen hat, nicht nur die Probleme dieser Gemeinde

---

[11] Vgl. als Kommentare Knut Backhaus, Der Hebräerbrief (RNT), Regensburg 2009 und Martin Karrer, Der Brief an die Hebräer (ÖTK 20/1–2), 2 Bde., Gütersloh 2002/2008.

und dieser Gruppe sind, sondern die der ganzen Generation. Der Hebräerbrief sieht die Kirche als »wanderndes Gottesvolk«[12]: als Gemeinschaft, die auf dem Weg ist. Die theologische Tragweite dieser Metapher hat das Zweite Vatikanische Konzil in seinem Traktat über die Kirche neu entdeckt und ihre kirchenpolitische Relevanz in ersten Ansätzen skizziert (Lumen gentium Kap. 2).

Der Brief sieht allerdings auch, dass den Christen der Weg lang wird (vgl. 10,36; 12,1f.): Die Knie werden weich, die Arme werden schlaff (12,2); die Beine beginnen zu stolpern (vgl. 12,13); die Orientierung fällt zusehends schwerer (vgl. 2,1; 3,10); einige Weggefährten drohen zurückzubleiben (4,1), andere sich zu verirren (2,1; 3,10); ein Ende des Weges scheint nicht absehbar zu sein. Die Folgen sind Lustlosigkeit und Trägheit (6,1), Ungeduld (10,36) und Ängstlichkeit (vgl. 10,39), übrigens auch nachlassender Gottesdienstbesuch (10,25).

Die gegenwärtige Schwäche ist der Gemeinde keineswegs von Haus aus eigen. Sie hat schon einigen Stürmen getrotzt; sie könnte bereits auf eine stolze Vergangenheit zurückblicken. Sie hat nicht nur das Klima des Unverständnisses, der Ausgrenzung, der Diskriminierung, der Verleumdung und Verachtung ertragen, das in der Anfangszeit allenthalben den christlichen Gemeinden (wie anderen Außenseitern) entgegengeschlagen ist (10,33). Sie hat auch regelrechte Verfolgungen erlitten (10,32ff.; 12,4–13; 13,3.23). Zwar ist ihr die Herausforderung des Martyriums erspart geblieben; sie hat noch nicht »bis aufs Blut widerstanden« (12,4; vgl. 13,22). Aber einige Christen aus der Gemeinde sind aufgrund ihres Glaubens inhaftiert worden (13,3; vgl. 10,34; 13,23); einigen ist, gleichfalls aufgrund ihres Glaubens, das Vermögen konfisziert worden (10,32ff.). All das hat die Gemeinde mutig, solidarisch, geduldig und zuversichtlich durchgestanden (vgl. 10,32–36). Doch scheint dies für die Bewältigung der neuen Herausforderung kaum eine Hilfe zu sein.

Das Problem, das es jetzt zu lösen gilt, ist anderer Art: Es ist nicht der Druck von außen, dem man standhalten, oder die Gefahr

---

[12] Vgl. Ernst Käsemann, Das wandernde Gottesvolk. Eine Untersuchung zum Hebräerbrief (FRLANT 55), Göttingen [4]1961 ([1]1937).

einer Glaubensspaltung, die man abwehren müsste; es ist auch kaum (wie die ältere Forschung gemeint hat) die Tendenz zu einer Rejudaisierung, die der Verfasser bekämpfen will (vgl. 13,9ff.). Es sind schlicht und einfach die Mühen der Ebene, die Probleme bereiten. Es ist nicht einmal so sehr die Enttäuschung über das Ausbleiben der Parusie. Der Stachel sitzt tiefer: Der christliche Glaube wird alltäglich; spektakuläre Missionserfolge bleiben aus; das große Thema, das alle mitreißen könnte, fehlt; das eschatologische Heil, von dem das Evangelium spricht, ist nicht unmittelbar zu erfahren; vor allem aber fällt es der Gemeinde zunehmend schwer, sich auf das Hören des Evangeliums zu konzentrieren und das Überzeugende, Aufbauende, Wegweisende, Ermunternde, Tröstende, Anspornende der christliche Botschaft zu erkennen (5,11ff.). Ihre Schwerhörigkeit (5,11) ist die Ursache ihrer Lustlosigkeit, ihrer Irritationen über den Weg des Christseins und ihres mangelnden Engagements in der Gemeinde.

b) Die Suche nach einem neuen Anfang

Der Autor des Briefes weiß, dass er die Krise der Gemeinde nicht lösen kann, wenn er an den Symptomen herumdoktert; er muss das Problem an der Wurzel packen. Deshalb geht er zu den Wurzeln des christlichen Glaubens zurück. Er gibt keine Durchhalteparolen aus; er verbreitet keinen Zweckoptimismus; er rät nicht, die langsamen Wanderer eben abzuhängen und die unsicheren Kantonisten nur laufen zu lassen (4,1). Er nimmt die Gemeinde als ganze ins Gebet und mutet ihr zu, neu über die Grundlagen ihres Glaubens nachzudenken (5,11–6,3). Ganz Theologe, ist er der festen Überzeugung, dass die beste Motivation für engagiertes Christsein das gläubige Verstehen des Evangeliums ist, die reflektierte Bejahung seines Zuspruchs und Anspruchs, die intellektuelle und spirituelle Aneignung seines theologischen Gehalts.

Der »Grundkurs des Glaubens«, den der Verfasser mit seinem Schreiben konzipiert, ist weder ein Lehrbuch der Dogmatik noch ein erster Universalkatechismus, sondern eine Einführung ins

Christentum: in seine Prinzipien und seine Praxis des Glaubens. Der Verfasser unternimmt den groß angelegten Versuch, das Heilsgeschehen des Todes Jesu in der Sprache des israelitischen Kultes neu zu interpretieren. Er beschreibt den Weg, den der Hohepriester Jesus zurücklegt, um den Menschen einen Zugang zu Gott zu eröffnen; dabei skizziert er auch die Richtung des Weges, den Christen auf ihrer irdischen Pilgerschaft zurücklegen müssen, um an das Ziel ihres Lebens zu gelangen: mit Christus in die himmlische Ruhe eines ewigen Sabbats eingehen zu können (4,1–11).

Wie aber finden die Christen auf den rechten Weg? Und wie werden sie es schaffen, diesen Weg bis zum Ende zu gehen?

(1) Hinschauen zu Jesus – Hinhören auf Gottes Wort

Das Erste und Wichtigste ist: auf Jesus zu schauen (2,9; 3,1; 12,2; vgl. 7,4; 8,5; 9,28; 12,14) und die Ohren für das Wort Gottes aufzusperren, das durch Jesus gesagt wird (2,1; 12,19.25f.; vgl. 3,7.15f.; 4,2.7). So notwendig Geduld und Ausdauer, Leidensfähigkeit und Zuversicht, Solidarität und Rechtgläubigkeit sind, um den Weg des Lebens zu gehen: Entscheidend ist es, zum Hörer jenes Wortes zu werden, »das Gott viele Male und auf vielerlei Weise einst zu den Vätern durch die Propheten gesprochen hat, in dieser Endzeit aber zu uns durch den Sohn« (1,1f.). Das aufmerksame Hören setzt freilich den Aufbau einer personalen Beziehung zu Jesus Christus voraus. Diese Beziehung kann aber nur dann entstehen, wenn die Christen Jesus so sehen lernen, wie er wirklich ist; nur dann können sie ihn als den bejahen, der er nach Gottes Willen für sie sein will.

Am genauen Hinschauen zu Jesus und am genauen Hinhören auf das Wort, das Gott durch ihn spricht, hängt die Identität des Glaubens. Freilich ist ein scharfes Auge ebenso wenig selbstverständlich wie ein sensibles Ohr. Das richtige Hören und Sehen muss erst gelernt werden. Wer den Hebräerbrief studiert, macht Exerzitien im Sehen und Hören. Ziel ist die präzise Wahrnehmung des christologischen Heilsgeschehens. Es ist eine Wahr-nehmung im genauen Sinn des Wortes: nicht nur das Erkennen dessen, was mit

Jesus wirklich geschehen ist und wer Jesus in Wahrheit ist, sondern auch die Bejahung, das Für-Wahr-Nehmen dessen, was er nach Gottes Willen für die Menschen sein soll.

Was vor Augen tritt, wenn man ganz genau hinschaut, ist zunächst ernüchternd, vor allem aber realistisch: Es ist das Todesleiden Jesu (2,9), es ist die Schmach und Schande seines Kreuzestodes (12,2; vgl. 11,26; 13,13). Wer genauer hinschaut, sieht freilich gerade im Leiden auch die Treue Jesu zu seiner Sendung (3,1f.), sein glaubendes Vertrauen auf Gott (12,2) und seine Solidarität mit den Sündern (12,3); wer das Geschick Jesu, vor allem sein Sterben, im Lichte des Glaubens betrachtet, wird sehen, dass er gerade um dieses seines Leidens willen »mit Herrlichkeit und Ehre gekrönt« ist (2,9); und am Ende der Geschichte wird er den wiederkommenden Jesus Christus sehen, wie er erscheint, um die zu retten, die auf ihn warten (9,28; 12,14).

Ähnlich facettenreich wie das Sehen ist das Hören. Wer seine Ohren für die Stimme öffnet, die Gott »heute«, in der eschatologischen Gegenwart Jesu Christi, erhebt (3,7–19; 4,7), vernimmt scharfe Worte der Kritik, die alle Illusionen zerstören, die Menschen über sich selbst, über Gott und die Welt haben (4,12). Es sind die Worte des Richters, der von den Menschen Rechenschaft über ihr Leben verlangt (4,12f.). Wer aber vor dieser Stimme sein Herz nicht verschließt (3,7–19), kann durch die Worte des Gerichts hindurch den Klang des Evangeliums vernehmen (4,2; vgl. 4,8): die große Verheißung endgültiger Gemeinschaft mit Gott (4,6–11); und er wird Geschmack finden an jenem »guten Wort« (6,5), das Gott spricht, indem er durch Jesus die Sünden vergibt (1,3).

(2) Wahrnehmung der Wirklichkeit

Die Leser des Hebräerbriefes gehen in eine Schule des Sehens und des Hörens. Die erste Lektion, die sie lernen müssen: die Dinge zu sehen, wie sie wirklich sind, und die Realitäten anzuerkennen. Im Falle Jesu heißt das: So verlockend es sein mag, sich ein Christusbild auf Goldgrund auszumalen, das die ganze Herrlichkeit des Gottessohnes unmittelbar widerzuspiegeln scheint, so notwendig ist es, die Augen vor den *bruta facta* des Lebens Jesu nicht zu verschließen: vor seiner Anfechtung (2,18) und Anfeindung (12,3), vor seiner Angst und seinen Tränen (5,7), vor seiner Erniedrigung (2,9) und seiner Schmach (11,26; 13,13), vor seinem Leiden (2,9f.18) und seinem Tod am Kreuz (12,2). Andernfalls wird der Glaube zur Ideologie, bestenfalls zur Gnosis. Der Auctor ad Hebraeos betont diesen Punkt nicht so sehr, weil es ihm um den Zusammenhang zwischen Religion und Ethik geht: Wer das Leiden Jesu nicht wahrhaben will, kann auch sein Mit-Leid mit den Menschen nicht sehen, sein Verständnis für die Irrenden, seine Solidarität mit den Schwachen, seine Barmherzigkeit mit den Sündern (4,14–5,4). Gerade das ist aber allen, die den Brief lesen, äußerst wichtig: Wenn sie sehen, dass Jesus mit ihrer Schwachheit mitfühlen kann, weil er in seinem menschlichen Dasein selbst in Versuchung geführt worden ist (4,15), können sie glauben, dass sie auf ihrem langen und beschwerlichen Weg nicht alleingelassen sind, sondern in Jesus Christus einen verständnisvollen (5,2) und mitfühlenden (4,15) Weggefährten haben, der ihnen treu zur Seite steht (12,3).

Freilich setzt dies voraus, dass der Blick nicht an der Oberfläche haften bleibt, sondern in die Tiefe dringt. So wichtig der Realitätssinn des Glaubens ist, so notwendig ist es, die geschichtlichen Ereignisse bis auf den Grund zu durchschauen. Wer seine Augen dafür schärft, kann sehen, dass in der Erniedrigung Jesu der rettende Gott am Werk ist. Deshalb wird er zugleich sehen, dass der Tod Jesu nicht das Ende ist, sondern ein ganz neuer Anfang: der Anfang des ewigen Lebens Jesu zur Rechten Gottes, da er wie in seinem irdischen Leben für die sündigen Menschen eintritt (7,25), und der Anfang eines neuen, eines zweiten, besseren Bundes, den Gott den Menschen gnädig gewährt, damit allen, die glauben, das Erbe ewigen Lebens zuteilwird.

Ähnlich steht es mit dem Hören. Zwar mag für viele Menschen der Gedanke verführerisch klingen, dass über ihre Schuld geschwiegen und über ihre Fehler der Mantel des Vergessens gebreitet wird. Dennoch kann ihre wahre Hoffnung nur darin bestehen, dass ihr

Versagen ungeschminkt zur Sprache kommt; sonst würde es nur verdrängt und könnte nicht vergeben werden. Das Wort Gottes, das Jesus mitteilt, redet in schonungsloser Offenheit von der Wirklichkeit menschlichen Lebens mitsamt seiner Schwäche und Begrenztheit (4,12f.), um dann vom Heilswillen Gottes zu handeln, der durch den Hohenpriester Jesus die Schuld der Menschen tilgt. Diese Dialektik von Gericht und Heil stellt der Autor in den Mittelpunkt seiner Theologie des Wortes Gottes: nicht weil er auf die Zerknirschung des Sünders setzte, auch nicht weil er einem naiven Heilsoptimismus begegnen müsste, der Gottes Gnade billig macht und sich allzu schnell angesichts der schlechten Verfassung der Gemeinde tröstet, sondern weil er der Wahrheit die Ehre geben muss und den Christen den Ernst ihrer Lage verdeutlichen will, gleichzeitig aber die Macht und den Willen Gottes, den Glaubenden noch in ihrer gegenwärtigen Misere die schöpferische Kraft seines Wortes spürbar werden zu lassen (4,12).

(3) Sehen des Unsichtbaren – Hören des Unerhörten

Das aufmerksame Hinschauen zu Jesus, dem das genaue Hören auf Gottes Wort entspricht (2,1; 4,3; vgl. 5,9), führt zur Konzentration auf das Wesentliche: auf das, was dem Leben Richtung und Ziel gibt. Das Eigentliche aber, davon ist der Verfasser des Hebräerbriefes überzeugt, ist unsichtbar. Es ist unsichtbar, weil es erst in der transzendenten Zukunft zum Vorschein kommen wird (11,1.7); und es ist unsichtbar, weil es zu Gott gehört. Gott aber ist unsichtbar (11,27), weil er der »ganz Andere« ist, der sich menschlichem Sinnen und Trachten entzieht. Diese unsichtbare Wirklichkeit Gottes müssen die Christen in der Welt sehen lernen. Darin kann ihnen Mose ein Vorbild sein. Von ihm sagt der Hebräerbrief, an seinen Auftritt vor dem Pharao denkend, dass er vor seinem inneren Auge den »Unsichtbaren« gesehen habe, also Gott in seiner Unsichtbarkeit, und deshalb standgehalten habe (11,27). Der Blick für Gott verleiht Mose den Mut, der Wut des Pharao zu trotzen und das Volk Israel aus dem Sklavenhaus Ägypten in die Freiheit zu führen. Der Blick der Christen darf nicht über die Realitäten hinweghuschen. Er kann sich jedoch durch sie hindurch auf das richten, was zwar dem äußeren Auge verborgen bleibt, was aber die eigentliche Wirklichkeit ist: Gottes Heilsplan.

Wiederum ganz ähnlich beim Hören: Das Wort, das Gott »jetzt« durch seinen Sohn spricht, ist nicht irgendein Wort unter vielen; es ist nicht schon häufig formuliert worden, es wird durch Jesus Christus zum ersten und zum letzten Mal gesagt, ein für alle Mal (7,27; 9,12.26ff.; 10,10). In diesem Sinne ist das Wort unerhört. Es erklingt nicht mehr in der Vielzahl und Vielfalt prophetischer Stimmen aus der Geschichte Israels, sondern in jener end-gültigen Klarheit und Eindeutigkeit, die durch die Identität und Integrität des menschgewordenen Gottessohnes (2,14) gestiftet wird (1,1f.). Dieses Wort muss gehört werden, und es muss so gehört werden, wie Gott es zum Heil der Menschen gesprochen hat.

Deshalb ist das Hören, zu dem der Hebräerbrief anleiten will, ein Aufhorchen, das zum Gehorchen (5,9; 11,8), ein Verstehen, das zum Einverständnis wird (12,25f.). Es kommt darauf an, dass die Hörer das Wort Gottes so in sich aufnehmen, dass sie es aus ganzem Herzen bejahen und zur bewegenden Kraft ihres Lebens werden lassen (4,2).

c) Vertrauen auf Gott

Alle, die zu Jesus hinschauen und auf seine Stimme hören, können die Treue Gottes und die Größe seiner Verheißung erkennen (4,1; 6,13–20; 10,23). Gott ist zuverlässig; er steht zu seinem Wort; man kann sich auf ihn verlassen (11,11). Was er einmal versprochen hat, wird er auch vollbringen; was er geschworen hat, wird ihn nicht reuen (3,18; 4,3–11; 6,13–20; 7,20f.).

Das Problem ist freilich, dass dieser Heilswille Gottes keineswegs ohne Weiteres plausibel ist und dass ihm die gegenwärtige Lebenserfahrung der Gemeinde, an die der Hebräerbrief adressiert ist, sogar zu widersprechen scheint. Das Vertrauen auf die Nähe Gottes ist den Christen fraglich geworden. Es gibt nur einen, der dieses Vertrauen begründen kann: Jesus. Er, der sich selbst erniedrigt hat und der zur Rechten Gottes erhöht worden ist, bürgt dafür, dass Gott sein Vorhaben wahr macht, den Menschen ihre Schuld zu vergeben und sie durch den Tod hindurch in ein neues Leben zu retten. Deshalb müssen die Christen ihren Blick so fest auf Jesus richten, deshalb so genau auf das hören, was Gott durch ihn sagt. Was ihnen an Jesus aufgehen kann, ist das Vertrauen auf Gott, anders gesagt: der Glaube. Am Glauben aber hängt die ganze Hoffnung der Christen.

(1) Glauben im Zeichen der Hoffnung

Der Hebräerbrief redet anders vom Glauben als die anderen Autoren des Neuen Testaments. Zwar weiß er um die Notwendigkeit des rechten Bekenntnisses (4,14; 10,23). Er weiß auch um das Wagnis der Umkehr und den Mut zur Bekehrung (6,1ff.). Aber das steht für ihn nicht im Mittelpunkt der Glaubensthematik – weil hier nicht das Problem liegt, das die Gemeinde zu bewältigen hat. Seine eigene Auffassung von dem, was den Glauben ausmacht, bringt der Autor in 11,1 auf eine kurze Formel. Sie ist freilich heiß umstritten, weil sie vor erhebliche exegetische Probleme stellt. Am besten scheint die Übersetzung:

> Glaube heißt, unter dem zu stehen, worauf zu hoffen ist,
> der Wirklichkeit überführt zu sein, die man nicht sieht.

Was ist gemeint? Das Erste: Der Glaube lebt von der Hoffnung. Sie allein verleiht ihm die nötige Standfestigkeit im Leben. Wer glaubt, setzt auf die transzendente Zukunft, weil er darauf vertraut, dass sich in ihr Gottes Verheißung erfüllen wird, obwohl in der Gegenwart nicht sehr viel dafür spricht. Das Zweite: Der Glaube ist nicht nur eine Reaktion von Menschen; er ist zuerst eine Aktion Gottes. Gott allein bewirkt den Glauben (vgl. 13,9). Wer glaubt, wird von Gott selbst mit der Wirklichkeit des eschatologischen Heilsgeschehens konfrontiert: Er wird sowohl seiner eigenen Schwäche und Bedürftigkeit gewiss als auch der Gnade, die ihm wider alle Erwartung und gegen allen Augenschein geschenkt ist (2,9; 4,16; 10,29; 12,15).

Beide Momente erläutert der Autor anhand einer langen Reihe von Glaubensbeispielen aus der Geschichte Israels (11,4–40). Ob Abel, ob Henoch, ob Noah, ob Abraham und Sara, Isaak und Jakob, Josef und Mose, ob Rahab und die Richter, ob die makkabäischen Märtyrer: Eine ganze »Wolke von Zeugen« (12,1) steht für die Einsicht in die Vergänglichkeit des irdischen Lebens und das Vertrauen auf die Unverbrüchlichkeit der Heilsverheißung Gottes (11,13–16). Mit diesen »Alten« (11,2) sind die Christen zu einer Pilgerschar verbunden – weil Gott »sie nicht ohne uns zur Vollendung führen wollte« (11,40).

(2) Geduld und Zuversicht des Glaubens

Aus der Hoffnung, an die er sich hält, gewinnt der Glaube sowohl die Geduld (6,12.15; 10,32.36; 12,1ff.7), den langen Weg der irdischen Pilgerschaft zu gehen, als auch die Zuversicht (3,6.14; 4,16; 10,19.35), das Ziel der Wanderung, das himmlische Jerusalem (12,22), zu erreichen. Geduld und Zuversicht sind Wesensmerkmale des Glaubens (10,19–39). Beide resultieren aus dem Vertrauen in die Zuverlässigkeit Gottes und dem Wissen, dass der Weg noch lang werden wird. Die Geduld des Glaubens hat mit Sturheit und Lethargie ebenso wenig zu tun wie mit Resignation und Unbeständigkeit, sehr viel aber mit Ausdauer und Beharrlichkeit, Gelassenheit und Demut; sie ist die Fähigkeit, auch in schwierigen Zeiten warten zu können und sich durch Enttäuschungen nicht entmutigen zu lassen. Die Zuversicht hat mit naivem Optimismus und unverwüstlichem Frohsinn ebenso wenig zu tun wie mit Ängstlichkeit und Kraftlosigkeit, sehr viel aber mit Freimut und Offenheit, Beherztheit und Freude; sie ist die Fähigkeit, auch angesichts der menschlich-irdischen Begrenztheit die ganze Größe und Weite der Gnade Gottes zu spüren.

d) Mitgehen mit Jesus

Wie kann der Glaube gelebt werden? Er ist ein Weg, der das ganze Leben bestimmt. Er ist ein Weg zu Gott, und er ist deshalb ein Weg mit Jesus: ein Weg, den man mit Jesus geht, weil man sich von ihm mitnehmen lässt. In der synoptischen Tradition ist von der Nachfolge als der Lebensform der Jüngerschaft die Rede. Das Stichwort fehlt im Hebräerbrief. Die Herausforderungen und Konkretionen sind andere. Und dennoch gibt es substantielle Übereinstimmungen: Jesus geht voran; die Seinen folgen ihm. Sie imitieren nicht einfach das, was Jesus tut; sie gehen hinter ihm her – auf dem Weg, den er bahnt.

(1) Jesus als Vorläufer und Wegbereiter

Der Hebräerbrief sieht Jesus als den, der den Christen auf dem Weg zu Gott vorangeht, indem er zugleich diesen Weg bahnt. Es ist, unter soteriologischem Aspekt betrachtet, der Weg der Heils, der von der Erde durch die Himmel und den Vorhang des Tempels in das Allerheiligste, vor das Angesicht des lebendigen Gottes führt (4,14; 5,19f.; 9,1–28; 10,19f.). Unter spirituellem Aspekt betrachtet, ist es der Weg des Glaubens, der durch die Annahme der irdischen Kontingenz hindurch zum Sehen des Unsichtbaren, zum Hören des Unerhörten, zum Warten auf die Vollendung und zum Vertrauen auf Gott führt. Jesus ist der »Anführer ... des Glaubens« (12,2), wie er der »Anführer des Heils« (2,10) ist. Dass er als Hoherpriester den Glaubenden das Heil Gottes vermittelt und sie als Geheiligte vor Gott hinstellt, setzt neben seiner Einsetzung durch Gott auch seinen Glauben und sein Mitleid mit den Menschen voraus (4,14–5,10). Da er sich durch seine Inkarnation (2,14) den Menschen in allem gleichgemacht hat (2,17), ohne jedoch zu sündigen (4,15), ist »Anführer« eine präzise Metapher für die Rolle, die Jesus im Heilsdrama spielt: Er steht ganz am Beginn des eschatologischen Geschehens, weil er es ist, der endlich damit anfängt, Gottes Willen zu tun (10,7.9: Ps 40,8f.), d. h. in absoluter Treue zu seiner Sendung, letztlich durch die Hingabe seines Lebens den Menschen das Heil Gottes zu bringen (10,1–10). Gerade als Anführer ist er aber auch der Urheber des ewigen Heils (5,9) – wie er als Anführer auch der Vollender des Glaubens ist (12,2): derjenige, der erfüllt, was der Glaube glaubt, und bewahrheitet, wie der Glaube glaubt.

(2) Auszug aus der Welt der Sünde und Einzug in die Stadt Gottes

Der Weg, auf dem die Glaubenden Jesus folgen, ist, vom Ausgangspunkt her betrachtet, ein Exodus aus der Welt der Sünde (13,11ff.). Es ist wie die Befreiung aus einem Gefängnis (vgl. 12,1). Es ist nicht nur die Absage an die heidnische Vergangenheit mit ihren »toten Werken« (6,1; 9,14). Es ist auch die Absage an die Verführung zum Bösen, vor der kein Christ gefeit ist. Die Sünde besteht für den Hebräerbrief im Grunde darin, das Sinnen und Trachten nicht vom Ewigen, sondern vom Vergänglichen, nicht vom Beständigen, sondern vom Unsteten, nicht vom Himmlischen, sondern vom Irdischen beherrschen zu lassen (vgl. 2,17f.; 4,15; 5,1ff.). Ihr Wesen ist Ungehorsam gegen Gottes Willen (3,12.16–19; 4,6.11), ihre Symptome sind Habgier (13,5) und Ehebruch (13,4), Egoismus (13,1) und Ungerechtigkeit (12,11), ihr Ergebnis ist Bosheit (3,12), Schwachheit (7,28), Leichtfertigkeit (12,14–17), Nachlässigkeit, Feigheit (10,39) und Selbstbetrug (3,13). Aus den Fesseln der Sünde (12,1) müssen die Menschen um ihres Heils willen befreit werden. Das können sie freilich nicht aus eigener Kraft. Nur durch das Selbstopfer des Hohenpriesters Jesus, der die Sünden sühnt, werden die Menschen ihre Sünden los. Der Auszug aus der Welt der Sünde ist nichts als Gnade – und von daher bleibende Aufgabe.

Vom Ziel her gesehen, ist der Weg, den Jesus bahnt, der »Weg in das Heiligtum« (9,8). Es ist ein »Hinkommen zu Gott« (7,25; 10,1.22; 11,6), zum »Thron der Gnade« (4,16),

zum Berg Zion,
zur Stadt des lebendigen Gottes,
dem himmlischen Jerusalem,

zu Abertausenden von Engeln,
zur festlichen Versammlung und zur Gemeinde der Erstgeborenen,
die im Himmel verzeichnet sind,
und zu Gott, dem Richter aller,
und zu den Geistern der schon vollendeten Gerechten,
und zum Mittler eines neuen Bundes, Jesus,
und zum Blut der Besprengung,
das lauter schreit als das Blut Abels. (12,22ff.)

So schwer einzelne Aussagen dieses Satzes zu verstehen sind, seine Pointe ist doch klar: Das Ziel des Weges ist die vollkommene Gemeinschaft mit Gott und Jesus Christus, die dadurch zugleich eine vollkommene Gemeinschaft von Engeln und Menschen, von Lebenden und Toten ist. Es ist eine himmlische Wirklichkeit, die sich freilich schon dort auf Erden schattenhaft abbildet, wo Menschen in der Gemeinschaft des Glaubens den Weg mit Jesus aus der Welt der Sünde zum unvergänglichen Reich Gottes (12,28) angetreten haben.

Keine Frage, dass die Partizipation an dieser vollendeten Communio alles andere als selbstverständlich ist, dass sie nur ganz und gar Gnade sein kann. In der Glaubenskrise, in der die Gemeinde des Hebräerbriefes sich befindet, kommt es freilich nicht so sehr darauf an, das *sola gratia* (»Gnade allein«) einzuschärfen, sondern darauf, ihr wieder nahezubringen, dass dank Jesus der Weg zu Gott wirklich offensteht. Deshalb mahnt der Verfasser an einer entscheidenden Stelle des Briefes, nachdem er das christologische Heilsgeschehen in allen Einzelheiten rekapituliert hat (7,1–10,18), nun auch tatsächlich »hinzuzutreten« (10,22; vgl. 4,16) – aufrichtig, zuversichtlich und voller Glauben. Das »Hinzutreten« prägt den gesamten Vollzug des Lebens in Glaube, Hoffnung und Liebe (10,22–25). Es ist Gottesdienst, nicht allein im kultischen, sondern im existentiellen, auch im ethischen Sinn des Wortes (9,14; 13,15f.).

e) Weggemeinschaft im Glauben

Der Verfasser des Hebräerbriefes belässt es nicht bei prinzipiellen Ausführungen zum Wesen des Christseins. Er skizziert auch, welche

Perspektiven christlichen Gemeinschaftslebens sich in der Zeit der irdischen Wanderschaft eröffnen. Zwar sind viele Hinweise, die er gibt, allgemein und konventionell. Dennoch sind sie genau auf die Lebenssituation der Gemeinde abgestimmt.

(1) Das Leben der Gemeinde

Die Mahnungen richten sich nie nur an die einzelnen Christen, sondern durchweg an die Gemeinde als ganze. Besonderes Gewicht hat die Spiritualität. Wie die Beziehung zu Gott und zu Jesus Christus durch den Glauben bestimmt sein soll, so die Beziehung zu den Mitchristen durch die Sorge um die Schwachen (4,1; 12,13), durch die Verantwortung für die Gefährdeten (12,15), durch die gemeinsame Arbeit am innergemeindlichen Frieden (12,14), durch das Mitleid mit den Leidenden (10,34), durch die Solidarität mit den gefangenen und gefolterten Christen (13,3), durch gegenseitiges Ermuntern und Ermahnen (3,12f.; 10,24f.), durch wechselseitige Achtung und Anerkennung (10,24), auch durch den Gehorsam gegenüber den Vorstehern, da ihnen der Dienst an der Lebendigkeit des Glaubens obliegt (13,17). Der regelmäßige Besuch des Gottesdienstes wird angemahnt (10,25), weil die (tägliche?) Versammlung der Gemeinde der wichtigste, vielleicht der einzige Ort gemeinsamer Martyria, Liturgia und Diakonia ist.

Die Ethik des Schreibens, die in seiner Spiritualität wurzelt, ist eng mit derjenigen des Apostels Paulus verwandt (vgl. 1 Thess 4,1–12; 5,1–22; Röm 12,9–21). Gemeinsam ist die Betonung der innergemeindlichen Bruderliebe (10,24; 13,1), der Gastfreundschaft (13,2), der Diakonie (6,10), der ehelichen Treue (13,4), des einfachen Lebens (13,55) und der guten Taten (10,24), besonders der caritativen Unterstützung der Armen (13,5.16). Die Konkretionen bleiben offen, aber die Stoßrichtung ist klar: Stärkung der innerkirchlichen Gemeinschaft (10,33), Mahnung zur Solidarität mit den Schwachen; Ermutigung, die vorhandene Energie zu nutzen (10,32–39), Wahrnehmung der bereits geschenkten Gnade, Vertrauen auf den rettenden Gott. Anders als bei Paulus fehlt der Blick für die Nichtchristen. Von einer Konventikelethik ist das Schreiben gleichwohl weit entfernt. Nicht die Begrenzung der Nächstenliebe auf die Mitchristen, sondern die Notwendigkeit der innergemeindlichen Agape ist das Anliegen des »Briefes«.

(2) Der Weg der Kirche

Der Hebräerbrief entwickelt keine eigentliche Lehre von der Kirche. Aber er zeichnet die Kirche als eine Gemeinschaft des Glaubens, die weiß, dass sie noch lange nicht am Ziel angelangt ist, sondern noch einen weiten Weg vor sich hat. Das bewahrt vor jedem ekklesiologischen Triumphalismus – wie es umgekehrt die Gemeinschaft der Christen umso wichtiger werden lässt. Wenn die Glaubenden trotz der Widerstände, mit denen sie zu kämpfen haben, gleichwohl zusammenbleiben, dann nur, weil Jesus ihr Anführer und Vorläufer ist, der sie nicht verlässt und sie mit auf den Weg zu Gott nimmt. Auf Jesus schauend, auf sein Wort hörend, auf seinem Weg gehend, erkennen die Glaubenden, wozu sie berufen sind. Die Kirche lebt von der Hoffnung, dass sich am Ende der Zeit gegen allen Wankelmut, gegen alle Schwäche und alles Zaudern der Menschen doch der lebendige Gott durchsetzen wird und seine große Verheißung wahr macht: dass es jenseits dieser Geschichte, die scheinbar ganz vom Tod beherrscht wird, eine vollkommene *communio sanctorum* (Gemeinschaft der Heiligen) geben wird, in der alle, die auf Gott vertrauen, ihr endgültiges Zuhause finden.

Diese Hoffnung verändert schon das Leben in der Gegenwart. Keine Rede davon, dass die Christen im irdischen Jammertal auf ein besseres Jenseits vertröstet werden. Im Gegenteil! Erst die Hoffnung auf Gott ist es, die das Vorläufige, Begrenzte, Vergängliche des irdischen Daseins erkennen – und annehmen lässt: im Vertrauen darauf, dass Gott sich schon hier und jetzt verständlich macht, um die Menschen von der Last ihrer Vergeblichkeit zu befreien.

Die Kirche als Gemeinschaft derer, die auf dem langen Weg zu Gott sind, indem sie Jesus folgen: das ist nicht nur ein schönes Bild aus ferner Vergangenheit; es ist ein großes Bild für die Zukunft.

3. Zur Einheit und zur Vielfalt

Die Einheit des Glaubens begründet die Einheit, der Reichtum des Glaubens die Vielfalt der Kirche. Weil es – Gott sei Dank – viele sind, die zur Kirche gehören, muss es verschiedene Formen geben, den Glauben zu leben; weil aber alle zu einer Kirche gehören, müssen sie schauen, wie sie zusammenfinden, oder besser: wie sie zusammengehalten werden.

a) Jerusalemer Handschlag

»Jakobus und Kephas und Johannes, die als Säulen gelten, gaben mir und Barnabas die rechte Hand zur Gemeinschaft, damit wir zu den Heiden, sie aber zur Beschneidung gingen« – so fasst Paulus im Galaterbrief das für ihn wichtigste Ergebnis des sogenannten Apostelkonzils zusammen (Gal 2,9).[13] Heftiger Streit war vorausgegangen: zwischen den Protagonisten der Völkermission, die auf die Beschneidung verzichtet haben, um alles auf Glaube, Taufe und Werke der Nächstenliebe zu setzen, und den Kritikern dieses Kurses, die postuliert haben sollen: »Man muss sie beschneiden und anhalten, das Gesetz des Mose zu achten.« (Apg 15,5) Im Galaterbrief beschimpft Paulus seine Gegner zwar als »falsche Brüder«, die sich »eingeschlichen« hätten, »unsere Freiheit« zu belauern und »uns zu unterjochen« (Gal 2,4). Aber sie konnten gute Gründe geltend machen: Hatte nicht Abraham nach Gen 17 sich und sein ganzes Haus beschneiden lassen, um so die Zugehörigkeit – von Männern – zum Gottesvolk Israel darzustellen? Und war nicht die Beschneidung in den Kämpfen des Judentums ums theologische und kulturelle Überleben der letzten Jahrhunderte zu

---

[13] Hintergründe und Zusammenhänge: Thomas Söding, Das Apostelkonzil als Paradebeispiel kirchlicher Konfliktlösung. Anspruch, Wirklichkeit und Wirkung, in: Joachim Wiemeyer (Hg.), Dialogprozesse in der katholischen Kirche. Begründungen – Voraussetzungen – Formen, Paderborn 2012, 25–34.

einem Symbol des Gottesglaubens wie des Gesetzesgehorsams geworden, geadelt durch das Martyrium der Makkabäer?

Paulus freilich ist überzeugt, bessere Gründe zu haben, die er im Galaterbrief und breiter noch im Römerbrief darstellen wird: Abraham ist lange vor der Beschneidung auf seinen Glauben hin gerechtfertigt worden; der Geist ist schon in Fülle auf die Getauften herabgekommen, auch wenn sie unbeschnittene Heiden waren; für die Kirche gilt nicht mehr »Jude oder Grieche«, sondern die Einheit in Christus (Gal 3,26ff.); an die Stelle der Beschneidung tritt die Taufe, die gleichermaßen Männern wie Frauen gespendet wird; das Gesetz hebt die Verheißung nicht auf, sondern unterstreicht sie. Jesus Christus selbst zielt nicht auf die Beschneidung und auf Werke des Gesetzes ab, sondern auf den Glauben und hat Paulus eben deshalb als Apostel der Völker berufen.

In Jerusalem wird dieser Konflikt offen ausgetragen. Es steht viel auf dem Spiel: die Effektivität der Völkermission, die Legitimität des paulinischen Aposteldienstes, das Verhältnis der Christen zu den Juden, das Grundverständnis des christologischen Heilsgeschehens. Die Jerusalemer Urgemeinde spielt eine entscheidende Rolle: nicht in dem Sinn, dass sie eine formale Urteilsinstanz wäre, aber doch so, dass sie das Zentrum der Urchristenheit bildet. Paulus selbst schreibt, dass er sich – »aufgrund einer Offenbarung« – nach Jerusalem gewandt habe, um sicherzustellen, dass er »nicht ins Leere gehe oder gelaufen sei« (Gal 2,2). In der Urgemeinde wiederum spielen – nicht die Zwölf Apostel, sondern – die drei »Säulen« Jakobus, Petrus und Johannes die entscheidende Rolle: nicht weil es in Jerusalem bereits einen hierarchischen Instanzenweg kirchlicher Urteilsbildung gäbe, sondern weil es sich beim »Herrenbruder«, beim Ersten der Zwölf und beim »Donnersohn« Johannes um jesuanisches Urgestein handelt, was auch von Paulus wie von Barnabas gesehen worden ist.

Der Handschlag, von dem Paulus nicht ganz ohne Stolz berichtet, ist ein Akt der Anerkennung. Er beruht nach Paulus darauf, dass die Säulen bei ihm nicht anders als bei Petrus das Wirken Gottes erkannt haben – nur mit dem Unterschied, dass der eine zu den

Heiden, der andere zu den Juden gesandt sei. Woran das Wirken Gottes zu erkennen ist, wird von Paulus in seinem kurzen Bericht nicht ausgeführt, lässt sich aber ziemlich sicher erschließen: an der Effektivität und der Authentizität der Verkündigung. Es ist ein theoretisches Argument: die Übereinstimmung in *essentials* der Lehre; und ein praktisches Argument: der Erfolg der Mission, die Zustimmung der Heiden, die zu Hörern des Wortes und zu Gläubigen werden – was Paulus auf das Wirken des Heiligen Geistes zurückführt.

Ähnlich Lukas. Nur hat Petrus nach der Apostelgeschichte der antiochenischen Fraktion mit Paulus und Barnabas den Boden bereitet, indem er noch einmal an seine eigenen Erfahrungen erinnert, dass der Heilige Geist ihn zur Taufe des ersten gottesfürchtigen Nichtjuden, des Hauptmanns Cornelius, geradezu genötigt habe. Und Jakobus hat das theologische Argument in der Heiligen Schrift gefunden (Apg 15).

Dem Gewicht der Entscheidung entspricht das Gewicht der Begründung. Beides überträgt sich auf das Gewicht der Abmachung. Paulus legt auf das Ereignis größten Wert; Lukas unterstreicht die Bedeutung noch. Der Handschlag, von dem allerdings nur Paulus berichtet, ist ein Schüsselereignis der frühesten Kirchengeschichte. Ohne ihn wäre die Entwicklung wesentlich anders verlaufen.

b) Korinthische Gemeinschaft

Paulus spricht in Gal 2,9 vom Handschlag der »Gemeinschaft«. Er umfasst seine volle Anerkennung als Apostel gleichen Rechts und Ranges wie Petrus, an dem er sich orientiert, aber er zielt auch auf den Zusammenhalt zwischen Jerusalem und Antiochia, zwischen Juden- und Heidenchristen ab.

Die apostolische Gemeinschaft, die in Jerusalem per Handschlag besiegelt wurde, begründet die Einheit der Kirche. Ohne die Apostel wären die Gemeinden auseinandergefallen, ja noch nicht einmal entstanden. Dass zwischen Petrus und Paulus kein Keil getrieben werden kann, sondern eine theologisch begründete und praktisch folgenreiche Verständigung geschieht, hat das Christentum aller Zeiten geprägt. An der Jerusalemer Versammlung scheitern alle neuzeitlichen Theorien, es habe nie die »eine« Kirche gegeben, die Reformation z. B. habe nur die immer schon bestehende Spaltung an einer Sollbruchstelle, dem Papsttum und der Amtskirche, sichtbar gemacht. Von allen anachronistischen Rückprojektionen dieser Idee abgesehen, besagen der Galaterbrief und die Apostelgeschichte aber ganz im Gegenteil, dass es in einer tiefen Krise, die den Keim der Spaltung in sich trug, durch eine enorme theologische Anstrengung gelungen ist, Gemeinschaft zu finden – sofern bei Paulus nicht der Wunsch der Vater des Gedankens gewesen ist und Lukas nicht einen eklatanten Fehler begangen hat.

Die Gemeinschaft der Apostel bedeutet allerdings nicht Uniformität, sondern eine – nicht beliebige, aber – bestimmte Vielfalt. Die Vielfalt ist bestimmt durch die gemeinsame Sendung, die grundlegend gerade durch die Apostel geschieht. Die Sendung der Apostel ist vielfältig unter zwei Aspekten: Das Evangelium hat so viele Stimmen, wie es Verkündiger hat; und es schafft so viele Weisen der Bejahung, wie es Hörer findet. Solche Vielfalt kann es nur geben, weil es nach dem Neuen Testament nur *ein* Evangelium Gottes, nur *ein* Evangelium Jesu Christi gibt: und zwar nicht deshalb, weil jene Einheit durch eine menschliche Verständigungsarbeit zustande gekommen wäre, sondern weil Gott der eine ist und nicht heute so und morgen so redet, sondern sein Ohr den menschlichen Klagen, Bitten, Lob- und Dankgesängen leiht, aber treu ist in seinem Wort.

Die Idee der Gemeinschaft ist freilich belastet. In Deutschland hat sie sich ausgangs des 19. und eingangs des 20. Jahrhunderts mit antidemokratischen und integralistischen Kräften verbunden, die gegen den offenen Meinungsstreit auf einen natürlichen Zusammenhalt gesetzt haben, wie er durch Volk und Vaterland gestiftet werde.[14]

---

[14] Vgl. Kurt Sontheimer, Antidemokratisches Denken in der Weimarer Republik, München 1962.

Bei Paulus freilich ist von solcher Ideologie nichts zu spüren. Der Begriff der Gemeinschaft ist christologisch geprägt. Er ist gefüllt von der Deutung der Eucharistie: »Der Kelch des Segens, den wir segnen – ist er nicht Gemeinschaft des Blutes Christi? Das Brot, das wir brechen, ist es nicht Gemeinschaft des Leibes Christi? Ein Brot ist es, so sind wir vielen ein Leib; denn wir alle haben teil an dem einen Brot.« (1 Kor 10,16f.) Die Gemeinschaft der Kirche gründet nach 1 Kor 10,16f. in derjenigen Gemeinschaft, die Jesus Christus durch seinen Leib und sein Blut stiftet, durch die Hingabe seines Lebens »für euch« (1 Kor 11,23ff.). Darin ist die Einheit der Kirche begründet. Sie zeigt und verwirklicht sich in der »Kommunion«: im Essen des eucharistischen Brotes.

Christologisch ist aber auch die Vielfalt der Kirche begründet. Paulus zeigt sie in 1 Kor 12 an den Charismen und am Leib Christi auf. Der eine Leib Christi hat notwendig viele Glieder; und die vielen Glieder bilden notwendig nur ein und denselben Leib. Vielfalt und Einheit wachsen im gleichen Maße. Paulus bezieht dieses Gleichnis auf die Charismen. Hier herrscht dieselbe Logik. Nicht obwohl, sondern weil es nur einen Gott, einen Kyrios und einen Geist gibt, entwickelt sich eine Vielzahl der Charismen, Dienste und Wirkkräfte in der Kirche (1 Kor 12,4ff.). Die Dialektik von Einheit und Vielfalt kann nach Paulus nicht auf alles Mögliche, sondern nur auf die Kirche Jesu bezogen werden, wie sie sich vor Ort – z. B. in Korinth – realisiert, aber bei »allen, die den Namen unseres Herrn Jesus Christus anrufen, an jedem Ort« ausbreitet (1 Kor 1,2).

Die Dialektik geht so weit, dass der Apostel in den harten Konflikten, die ausgerechnet beim Mahl des Herrn ausgebrochen sind, urteilt, es müsse unter den Glaubenden »Häresien« geben, damit offenbar werde, wer sich in der Erprobung bewähre (1 Kor 11,19). Paulus formuliert allerdings sehr sorgfältig – so differenziert, dass später das Kirchenrecht seine Unterscheidungen und Beurteilungen auf die paulinische Terminologie projiziert hat. Was Paulus ablehnt (1 Kor 11,18), sind »Spaltungen« *(schísmata);* die Gemeinde soll beisammenbleiben und nicht auseinanderfallen. Aber es ist doch wichtig, dass es »Parteiungen« gibt, wie das griechische *hairéseis* meist übersetzt wird. Paulus meint die Auseinandersetzungen, die geführt werden müssen, damit nicht Friedhofsruhe in der Kirche herrscht und kein Anpassungsdruck entsteht, sondern die Wahrheit gesucht und gefunden werden kann, an der die Kirche hängt. Das Ziel ist die Versöhnung der Feinde und die Arbeit mit vereinten Kräften am Aufbau der Kirche.

c) Antiochenischer Konflikt

Die Übereinkunft von Jerusalem hat spätere Konflikte nicht ausgeschlossen, sondern provoziert, aber auch lösbar werden lassen. Paulus selbst berichtet im Galaterbrief unmittelbar nach dem »Apostelkonzil« von einem schweren Konflikt in Antiochia (Gal 2,11–14).[15] Dort werden die innenpolitischen Konsequenzen der außenpolitisch wegweisenden Entscheidung deutlich. Antiochia ist jene Ortskirche, in der nach der Apostelgeschichte die Christen erstmals Christen genannt wurden – weil dort erstmals »den Griechen« gezielt das Evangelium verkündet worden sei (Apg 11,19–26). Dieses Projekt ist in Jerusalem akzeptiert worden. Aber der dortige Beschluss setzte auf Differenzierung: »wir zu den Heiden, sie zur Beschneidung« (Gal 2,9). Was aber, wenn beide, Juden und Heiden, als Christen in einer Gemeinde zusammenleben?

Der Streit darüber bricht in Antiochia aus. Nur Paulus berichtet von ihm, Lukas nicht – sei es, weil er den Konflikt verschweigen wollte (wie die Forschung meist annimmt), sei es, weil er ihn nicht so wichtig fand. Paulus ist Partei; sein Bericht ist tendenziös. Aber er ist detailliert genug, dass ein in etwa klares Bild entstehen kann. Danach hat Petrus, als er nach Antiochien kam, zuerst ohne Kautelen an der – eucharistischen – Tischgemeinschaft von Juden- und Heidenchristen teilgenommen. Das ändert sich aber, als »einige

---

[15] Zu den exegetischen Details vgl. Thomas Söding, Apostel gegen Apostel. Ein Unfall im antiochenischen Großstadtverkehr (Gal 2,11–14), in: Reinhard von Bendemann – Markus Tiwald (Hg.), Das frühe Christentum und die Stadt (BWANT 198), Stuttgart 2012, 92–113.

von Jakobus« aus der Urgemeinde kommen. Petrus zieht sich zurück – und mit ihm alle anderen Judenchristen, selbst Barnabas. Paulus bewertet dies als »Heuchelei« – als ein Verhalten, das wider besseres Wissen geschieht, und zwar aus Furcht vor »denen der Beschneidung« (Gal 2,12). Leider sagt Paulus nicht mehr; aber es liegt nahe, an politischen Druck aus der jüdischen Umgebung zu denken, der womöglich von Jerusalem nach Antiochia weitergegeben worden ist.

Paulus schreibt jedenfalls, er habe Petrus »ins Angesicht widerstanden, weil er sich ins Unrecht gesetzt hatte« (Gal 2,11). Sein Vorwurf an Kephas ist, vom Weg der Wahrheit abgewichen zu sein und auf die Heidenchristen Druck ausgeübt zu haben, »jüdisch« zu leben, womit (wenigstens) die verpflichtende Übernahme der Speisegebote verbunden gewesen ist. Seine Strategie ist es, Petrus an die gemeinsame judenchristliche Glaubenserkenntnis zu erinnern:

> Wir, von Geburt Juden und nicht sündige Heiden, wissend, dass kein Menschen aus Werken des Gesetzes gerechtfertigt wird, sondern aus dem Glauben an Jesus Christus, sind auch zum Glauben an Jesus Christus gelangt, damit wir aus dem Christusglauben gerechtfertigt werden und nicht aus Werken des Gesetzes, denn aus Werken des Gesetzes wird kein Fleisch gerechtfertigt. (Gal 2,15f.)

Der Abschnitt ist gattungskritisch schwierig, weil Paulus aus einem Bericht über den antiochenischen Streit in eine These zur Rechtfertigungslehre übergeht, wie er sie in der galatischen Auseinandersetzung braucht. Die 1. Person Plural zeigt aber, dass Paulus das Prinzip der Rechtfertigung nicht als Kontroverse, sondern als Unterscheidungslehre vorlegt, die auch Petrus teilt – wiewohl er ihr in Antiochia zuwidergehandelt habe, weil er *de facto* die Heidenchristen auf »Gesetzeswerke« festlegt, wenn er sonst die Eucharistiegemeinschaft mit ihnen verweigere. In die Rechtfertigungsthese ist das archaische Credo »Ich glaube an Jesus Christus« – »Wir glauben an Jesus Christus« eingegangen. Die Rechtfertigungsthese reflektiert das Credo. Durch sie wird deutlich, wie ernst es genommen wird: sowohl hinsichtlich der Hoffnung auf Heil als auch hinsichtlich des Lebens in der Kirche.

Wie immer es um die historischen Details bestellt sein mag – der Galaterbrief hat eine überragende ökumenische Bedeutung. Er setzt sich wirklich mit der Gefahr einer Spaltung der Kirche auseinander – und plädiert für die Einheit der Kirche, aber nicht um jeden Preis und nicht auf eine integralistische, sondern auf eine entschiedene und differenzierte Weise. An zwei Punkten wird diese Einheit festgemacht: an der Anerkennung aller von Jesus Christus dazu Berufenen als Apostel und an der Anerkennung der Rechtfertigungslehre als Kriterium der Christologie.

An beiden Punkten bricht ein anscheinend unversöhnlicher Konflikt mit den Gegnern des Paulus in Galatien auf, die – wie der Apostel es sieht – ein Anti-Evangelium propagieren (Gal 1,6–9). An beiden Punkten gibt es aber eine – konfliktreiche – Verständigung zwischen Petrus und Paulus, jedenfalls wenn man dem Galaterbrief folgt. In der Exegese liest man allerdings oft, Paulus habe den Kürzeren gezogen und sei – im Groll – seine eigenen Wege gegangen. Davon steht aber im Text nichts. Das Verhältnis des Paulus zu Petrus war schwerlich nachhaltig getrübt (vgl. 1 Kor 1,12; 3,22; 9,5; Gal 1,16–21). Auch die Verbindungen nach Antiochia sind im Zuge der selbstständigen Missionsarbeit des Paulus nach dem »Apostelkonzil« nicht abgebrochen, wenn man der Apostelgeschichte Glauben schenkt (Apg 18,22f.).

Selbst wenn man skeptischer urteilt: Der antiochenische Konflikt ist gelöst worden; die Lösung hat die Einheit der Kirche gestärkt, er hat auch idealtypisch die Unterschiede zwischen Petrus und Paulus hervortreten lassen, die beide für die Kirche grundlegende Bedeutung haben.

d) Tübinger Kontroverse

1951 hat Ernst Käsemann die viel zitierte These aufgestellt, der neutestamentliche Kanon begründe »als solcher nicht die Einheit der Kirche, sondern … die Vielzahl der Konfessionen«[16]. Nicht ganz so häufig wird der Schluss desselben Aufsatzes zitiert: »Die Spannung

---

[16] Begründet der neutestamentliche Kanon die Einheit der Kirche? (1951), in: ders. (Hg.), Das Neue Testament als Kanon, Göttingen 1970, 124–133: 131.

von Geist und Schrift ist konstitutiv. Das heißt, dass der Kanon nicht einfach mit dem Evangelium identisch und Gottes Wort nur insofern ist, als er Evangelium ist und wird. Insofern begründet dann auch er die Einheit der Kirche. Denn allein das Evangelium begründet die eine Kirche in allen Zeiten und an allen Orten.« Entsprechend schränkt Käsemann die Ausgangsthese auch ein: Der Kanon begründe nur »in seiner dem Historiker zugänglichen Vorfindlichkeit« die Vielfalt der Konfessionen, während er qua Evangelium die Einheit der Kirche begründe.

Die etwas gedrechselten Formulierungen zeigen ein tiefes Problem an. Käsemann variiert die neoprotestantische These, es gebe eine Diastase zwischen der unsichtbaren Kirche Jesu Christi, die wesenhaft »eine« sei, wie auch das Credo bekennt, und den geschichtlich sich entwickelnden »Konfessionen«, in denen sich die sichtbaren »Kirchentümer« darstellten. Diese moderne Unterscheidung bezieht der Bultmann-Schüler auf die Unterschiede zurück zwischen dem, was der Exeget als Historiker erkenne, der die 27 Schriften lese, und dem, was er als Theologe erkenne, der sie auf das Wort Gottes hin ablausche.

Diese Diastase indes ist künstlich. Sie führt zu einer doppelten Wahrheit und zu einer gespaltenen Existenz. Zwar ist die kanonische Exegese nicht identisch mit der historisch-kritischen. Es herrscht auch immer eine uneinholbare Differenz zwischen der Kirche, wie Jesus Christus sie nach christlichem Glauben gewollt hat, und dem kirchlichen Leben, wie es nach bestem Wissen und Gewissen diejenigen leben, deren Geist zwar willig, deren Fleisch aber schwach ist. Von Schuld und Versagen sind auch die höchsten Amtsträger der Kirche nicht frei.

Dennoch übersieht Käsemann Entscheidendes. Der Kanon ist eine geschichtlich gewachsene Größe. Es gab Streit um einzelne Schriften. Die Kanonbildung hat auch Grenzpfähle zwischen Orthodoxie und Heterodoxie eingeschlagen (um es traditionell zu formulieren). Aber der Kanon selbst treibt die Kirche nicht auseinander, sondern hält sie zusammen, mindestens in ihrer großen Mehrheit. Es ist genau die Funktion von Kanonlisten, der innerkirchlichen Verständigung zu dienen. Im Einzelnen kann es Abweichungen sowohl bei der Komposition als auch bei bestimmten Büchern geben, ebenso Unterschiede im Lesen und Verstehen der Bibel, obgleich zum Kanon klassisch die *regula fidei* (Glaubensregel) gehört, das Credo als Interpretationsschlüssel. Doch allein die Existenz der Listen zeigt, dass Wildwuchs beschnitten und die Vielfalt in eine einheitliche Form gegossen werden soll, die allerdings eben für – nicht alles, aber – vieles Raum bietet.

Fragt man im Rückblick nach Kriterien der Kanonbildung, ist »Katholizität« ein wesentliches Prinzip. Gemeint ist, dass die Schriften – idealiter – in allen Gemeinden Anerkennung finden sollten. Das ist in der Universalität der Heilsbedeutung Jesu angelegt, die ihrerseits zur Universalität der Kirche führt. Die Jünger sollen nach Mt 28,16–20 überall dort die Völker zu Jüngern machen, wo Jesus gegenwärtig ist: bis ans Ende der Welt. Überall wird die eine Taufe »auf den Namen des Vaters und des Sohnes und des Heiligen Geistes« gespendet; überall soll die eine Lehre Jesu Christi zu Glaube und Nachfolge führen.

Entscheidend gegen Käsemanns Diastase von Historie und Theologie spricht aber auch das Zeugnis des Kanons selbst, auf den er sich bezieht. Kanon ist er nur, insofern er, paulinisch gesprochen, die Richtschnur entlang der Wahrheit des Evangeliums ausspannt (Gal 6,16). Die Einheit des Evangeliums, aus der die Einheit der Kirche zwingend folgt, wenn sie sich nicht zu dessen Herrin aufschwingen will, wird aber von Käsemann konzediert. Das Evangelium ist jedoch keine ungeschichtliche Größe. Es teilt sich durch Menschen auf menschliche Weise mit. Die Schriftform hilft dem Gedächtnis auf die Sprünge. Der biblische Kanon markiert Unterschiede: zwischen den beiden Testamenten; zwischen den biblischen Büchern; zwischen verschiedenen Autoren und Adressaten; zwischen unterschiedlichen Zeiten und Räumen. Bei Weitem nicht alle Angaben halten einer historischen Überprüfung stand. Aber auch wenn sie fiktiv sind, signalisieren sie die geschichtliche Entstehung der Heiligen Schrift, ihre Vielseitigkeit und ihren Spannungsreichtum. Nur deshalb kann die Bibel von Menschen in ganz unterschiedlichen Zeiten und Zonen, in schier unvereinbaren Situationen und Kulturen als ihre Heilige Schrift entdeckt werden, die sie vor die Wahrheit ihres Lebens, die Wahrheit Gottes stellt, wie sie im Menschenwort zu hören ist, das die Bibel schriftlich aufzeichnet.

e) Römische Unterscheidung

Auf dem Zweiten Vatikanischen Konzil haben die Väter darum gerungen, möglichst positiv über Orthodoxe und Protestanten zu sprechen. Bei den Orthodoxen gelang der Nachweis einer alten Tradition, dass sie als »Kirche« angesprochen worden sind, und zwar nicht aus Höflichkeit, sondern aus der theologisch begründeten Überzeugung, in der Ekklesiologie wesentlich einig zu sein, auch was ihre Sakramentalität und das dreifache Amt betrifft, wiewohl ein »sub Petro« (»unter Petrus«) nicht anerkannt wird.

Bei den Evangelischen gelang dieser Nachweis nicht. Aus zwei Gründen sprach man stattdessen von »kirchlicher Gemeinschaft«: weil auch katholische Augen bei ihnen eine Vielzahl wesentlicher Elemente des Kircheseins entdecken können und weil man ihnen nicht das katholische Kirchenverständnis überstülpen wollte, zumal es auf evangelischer Seite viele gäbe, die sich gar nicht als »Kirche« sähen (z. B. die Anglican Community). Beide Argumente lassen sich nicht von der Hand weisen: Durch die Ökumenischen Dialoge der letzten Jahrzehnte ist der Bestand an Gemeinsamkeiten noch erheblich gewachsen und vertieft worden, ohne dass es allerdings bislang eine angemessene vatikanische Rezeption jener Bemühungen gäbe. In der gesamten Lutherbibel ist das Wort »Kirche« nicht zu finden; stattdessen hat sich Luther, auch wenn es um die *una sancta catholica et apostolica ecclesia* (die eine, heilige katholische und apostolische Kirche) geht, für »Gemeinde« entschieden, weil er den Gemeinschaftscharakter der Kirche betonen wollte.

Die Deutung des »subsistit« (»verwirklicht«) in den *Fünf Fragen und Antworten* der Glaubenskongregation, die im Juli 2007 vorgelegt worden sind, fügt sich insofern in diese Sicht ein, als sie erklärt, die Basis der Anerkennung anderer sei keine Relativierung, sondern eine Affirmation des eigenen Kircheseins. In der Kirchenkonstitution sei deshalb nicht »est« (ist), sondern »subsistit« geschrieben worden (Lumen gentium Nr. 8), weil so klarer werde, weshalb auch bei den Evangelischen »vielfältige Elemente der Heiligung und der Wahrheit« zu finden seien. Dass in ihr die eine Kirche Jesu Christi »subsistiere«, sei ein Alleinstellungsmerkmal der katholischen Kirche auch gegenüber den Orthodoxen. Den »Gemeinschaften«, die aus der Reformation hervorgegangen seien, fehle allerdings das Weihesakrament. Deshalb seien sie für die katholische Theologie nicht »Kirche«.

Darüber ist aber, eingedenk der ökumenischen Dialoge, das letzte Wort noch nicht gesprochen. Es ist richtig, dass aus katholischer – und orthodoxer – Sicht die »apostolische Sukzession im Weiheamt« ein unverzichtbares Moment des Kircheseins darstellt. In der Sache geht es dabei um die geistgewirkte, personale und diakonale Kontinuität zu den Aposteln und ihrem Evangelium. Das Amt gehört insofern zum Kanon wie der Kanon zum Amt, zumal er die Entwicklung des kirchlichen Amtes dokumentiert und das Amt zur Kanonisierung erheblich beigetragen hat.

Aber sowohl auf internationaler als auch auf nationaler Ebene ist das Thema »Apostolizität« der Kirche derzeit ein großes Thema.[17] Hier zeichnet sich eine interessante Konstellation ab. Biblische und historische Studien können die katholische Theologie dahin führen, zwischen presbyteraler und episkopaler Sukzession nicht so strikt zu unterscheiden, wie manche es aus den Texten des Zweiten Vatikanischen Konzils herauslesen. Dort wird das vorläufige Ende eines langen Weges definiert, ohne dass damit auch schon jede einzelne Etappe abschließend bewertet würde. Mit der Orthodoxie wird es an diesem Punkt wenig Konflikte geben, wiewohl exegetische und historische Forschungen ihr weniger Anlass zu Differenzierungen des theologischen Urteils geben.

---

[17] Die Apostolizität der Kirche. Studiendokument der Lutherisch/Römisch-katholischen Kommission für die Einheit, Frankfurt/Main – Paderborn 2009 (engl. Minneapolis 2008).

Die evangelische Theologie ist aber gefragt, ob sie die Theorie des »gemeinsamen Priestertums« tatsächlich so ausbauen will, dass sie das »Amt« nur als Ordnungsfaktor gelten lässt, der reguliert, wer zum besseren Funktionieren der Gemeinschaft tatsächlich tun darf, was prinzipiell aufgrund der Taufe alle tun können, oder ob sie die Linie der ökumenischen Konsensdokumente fortschreibt, dass die Ordination sakramentalen Charakter hat, ob sie nun so genannt wird oder nicht. Handauflegung und Gebet, wie sie in den Pastoralbriefen – aus jüdischer Tradition – für die Ordination vorgesehen werden, sind jedenfalls nicht nur ein Verwaltungsakt, sondern Bitte an Gott, die erfüllt wird, Dank an Gott, der Grund hat, Segen durch Gott, der wirksam ist.

Käsemanns Ausgangsthese hat einen apologetischen Klang. Sie affirmiert den *status quo* der konfessionellen Spaltung. Käsemanns Schlussthese aber fällt hinter die Ekklesiologie des Neuen Testaments zurück, wie sie der Kanon dokumentiert. Denn die Kirche ist eine oder keine. Sie realisiert sich auf der ganzen Welt vor Ort, in der Geschichte, durch die Menschen, die den Glauben leben. Dieser Glaube führt nicht in die Vereinzelung, sondern in die von Jesus selbst durch Fleisch und Blut gestiftete »Koinonia« *(communio)*, die Gemeinschaft durch Teilhabe begründet: an Jesus Christus, im Heiligen Geist, zur Ehre Gottes, des Vaters.

II. Das Leben der Kirche

Die Kirche ist ihrem Wesen nach missionarisch, kooperativ und konstruktiv. Missionarisch: Sie verkündet Gottes Wort, nicht nur mit Worten, sondern auch mit Taten, weil ihr das Evangelium anvertraut ist. Kooperativ: Sie entsteht in der Zusammenarbeit aller Glieder des Leibes Christi, nicht nur auf der Ebene der »Starken«, sondern ebenso der »Schwachen«. Konstruktiv: Sie setzt auf Ausbauten und Anbauten, weil sie ein Haus des Glaubens ist, das Platz für möglichst viele Menschen schaffen soll und ihnen Raum geben soll, Gott zu finden. Die Kirche lebt das Evangelium in wechselseitiger Anteilnahme und Anerkennung, weil sie auf die Freiheit des Glaubens setzt, die Praxis der Liebe und die Größe der Hoffnung, die sie für alle hegt.

1. Missionarisch

Eine alte These des 19. Jahrhunderts lautet, der große Missionserfolg des Christentums sei im Wesentlichen dadurch zu erklären, dass es in eine religiöse Welt hineingekommen sei, die zutiefst verunsichert und mit sich selbst entzweit gewesen sei: An die homerischen Götter habe niemand mehr so recht geglaubt; die paganen Kulte seien zu reinen Zeremonien verkommen; die ganze Religion sei nur noch Ritual, Pietät und Tradition gewesen. Deshalb sei es dem Christentum leicht gefallen, mit einem halbwegs überzeugenden Programm die Herzen der Menschen zu erobern. Diese These aber, so hat sich gezeigt, ist allzu stark vereinfacht; sie ist letztlich falsch.[18] Erstens ist das Judentum

---

[18] Das hat bereits das große Werk von Adolf von Harnack nachgewiesen: Die Mission und Ausbreitung des Christentums in den ersten drei Jahrhunderten, Leipzig ⁴1924 (1902). Zur heutigen Diskussion vgl. Clare K. Rothschild – Jens Schröter (Hg.), The

stark.[19] In der hellenistischen Diaspora nimmt es trotz aller Anfeindungen einen großen Aufschwung und findet unter den Heiden neben vielen Gegnern auch zahlreiche neue Anhänger, so dass es im ganzen römischen Reich, besonders aber im Osten, erhebliches kulturelles, spirituelles und soziales Gewicht erlangt. Zweitens ist der Hellenismus zwar eine Epoche tiefer religiöser Umbrüche, Krisen und Wandlungen, aber ebenso eine Zeit religiöser Blüte: Westliche und östliche Kulturen begegnen einander; alte und neue Religionen beeinflussen und befruchten sich wechselseitig; zahlreiche Tempel werden renoviert und neu gebaut; in Vereinen und Verbänden entwickelt sich ein reges religiöses Leben.

Inmitten dieser bunten Welt von Sekten, Kulten und Religionen ist das Urchristentum eine Bewegung unter vielen. Von den meisten Heiden lange Zeit als etwas eigenartige Variante des Judentums eingeschätzt, bilden die ersten Christen im hellenistischen Kosmos eine verschwindend kleine Minderheit. Sie müssen deshalb auch bald das typische Schicksal einer Minorität erleiden. Sie sehen sich, weil sie Christen sind und bleiben wollen, in Konflikte hereingezogen, in denen sie allemal die Schwächeren sind. Sie sehen sich weithin einem erheblichen Anpassungsdruck ausgesetzt, der gewiss hier und da auch einmal von Juden (was im Johannesevangelium akzentuiert wird), weit häufiger aber von Heiden und nur in Ausnahmefällen (wie in der Johannesoffenbarung reflektiert) von staatlichen Organen, in der Regel aber von den Mitbürgern ausgeht, den Verwandten und den Arbeitskollegen, den Nachbarn und den alten Freunden.

Typisch ist die Situation der Christen, die der Erste Petrusbrief gegen Ende des ersten Jahrhunderts für weite Teile Kleinasiens widerspiegelt.[20] Die Glaubenden müssen sich als »Fremde« sehen (1 Petr 1,1.17; 2,11); sie leben am Rande der antiken Gesellschaft,

---

Rise and Expansion of Christianity in the First Three Centuries of the Common Era (WUNT 301), Tübingen 2013.
[19] Vgl. Jacob Neusner, Judaism. The Basics, London 2006.
[20] Vgl. Thomas Söding (Hg.), Hoffnung in Bedrängnis. Studien zum Ersten Petrusbrief (SBS 216), Stuttgart 2009.

nicht weil sie aus der Welt ausziehen wollten, sondern weil man sie an den Rand zu drängen gewillt ist. Die kleinasiatischen Christen sehen sich (noch) nicht blutigen Verfolgungen ausgesetzt, wohl aber Verdächtigungen, Verleumdungen, Verunglimpfungen; sie werden diskriminiert und marginalisiert: nach 1 Petr 4,4 deshalb, weil die heidnischen Mitbürger nicht wollen, dass die Christen anders leben als sie selbst und anders leben als bisher. Die Herausforderung, jenseits von Rigorismus und Synkretismus eine ekklesiale Identität und missionarische Kraft zu entwickeln, wird dadurch nur noch größer. Wie ist sie angenommen worden?

a) Kleine Gemeinschaften

Ein wesentliches Kennzeichen urchristlicher Gemeinden ist ihre geringe Größe. Zwar kann man die Zahlen der Christen, folgt man der Apostelgeschichte, schon in der Anfangszeit nur nach Tausenden rechnen; aber dass die Angaben in Apg 2,41 und 4,4 nicht statistischen, sondern symbolischen Aussagewert haben, ist unzweifelhaft: Lukas will mit ihnen zum Ausdruck bringen, dass die gesamte spätere Missionsentwicklung keimhaft in der Geschichte der Jerusalemer Urgemeinde angelegt ist. Wie groß, oder besser gesagt: wie klein urchristliche Gemeinden im Regelfall wirklich gewesen sind, lässt sich womöglich einem indirekten Hinweis entnehmen. Paulus und die Synoptiker, aber auch die Spätschriften des Neuen Testaments setzen voraus, dass sich die ganze Gemeinde, wenn sie zum Gottesdienst zusammenkommt, in einem »Haus« versammelt (Phlm 2; 1 Kor 16,19; Gal 2,11–14; Röm 16,5.23). Nach Lage der Dinge kann es sich nur um das Privathaus eines reichen Christen oder, nicht selten, einer begüterten Christin gehandelt haben, vielleicht zuweilen auch um ein Vereinsheim. Wenn aber wirklich, häufig noch Jahre nach der Gründung, ein Großteil der Gemeinde in einem solchen Haus Platz gefunden hat, kann die Zahl der Gemeindemitglieder nicht sonderlich groß gewesen sein. Zu einer Hausgemeinde werden kaum viel mehr als fünfzig bis allenfalls hundert Christinnen und Christen gehört haben. Wird die Zahl größer, baut man kein größeres Haus, sondern gründet eine neue Hausgemeinde: in einer anderen Straße, in einem anderen Wohnviertel, in einem Nachbarort. Die Kirche des Urchristentums breitet sich durch Zellteilung aus.

Die geringe Zahl der Mitglieder hat die Lebensformen der urchristlichen Hausgemeinden tief geprägt. Auf der einen Seite hat sie selbstverständlich manches Problem verursacht: Persönliche Animositäten, spirituelle Inzucht, theologische Streitigkeiten haben gerade deshalb, weil die Gemeinden klein und überschaubar gewesen sind und jeder jeden nur allzu gut kannte, einen fruchtbaren Nährboden gefunden. Schon im Ersten Korintherbrief muss der Apostel sich mit solchen Problem herumschlagen. Dennoch war die geringe Größe eine der größten Chancen urchristlichen Gemeindelebens. Von der Anonymität, die (auch beim besten Willen aller Beteiligten) in den oftmals viel zu großen Pfarreien unserer Breitengrade herrscht, war nichts zu spüren. Das Gemeindeleben war von einem Netz persönlicher Bekanntschaften und Freundschaften getragen. Man wusste um die Sorgen und Nöte der anderen; man nahm Anteil am Schicksal der Glaubensschwester, des Glaubensbruders; man suchte zu helfen und einander zu stärken: nicht immer in der wünschenswerten Intensität, nicht immer in der richtigen Art und Weise, vielleicht auch nicht immer aus völlig uneigennützigen Motiven, aber doch immer wieder und im Ganzen so, dass Gemeinden entstehen, dass sie wachsen und sich ausbreiten konnten – ohne zentrale Steuerung, ohne staatliche Patronage, allein durch eine breite Bewegung von unten, die sich gegen den Widerstand etablierter Religionen und notfalls auch gegen politischen Druck durchzusetzen vermochte.

b) Aufbau geschwisterlicher Gemeinden

Die Entstehung, Erhaltung und Entwicklung geschwisterlicher Glaubensgemeinschaften ist das große Thema, das in den Apostelbriefen des Neuen Testaments verhandelt wird. Gelegentlich richtet sich der Blick so stark auf das Innenleben der Gemeinde, dass darüber die Verantwortung gegenüber den Nichtchristen aus den Augen zu geraten scheint. Doch ist in den allermeisten Fällen die Konzentration auf die »Bruderliebe« positiv, nicht exklusiv gemeint. Um des Überlebens der Gemeinden in einem synkretistischen und tendenziell aggressiven Umfeld willen war es dringend geboten, die Einheit des Glaubens, der Hoffnung und der Liebe zu fördern.

Wie dies geschieht, ist freilich schon im Neuen Testament recht unterschiedlich. Es gibt, zumal in den Spätschriften (vor allem in Judas- und im Zweiten Petrusbrief) durchaus Ausgrenzungen und Diffamierungen innerkirchlicher Gegner; dieses Verfahren muss selbst dann problematisch erscheinen, wenn die Urteile, es handle sich bei den Gegnern um Irrlehrer, zu Recht bestanden und die Trennung von ihnen die einzige Möglichkeit des Überlebens zu sein schien. Doch gibt es im Neuen Testament auch andere Vorgehensweisen. Vorbildlich scheint nach wie vor das Modell, das Paulus mit dem Leib-Christi-Symbol in 1 Kor 12 und Röm 12 entwickelt[21]: Das Leben der Gemeinde beruht auf der Vielfalt der charismatischen Begabungen; diese Vielfalt darf nicht beschnitten werden, weder durch religiöse Virtuosität, die versucht ist, alles an sich zu ziehen, noch durch die Minderwertigkeitskomplexe scheinbar weniger begabter Gemeindemitglieder, die sich nichts zutrauen und glauben, keinen substantiellen Beitrag für die Kirche leisten zu können. Seine Aufgabe als Apostel sieht Paulus darin, der Gemeinde zu helfen, die Vielzahl der ihr geschenkten Begabungen zu erkennen und in ihrer Vielfalt zum Zuge kommen zu lassen – ein vorbildliches Verständnis des kirchlichen Dienstamtes. Die Kirche ist kein fertiges Bauwerk, gar eine feste Bastion, sondern ein offenes Haus, an dem mit möglichst vielen Händen weitergearbeitet werden muss, bei dem allerdings eines immer schon festgelegt ist: das Fundament, das niemand anderes als Jesus Christus selbst ist (vgl. 1 Kor 3,9–17).

---

[21] Vgl. Matthias Walter, Gemeinde als Leib Christi. Untersuchungen zum Corpus Paulinum und zu den »Apostolischen Vätern« (NTOA), Freiburg/Schweiz 2001.

c) Mission durch Faszination

Sosehr die Stärkung der ekklesialen *communio* (Gemeinschaft) die Gefahr in barg, sich einzuigeln und sich aus der Welt zurückzuziehen, sosehr war sie doch andererseits nicht ein Hinderungsgrund, sondern eine Voraussetzung missionarischer Aktivität. Die urchristliche Evangeliumsverkündigung ist zwar nach dem Zeugnis der Apostelgeschichte im Wesentlichen von Wandermissionaren geprägt worden. Tatsächlich haben sie bis zum Ende des ersten Jahrhunderts eine große Rolle gespielt. Doch ist auf Dauer ein anderer Faktor entscheidend gewesen: die Faszination, die von den Christengemeinden vor Ort auf die heidnische Umgebung ausgegangen ist.

Schon der Apostel Paulus hat darauf gesetzt. Seine missionarische Strategie, nur immer relativ kurze Zeit in einer neu gegründeten Gemeinde zu bleiben, dann aber weiterzuziehen, baut darauf, dass diese jungen Gemeinden von vornherein eine missionarische Ausstrahlungskraft entwickelt haben. Auch der Gemeindegottesdienst ist darin einbezogen. Seine Qualität bemisst sich nach 1 Kor 14,22–25 daran, dass er nicht nur Glaubenden, sondern auch »Unkundigen und Ungläubigen« etwas zu sagen hat: Der Gottesdienst muss so gefeiert werden, dass Nichtchristen die Möglichkeit haben zu erkennen: »Gott ist mitten unter euch« (Jes 45,14: 1 Kor 14,25). Da diese Gottesdienste nicht einfach in öffentlich zugänglichen Gebäuden, sondern in Privathäusern gefeiert worden sind, setzt Paulus in 1 Kor 14 als gängige Praxis voraus, dass Christen Bekannte, Freunde oder Verwandte angesprochen, für das Evangelium interessiert und in die Gemeindeversammlung mitgebracht haben, die dann zum Ort der Verkündigung werden kann und werden muss. Dies war die im Ganzen wohl wichtigste Form der Mission: der persönliche Kontakt, die Bekanntschaft mit einer schon bestehenden Ortsgemeinde, die Anziehungskraft, die namentlich von ihrem Gottesdienst ausgegangen ist.

Es gehört zu den bemerkenswerten Positionen neutestamentlicher Ekklesiologie, dass diese Option selbst dort nicht aufgegeben wird, wo den Gemeinden aggressiver Druck entgegenschlägt. Zwar gibt es durchaus massive Tendenzen zu reichlich polemischen Abwertungen der heidnischen Lebens- und Wertewelt. Aber die Gegentendenzen waren stärker. Wiederum ist der Erste Petrusbrief aufschlussreich. Auf der einen Seite hält er – ganz im Sinne der Bergpredigt – daran fest, Gewalt nicht mit Gegengewalt zu beantworten, sondern die Aggressionen durch Gewaltverzicht und Feindesliebe abzubauen (3,8–12; vgl. Röm 12,9–21). Auf der anderen Seite hält »Petrus« die Christen dazu an, so zu leben, dass die Heiden nicht nur in ihren Schmähungen widerlegt, sondern auch zum Lobpreis Gottes geführt werden können (2,12). Das Konzept heißt im Ersten Petrusbrief nicht, wie häufig gemutmaßt wird, Anpassung an die bestehenden Verhältnisse, sondern konsequentes Leben nach dem Evangelium: in der Erwartung, dass diese Praxis, wenn sie sich nur vor Exaltiertheit und faulen Kompromissen hütet, auf Dauer auch auf die Heiden anziehend wirkt. Wider alles Erwarten und gegen massive Widerstände, nicht ohne zahlreiche Brüche ist dieses verwegene Konzept aufgegangen.

d) Abgrenzung und Widerstand, Offenheit und Dialog

Die Notwendigkeit, in einer pluralistischen und synkretistischen Umwelt christliche Identität zu bewahren, zwingt zur Abgrenzung von der Umwelt.[22] Das Judentum war dem Christentum dabei Vorbild. Wie die Juden mussten die Christen vor allem dem Ansinnen widerstehen, ihren Glauben mit der kultischen Götter- und Kaiserverehrung zu vereinbaren, die als staatsbürgerliche Pflicht galt. Die Kraft zum Widerstand aufzubringen, war oft schwer genug. Einen harten Kampf, der an die Substanz der Ekklesia gegangen ist, spiegelt die Johannesapokalypse vom Ende des ersten Jahrhunderts in der Regierungszeit Domitians wider; angesichts einer militanten Expansion des Kaiserkultes, der von lokalen Behörden Kleinasiens

---

[22] Nicht nur im Christentum; vgl. Reinhard Gregor Kratz – Hermann Spieckermann (Hg.), Götterbilder – Gottesbilder – Weltbilder. Polytheismus und Monotheismus in der Welt der Antike, 2 Bde. (FAT II/17,18), Tübingen 2009.

forciert worden ist, im Bekenntnis standzuhalten und das Vertrauen auf Gottes endgültigen Sieg über alle gottfeindlichen Mächte zu bewahren, war eine große Herausforderung, die wohl nur dank der Hilfe des prophetischen »Sehers« bestanden werden konnte.

Noch größer als die Gefahr der Apostasie, des Abfalls, war freilich die der schleichenden Paganisierung oder Säkularisierung des Evangeliums. Im Zuge seiner Anverwandlung durch Heidenchristen wird diese Gefahr virulent. Der Erste Korintherbrief[23] bietet auch dafür ein Beispiel: Er setzt voraus, dass sich in der Gemeinde eine Weisheitstheologie herausgebildet hat, die Jesus Christus zu einem Archetyp vollendeter Gott-Menschlichkeit werden lässt und darin die tiefen religiösen Sehnsüchte spätantiker Menschen stillt, von der Last der Vergänglichkeit befreit zu werden. Paulus sieht die Gefahren dieser mythisierenden Christologie. Sein Gegenmittel ist die Konzentration auf die Mitte des Evangeliums: Indem er es als »Wort vom Kreuz« (1,17f.) verkündet, nimmt er die Geschichte Jesu auch in ihrem schmählichen Ende ernst und zeigt, wie gerade hier, am Verbrechergalgen (Dtn 27,23: Gal 3,13), die alle Grenzen sprengende Macht der schöpferischen Liebe Gottes sichtbar wird.

So notwendig freilich Identitätsbildung durch Unterscheidung und Abgrenzung war, so wenig wurden die (meisten) neutestamentlichen Autoren dazu verführt, sich vor der Geisteswelt des paganen Hellenismus abzuschotten. Das Neue Testament dokumentiert den geradezu atemberaubenden Prozess einer im Ganzen gelungenen Inkulturation des Evangeliums Jesu von Nazareth in die Welt des Hellenismus. Entscheidend war, dass dieser Prozess nicht nur als ein Übersetzungsvorgang gesehen worden ist, in dem es lediglich darauf angekommen wäre, die nun einmal feststehende Botschaft in eine neue Sprache zu übersetzen. Vielmehr heißt Inkulturation, neutestamentlich gesehen, auch, durch das Eingehen auf die Geisteswelt, die Sehnsüchte, Hoffnungen und Erwartungen der Adressaten neue Dimensionen des christologischen Heilsgeschehens

---

[23] Als Kommentar vgl. Walter Klaiber, Der erste Korintherbrief, Neukirchen-Vluyn 2011.

wahrnehmen und artikulieren zu können. Auch darin konnte dem Urchristentum das zeitgenössische Judentum, zumal das Diasporajudentum, Vorbild sein. Die Christologie der Präexistenz und der Kenosis (vgl. Phil 2,6–11), die sakramentale Entfaltung der Soteriologie (vgl. 1 Kor 10,16f.; Röm 6,1–11), die Leib-Christi-Ekklesiologie wären, durch hellenistisch-jüdische Theologie vorbereitet, nicht denkbar gewesen ohne die kritische Rezeption religiöser Motive aus der Umwelt. Die Maxime lautete: »Prüft alles, behaltet das Gute!« (1 Thess 5,21; vgl. Phil 1,9f.)

e) Kleine Herde – Salz der Erde

»Fürchte dich nicht, du kleine Herde; denn es hat dem Vater gefallen, euch das Königreich zu geben!« – dieses Jesuswort (Lk 12,32) dient heute gerne als Legitimation einer ekklesiologischen Ideologie, die eine Patentantwort auf die Säkularisierungs-, Individualisierungs- und Synkretismustendenzen der Gegenwart zu geben scheint: Die Kirche sei dazu berufen gesundzuschrumpfen; sie könne auf die Abständigen, die Unzuverlässigen, die Überforderten gerne verzichten; wenn sie sich zu scharfen Schnitten entschließe, werde ihr Profil nur umso klarer sein; dann gelte ihr die Verheißung des Herrn. Doch ist mit einer solchen Applikation der Sinn des Jesuslogions in sein Gegenteil verkehrt. Tatsächlich greift Lk 12,32 die urchristliche Erfahrung auf, Minorität zu sein: die Erfahrung der Schwäche, des geringen Erfolgs, der Verängstigung und Verunsicherung. Doch liegt die Pointe des Wortes gerade darin, den Verdacht zu zerstreuen, die Jüngergemeinde sei, weil sie klein und unscheinbar ist, wenig Anklang findet und keine große Ausstrahlungskraft besitzt, am Ende gar von Gott verlassen. Vielmehr gilt ihr die Zusage der Nähe Gottes auch dann, wenn sie nur eine »kleine Herde« ist. Geht es Jesu Wort aber darum, kann es nicht zum Rückzug auf den kleinen Kreis der Vertrauten führen, sondern es muss zum Aufbruch in die Welt bewegen. Wie dies trotz ungeheurer Schwierigkeiten kraft des Geistes in der Anfangszeit dennoch möglich geworden ist – das ist ja gerade das Thema des lukanischen Doppelwerks.

Lukas plädiert für ein weltoffenes Christentum, das seine Identität nicht gegen seine Relevanz ausspielen lässt. Das setzt das stete Kümmern um die »Schwachen« im Glauben (vgl. 1 Kor 8–10; Röm 14f.) voraus. Selbst der Hebräerbrief, der gewiss nicht im Verdacht steht, die Gnade billig gemacht zu haben, warnt die Christen ausdrücklich davor, langsame Wanderer abzuhängen und die unsicheren Kantonisten nur laufen zu lassen (4,1).

Die Alternative zum schiefen Verständnis von der »kleinen Herde« macht die Bergpredigt[24] sichtbar. Die Jünger sollen »Salz der Erde« und »Licht der Welt« sein (Mt 5,13–16). Auch diese Bilder greifen die bedrückende Erfahrung Jesu und der Kirche auf, sich wenigstens für den Moment nur schwer verständlich machen zu können. Aber sie setzen auf die Anziehungskraft, die vom Evangelium selbst ausgeht, wenn es von den Hörern des Wortes angenommen wird: Die anderen werden ihre »guten Taten« sehen und deshalb »euren Vater in den Himmeln loben« (Mt 5,16). Liest man die Bergpredigt, wie Matthäus es wohl beabsichtigt hat, als Magna Charta der Kirche, so werden die Identitätsmerkmale einer Jüngergemeinde sichtbar, die vielleicht nur klein ist, aber doch auf ihre Weise die Welt verändern wird. Es wäre eine Kirche, die aus der Verheißung lebt, dass Gott die Sehnsucht nach vollkommenem Frieden und endgültiger Gerechtigkeit nicht enttäuschen wird (Mt 5,3–12); eine Kirche, die sich Zeit nimmt und Räume schafft für einen Gottesdienst, der statt vieler Worte eine ebenso einfache wie tiefe Gebetssprache findet (6,1–14); und es wäre eine Kirche, die sich von Gottes universalem Heilshandeln leiten lässt und deshalb zur Überwindung von Hass und Gewalt fähig wird (Mt 5,21–48).

---

[24] Zur Exegese vgl. Klaus Wengst, Das Regierungsprogramm des Himmelreiches. Eine Auslegung der Bergpredigt in ihrem jüdischen Kontext, Stuttgart 2010.

2. Kooperativ

Die Geschichte der urchristlichen Mission und der ersten Gemeinden wird häufig als eine Geschichte einsamer Entschlüsse und heroischer Aktionen großer Männer dargestellt. Die Wirklichkeit sieht anders aus. Zwar lässt sich die überragende Bedeutung, die Petrus und Paulus, Jakobus und Barnabas, Timotheus und Titus gespielt haben, nicht leugnen. Aber zum einen wird die Arbeit einer Lydia und einer Priszilla, einer Phöbe und einer Junia, einer Maria von Magdala und einer Salome immer noch notorisch unterschätzt; und zum anderen ist das Wirken der Apostel und ihrer Schüler in ein dichtes Netz persönlicher und kirchlicher Beziehungen eingebunden, an dem sie fleißig geknüpft haben und das sie selbst getragen hat.

Besonders deutlich wird dies bei Paulus. Die von ihm gegründeten Gemeinden entwickeln sich erstaunlich schnell und höchst lebendig, ohne dass es eine Missionszentrale, eine Strategiekommission, eine Bürokratie, eine gesamtkirchliche Entscheidungsinstanz gegeben hätte. Freilich bilden sich innerhalb der Gemeinden sofort bestimmte Strukturen heraus, auch wenn sie zunächst sehr flexibel sind; überdies kommt es bald zu einem engeren Kontakt zwischen den Ortsgemeinden, auch wenn er nicht gezielt organisiert wird; vor allem baut sich von Anfang an ein Feld großer Spannungen zwischen verschiedenen Diensten und Ämtern, auch zwischen den Gemeindeleitern und den anderen Gemeindemitgliedern auf, nicht selten überdies zwischen dem Apostel und seinen Gemeinden. Diese Spannungen haben zu zahlreichen Konflikten geführt; sie haben aber auch ein großes Energiepotential entstehen lassen, das zur Vitalität und Attraktivität der urchristlichen Gemeinden sehr viel beigetragen hat. Gefragt waren Gemeindemitglieder, die zur Bejahung ihrer eigenen Begabungen wie auch der Talente und Verantwortlichkeiten anderer, zur Zusammenarbeit und zur tatkräftigen Übernahme der ihnen obliegenden Dienste in der Lage waren, auch zur Anerkennung des apostolischen Verkündigungs- und Leitungsdienstes; gefragt waren ebenso Gemeindeleiter, die nicht nur kompetent die Sache des Evangeliums vertreten konnten, sondern auch zur Kooperation untereinander wie mit der ganzen Gemeinde in der Lage waren.

a) Kooperation der Dienste

Paulus gilt vielen als Prototyp des pastoralen Einzelkämpfers, der am liebsten alles selber macht, keine andere Meinung gelten lässt und seine Gemeinden dominieren will. Das ist ein Zerrbild. Er war ein *teamplayer*, wenn auch der *captain* seiner Mannschaft. Die großen Missionserfolge, die der Apostel erzielt hat, ließen sich gar nicht erklären, wenn Paulus nicht über eine außerordentlich große Fähigkeit verfügt hätte, Menschen zu gewinnen: nicht nur für das Evangelium und den Glauben, sondern auch für eine aktive Mitarbeit in der Gemeinde und in der Mission. Von diesen Mitarbeitern, Männern und Frauen, sind etwa fünfzig aus dem Neuen Testament namentlich bekannt; die wirkliche Zahl liegt weit höher. Der Prozentsatz aktiver Gemeindemitglieder ist außergewöhnlich hoch. Das hängt keineswegs nur an der Begeisterung der Anfangszeit und an der Kleinheit der Hausgemeinden, in denen sich das kirchliche Leben abspielt. Es hängt entscheidend auch an der theologischen Grundbotschaft des Apostels, die Freiheit der Christenmenschen zu betonen (1 Kor 9; Gal 5; Röm 8), die fundamentale Gleichheit aller Getauften (1 Kor 11,11f.; 12,13; Gal 3,28) und die charismatische Begabung jedes einzelnen Gemeindemitglieds (1 Kor 12,4–11; Röm 12,6ff.).

Im Ersten Korintherbrief muss Paulus für die Pluralität charismatischer Begabungen und für die Kooperation der gemeindlichen Dienste plädieren.[25] Vielfalt und Zusammenarbeit sind durch eine kleine Gruppe von besonders engagierten Christen bedroht, die glauben, sie allein lebten in der Fülle der Gnade (vgl. 1 Kor 4,6–13), weil sie in außerordentlicher Radikalität und Kompetenz ihr Christ-

---

[25] Vgl. Thomas Söding, Einheit der Heiligen Schrift? Zur biblischen Theologie des Kanons (QD 211), Freiburg – Basel – Wien 2005, 204–209.

sein verwirklichen: Sie können »mit Menschen- und mit Engelszungen« sprechen, sie wissen »alle Geheimnisse«, ihr Glaube kann Berge versetzen, sie spenden »ihre ganze Habe« als Almosen, sie sind sogar bereit, ihren »Leib hinzugeben, dass er verbrannt« werde (vgl. 1 Kor 13,1ff.). So überzeugend aber ihr Engagement scheint, verursacht es doch zwei gravierende Probleme. Das eine: Die »Starken« (4,10; vgl. 10,22) täuschen sich über ihre wahre Lage, indem sie theologisch zu überspielen trachten, was es in ihnen selbst an Schwäche, Unzulänglichkeit, Begrenztheit, Sündhaftigkeit gibt. Das andere: Sie erkennen jene, die nicht »stark«, sondern »schwach« sind (vgl. 1 Kor 8,7–13), nicht als vollwertige Christen an – und nähren dadurch bei ihnen selbst den Verdacht, nicht im Vollsinn zur Kirche zu gehören.

In dieser Situation darf Paulus nicht den Fehler begehen, die charismatischen Begabungen zu relativieren (vgl. 1 Thess 5,19f.: »Löscht den Geist nicht aus! Verachtet die Prophetie nicht!«) und die »Starken« zu disziplinieren, um die »Schwachen« zu schützen. Er muss vielmehr der ganzen Gemeinde in all ihren Gliedern vor Augen führen, woher ihre Glaubensgemeinschaft stammt, worin sie besteht, wodurch sie bedroht ist und wie sie neu vitalisiert werden kann. Dabei braucht Paulus keine steile Gnadentheologie zu entwerfen, sondern kann sich darauf beschränken, die erfahrbare Wirklichkeit der Geistesgegenwart in den Gemeinden kritisch zu interpretieren (vgl. 1 Kor 1,26ff.; auch Gal 3,1–5).

Deshalb setzt das Plädoyer für die Vielfalt und die Kooperation der charismatischen Dienste nicht ethisch an; der Hinweis auf gegenseitige Toleranz und Rücksichtnahme reicht nicht. Die Begründung ist pneumatologisch. Die entscheidende Argumentation trägt Paulus in 1 Kor 12,4–11 vor: Dem einen Gott, dem einen Kyrios und dem einen Geist verdankt sich eine große Vielfalt von Gnadengaben (12,4ff.); denn es entspricht dem eschatologischen Heilshandeln Gottes in Jesu Kreuzestod und Auferweckung, nicht nur das Lebensnotwendige zur Verfügung zu stellen, sondern immer ein Übermaß an Gnade zu schenken (vgl. Röm 8,32) und nicht immer nach demselben Schema, sondern auf jede Person zugeschnitten das Heil zu vermitteln. Das gilt auch für die Charismen. Die Christen können aus dem Vollen schöpfen; und sie bekommen alle die Gnadengaben, die ihnen angemessen sind. Das bedeutet einerseits: Niemand hat alle Charismen (vgl 1 Kor 12,29ff.). Es bedeutet andererseits: Niemand, der das Bekenntnis »Der Herr ist Jesus!« mitspricht, ist ohne den Geist (12,3). Und es bedeutet zusammengenommen: Es fehlt der Gemeinde dank der Kreativität des Geistes an nichts: nicht an Propheten und nicht an Hermeneuten (Übersetzern und Interpreten), nicht an Lehrern und nicht an Betern, nicht an Rednern und nicht an »Sozialarbeitern«, nicht an Intellektuellen und nicht an Therapeuten, nicht an Diakonen und nicht an Organisatoren (vgl. 1 Kor 12,8–11.28ff.; Röm 12,6ff.). Es kommt nur darauf an, die vorhandenen Begabungen zu entdecken und zu fördern (vgl. 1 Kor 12,31), die verschiedenen Charismen in ihrer Verschiedenheit anzuerkennen und wirksam werden zu lassen und die Zusammenarbeit zu fördern. Der paulinische Kernsatz lautet: »Jedem ist die Erleuchtung des Geistes gegeben – zum Nutzen für andere!« (1 Kor 12,7)

Dies umzusetzen, gelingt freilich nur, wenn das theologische Verständnis der Charismen klar ist. Sie können an natürliche Begabungen wie Organisationstalent, Intelligenz oder Schlagfertigkeit anknüpfen, an Tugenden wie Mitleid, Hilfsbereitschaft und Klugheit, an erworbene Kenntnisse, Möglichkeiten und Fertigkeiten wie Bildung, Reichtum und Einfluss, aber auch an spezifische Glaubensfähigkeiten wie Wunderkraft, Bekenntnisstärke und Wahrheitsbewusstsein. Sie gehen aber nicht darin auf. Entscheidend ist, dass sich in den Charismen jene rettende Gnadenmacht Gottes individuell verschieden ausprägt, die auf die eschatologische Rettung der Verlorenen zielt (vgl. 1 Kor 1,26ff.) und den Glaubenden durch die Taufe wie die Eucharistie zuteilwird (vgl. 1 Kor 12,13). So fundamental die Gnade der »Rechtfertigung und Heiligung und Erlösung« (1 Kor 1,30) ist, die aus dem Tod der Sünde in das Leben des Glaubens führt, so sehr weckt Gottes Geist im selben Zuge der Selbstmitteilung Gottes »in Jesus Christus« jene natürlichen, kulturellen, moralischen und religiösen Kräfte, die der Schöpfer- und Erlösergott den Seinen schenkt, und verwandelt sie: Die »Charismen« (1 Kor 12,4) sind einerseits »Wirkkräfte« (1 Kor 12,5), weil sie Mittel sind, mit denen Gott seine Herrschaft ausübt und die deshalb tatsächlich eine neue Glaubenswirklichkeit entstehen lassen: Sie vermitteln Einsichten des Glaubens, Erfahrungen des Heils, Aktionen der Liebe, Feiern des Gottesdienstes, die ohne die Kraft des Geistes so nicht möglich wären. Andererseits sind die Charismen »Dienste« (1 Kor 12,6), weil sie am Dienst Jesu Christi teilhaben und deshalb nichts anderes als geschenkte Möglichkeiten sind, die Mitchristen in ihrem Glaubensleben zu unterstützen: Sie stärken die Schwachen, sie helfen den Notleidenden, sie bereichern die Guten, sie kritisieren und integrieren die schuldig Gewordenen – dies alles auf eine Weise, die so nur kraft des Geistes möglich ist. Deshalb können die Charismen nicht als persönliche Vorzüge der »Geistlichen«, sondern nur als Gnadengeschenk verstanden werden; und deshalb kann sich ihr Sinn nicht in der persönlichen Stärkung erschöpfen, sondern muss auf den »Aufbau« der ganzen Gemeinde gerichtet sein (vgl. 1 Kor 14). An den ihnen geschenkten Charismen können die Glaubenden ihre spezifische Berufung zu einem bestimmten Dienst in der Ekklesia erkennen – und umgekehrt sind es die Gnadengaben, die den Glaubenden erlauben, sich aktiv in die Ekklesia einzufügen und dabei ihren persönlichen Weg des Christseins zu gehen.

In der Kooperation der verschiedenen Gemeindedienste, von der die Kirche bei Paulus lebt, zeigt sich nicht nur ein Organisationsmodell, das unter den sozialen und historischen Bedingungen urchristlicher Zeit das einzig denkbare war – und denkbar erfolgreich dazu. Es zeigt sich vor allem ein Grundverständnis von Kirche, das dem christologischen Heilsgeschehen zutiefst angemessen ist, weil es aus dem überströmenden Reichtum der Gnade heraus die Personalität des Glaubens, die Individualität der Begabungen und die Vielfalt der ekklesialen Lebensvollzüge mit der originären Gemeinschaft, der ethischen Verantwortung und der soteriologischen Gleichheit aller Glaubenden verbindet.

b) Kooperation der Gemeindeleiter

Auf die freiwilligen Mitarbeiter, von denen viele seine Freunde geworden sind und unter denen sich erstaunlich viele Frauen finden (vgl. nur Röm 16,1f.3.6.7.12), stützt Paulus sein gesamtes Pastoralkonzept. Wenn er im Römerbrief schreibt, dass er im Wesentlichen seine Missionsaufgabe im Osten des Römischen Reiches als abgeschlossen betrachtet, weil er in diesen Regionen für sich kein Arbeitsgebiet mehr sieht, und schon seinen Blick auf Spanien richtet (Röm 15,23f.), setzt dies voraus, dass er mit funktionierenden, dynamischen und attraktiven Ortsgemeinden rechnet, die wenige Jahre nach ihrer Gründung – ungeachtet ihrer geringen Zahl wie ihrer geringen Größe und trotz gravierender interner Probleme – auf eigenen Füßen stehen können und wegen der Qualität ihres Gottesdienstes, der Überzeugungskraft ihrer Verkündigung, der Intensität ihres Gemeinschaftslebens und der Reichweite ihrer Diakonie inmitten aller Widerstände eine beträchtliche Anziehungskraft auf ihre griechisch-römische Umgebung ausüben. Diese Rechnung des Apostels, so verwegen sie war, ist tatsächlich aufgegangen: Das paulinische Modell kooperativer Gemeinden war pneumatisch gut begründet und der geschichtlichen Situation angemessen.

Paulus scheint nicht auf ein starres Modell der Gemeindeleitung festgelegt zu sein. Für ihn ist vor allem wichtig, dass eine kompetente Verkündigung des Evangeliums gewährleistet ist.[26] Dies geschieht nach 1 Kor 12,28 grundlegend durch »Apostel«, »Propheten« und »Lehrer«. Ihre Dienste stehen an der Spitze der Charismen und insofern auch an der Spitze der Ekklesia. »Apostel«, »Propheten« und »Lehrer« erscheinen bereits als Ämter, insofern sie auf göttlicher Einsetzung beruhen, ein charismatisches Fundament

---

[26] Die religionssoziologische Forschung ist unbefangener im Nachweis von »Governance«-Strukturen bei Paulus als die ekklesiologische; vgl. Wayne A. Meeks, Urchristentum und Stadtkultur. Die soziale Welt der paulinischen Gemeinden, Gütersloh 1993 (The First Urban Christians, New Haven 1993).

haben, an bestimmte Personen gebunden werden, die von ihnen zutiefst geprägt sind, und Aufgaben betreffen, die für die Ekklesia konstitutiv sind und in der Gemeinde dauernd erfüllt werden müssen. Die Aufgabe der »Apostel« – nicht nur eines Paulus, auch eines Apollos (vgl. 1 Kor 3,4ff.) oder einer Junia (Röm 16,7) – ist die Verkündigung und Vergegenwärtigung des Evangeliums (vgl. 1 Kor 1,17) sowie die Gründung und der Aufbau der Gemeinden (1 Kor 3,1–17); im idealtypischen Fall bleiben die Apostel nicht an einem Ort, sondern reisen durch die Lande, um dem Evangelium ein immer neues Publikum zu erschließen und dadurch weitere Gemeinden zu gründen. Die Aufgabe der »Propheten« ist die Erschließung des unmittelbaren Zuspruchs und Anspruchs des Wortes Gottes hic et nunc (vgl. 1 Kor 14,23ff.), die der »Lehrer« die prä- und postbaptismale Katechese, die zum Verstehen und zur Bejahung der Glaubensbotschaft führt (vgl. 1 Kor 14,26; Gal 6,6; Röm 12,7). Die Gemeinde ist elementar auf diese Dienste angewiesen; denn der Glaube kommt aus dem Hören, das Hören aus der Verkündigung, die Verkündigung aus der Sendung (Röm 10,14). Indem sie verkünden, prophezeien und lehren, sind die »Apostel«, »Propheten« und »Lehrer« faktisch die berufenen Leiter der Gemeinde (vgl. Apg 13,1ff.: »Propheten und Lehrer«).

Das schließt allerdings nicht aus, dass Paulus andernorts, auch ohne direkt auf jene Ämter zu rekurrieren, den Dienst der Gemeindeleitung anspricht. Das geschieht in den Briefen immer wieder, wenngleich kaum einmal mit besonderer Betonung. Durchweg geht es dem Apostel um die Einbindung der »Vorsteher« (unter denen man sich Männer und Frauen vorzustellen hat) in die Lebensvollzüge der Gemeinde und um die Ausrichtung auf den Dienst Jesu Christi. Einerseits sollen die Vorsteher von den anderen Gemeindemitgliedern anerkannt und geachtet werden (1 Thess 5,12; 1 Kor 16,1f.15f.). Andererseits sollen sie vor allem ihrem Charisma entsprechen (1 Kor 12,28; Röm 12,8), d. h. auf die Stimme des Geistes hören und den anderen Christen dienen (vgl. 1 Kor 12,4–7).

Welche Aufgaben und Kompetenzen die »Vorsteher« haben, bleibt demgegenüber weitgehend offen. Nach 1 Thess 5,12 liegt es an ihnen, die Mitchristen sowohl zu ermuntern als auch zu ermahnen und zurechtzuweisen – was im Grunde die Aufgabe eines jeden Christen ist (vgl. 1 Thess 4,18; 5,14), aber gleichwohl die besondere Verantwortung der Gemeindeleiter. Gewiss sollen sie wie Phöbe den anderen Gemeindemitgliedern ein »Beistand« sein (Röm 16,2), d. h. ihnen helfen, als Christen zu leben. Das in 1 Kor 12,28 gewählte Wort *kyberneseis* (»Leitungsgaben«) lässt besonders an Koordinations- und Verwaltungsaufgaben denken. Dass sowohl 1 Kor 12 als auch Röm 12 im unmittelbaren Zusammenhang »Hilfeleistungen« (1 Kor 12,28) bzw. Almosen und Liebeswerke (Röm 12,8) nennen, lässt die Diakonie als besonderen Aufgabenbereich im Umfeld der Gemeindeleitung hervortreten. Phöbe, die in der Hausgemeinde zu Kenchreä eine führende Aufgabe hatte (und vermutlich den Römerbrief in die Hauptstadt gebracht hat), wird als »Diakonin« vorgestellt (Röm 16,1f.), Stephanas, der erste Täufling Griechenlands, wird wegen seiner Diakonie gerühmt (1 Kor 16,15ff.). Das griechische Wort für »vorstehen« *(prohistemi)* kann auch »fürsorgen« bedeuten. So gibt es nicht wenige Indizien, die darauf hinweisen, dass die Organisation der Caritas eine wichtige, wenngleich nicht die einzige Aufgabe der Gemeindeleiter gewesen ist.

Paulus scheint nicht auf ein bestimmtes Organisationsmodell der Gemeindeleitung festgelegt zu sein. Einige Gemeinden werden sich an der Verfassung jüdischer Synagogen orientiert haben; dann steht ihnen eine Gruppe von (männlichen) Presbytern vor, die kollegial die Führungsaufgaben wahrnehmen. Andere Gemeinden werden sich einen hellenistischen Kultverein zum Vorbild genommen haben, die gewöhnlich einen Vorstand (aus Männern und Frauen) mit einem Vorsitzenden an der Spitze kennen. Hausgemeinden werden die vorhandenen Strukturen genutzt haben: seien sie auf den *pater familias* (Familienoberhaupt), seien sie auf selbstständige Haus-Frauen bezogen (vgl. Apg 16,14f.: Lydia). Nur in Phil 1,1 spricht Paulus – zusammen mit der ganzen Gemeinde – eigens die »Bischöfe und Diakone« der Philipper an, was aber eher an ein Vorstandsteam als an heutige Bischöfe und Diakone denken lässt. Nach

Apg 20,28, einem lukanisch gestalteten Text, redet Paulus eigens zu den »Presbytern« aus Ephesus, die er als »Bischöfe« und Hirten ansieht. Das griechische Stichwort »episkopos« (Bischof) weist eher auf die politische Welt und die Vereinsstrukturen, die einen »Aufseher« und Organisator kennen; das Stichwort Diakon ist, mit einem wichtigen Gemeindedienst verbunden, ganz ungewöhnlich, aber spezifisch christlich gebraucht: nach dem Vorbild des »Diakons« Jesus Christus (Röm 15,8), dem auch die Apostel nacheifern (1 Kor 3,5; 2 Kor 3,6; 6,4; 11,15.23; vgl. 1 Thess 3,2).

Zu einem einheitlichen Bild fügen sich die verstreuten Angaben nicht zusammen.[27] (Vom Vorsitz der Eucharistiefeier ist an keiner Stelle die Rede.) Paulus kennt noch kein klar konturiertes Amt der Gemeindeleitung. Wohl aber kann er sich in den von ihm gegründeten Gemeinden auf eine Vielzahl von Frauen und Männern verlassen, die bereit sind, Verantwortung für die gesamte Gemeinde zu übernehmen, und ihr insofern vorstehen, als sie vielfältige Formen von Leitungsdiensten übernehmen, die vor allem dem Aufbau der Gemeinde, nicht zuletzt der Diakonie dienen. In der Regel arbeiten jene Leiter im Team, durchweg aufgrund ihres charismatischen Engagements und ihrer charismatischen Kompetenz, immer verwurzelt in ihren Gemeinden, getragen von ihrer Akzeptanz bei den Mitchristen und ihrer Unterstützung durch den Apostel.

c) Kooperation der Apostel

Das paulinische Kirchenbild wäre nicht vollständig ohne den Apostel, den »Vater« (1 Thess 2,11f.) und die »Mutter« (1 Thess 2,7), den »Erzeuger« und »Erzieher« seiner Gemeinden (1 Kor 4,14f.), der den Samen des Evangeliums gelegt hat (1 Kor 3,6). Seine besondere Autorität ist nicht angemaßt; sie resultiert aus der Berufung zur Verkündigung des Evangeliums unter den Heiden (1 Kor 15,8ff.;

---

[27] Eine ökumenisch aufgeschlossene Ekklesiologie stammt vom evangelischen Neutestamentler Jürgen Roloff, Die Kirche im Neuen Testament (NTD.E 10), Göttingen 1993.

Gal 1,16f.) und aus der Gründung der Gemeinde (1 Kor 3,6ff.). Zwar wird die apostolische Autorität des Paulus gar nicht so selten in seinen Gemeinden angezweifelt und angefochten: weil er auf das apostolische Unterhaltsrecht verzichte (vgl. 1 Kor 9) oder sich nicht genügend um seine Gemeinde kümmere (vgl. 2 Kor 1,15–24) oder kaum spektakuläre Geisterlebnisse vermittle (vgl. 2 Kor 10–13) oder wegen seiner Gesetzesfreiheit die Heidenchristen um die volle Zugehörigkeit zum Gottesvolk der Abrahamskinder betrüge (vgl. Gal) oder wegen seines Glaubensweges ein Apostat sei (vgl. Phil 3). Doch spiegeln diese harten, im Übrigen theologisch höchst produktiven Konflikte doch nur ihrerseits die überragende Bedeutung wider, die dem Apostel als Gemeindegründer zufällt; und wie es scheint, ist Paulus aus diesen Auseinandersetzungen letztlich gestärkt hervorgegangen.

Entscheidend ist dann aber die Frage, was die Gemeinden von ihrem Apostel erwartet haben und worin Paulus selbst seinen apostolischen Dienst gesehen hat.[28] Die Ansprüche der Gemeinden an ihren Apostel waren sehr groß: Er soll ihre brennenden Probleme lösen (vgl. 1 Thess 4,13–18) und ihre strittigen Fragen beantworten (vgl. 1 Kor 7,1; 8,1; 12,1; 16,1); er soll ihren Streit schlichten (vgl. 1 Kor 1,10ff.); er soll ihnen möglichst immer nahe sein (vgl. 2 Kor 1f.) und ihre finanzielle Unterstützung annehmen, damit er in engster Lebensgemeinschaft mit ihnen steht (vgl. 1 Kor 9; 2 Kor 11,8–15); er soll ihnen durch Zeichen und Wunder (vgl. 2 Kor 13,3), durch tiefe Weisheit (vgl. 1 Kor 2,6–16) und hohe Redekunst (vgl. 1 Kor 1,17) die Erfahrung des gegenwärtigen Heils vermitteln. Die Erwartungen sind so groß, weil die theologische Kompetenz des Apostels, die kerygmatische Kraft zumindest seiner Briefe (vgl. 2 Kor 10,10f.), seine missionarische Lebensleistung (vgl. 2 Kor 11,22–32) und sein persönliches Engagement in den Gemeinden (vgl. 1 Thess 2,8) so groß sind.

---

[28] Vgl. Robert Vorholt, Der Dienst der Versöhnung. Studien zur Apostolatstheologie des Paulus (WMANT 118), Neukirchen-Vluyn 2008.

Freilich kann Paulus unmöglich alle Erwartungen erfüllen. Vielmehr muss er sich dem Ansinnen, durch spektakuläre Geistphänomene, durch blendende Weisheitsrede, durch dauernde Präsenz in den Gemeinden Punkte zu sammeln, verweigern – um seines apostolischen Dienstes und seiner apostolischen Freiheit (vgl. 1 Kor 9; 2 Kor 12f.), aber auch um der Freiheit der Gemeinden (vgl. Gal 2,4; 5,1–6), letztlich um der »Wahrheit des Evangeliums« willen (vgl. Gal 2,5.14). Seine ureigene Aufgabe sieht Paulus in der Verkündigung des Evangeliums (1 Kor 1,17), das gerade durch die anstößige und verrückte Kreuzesbotschaft die Dynamik der Gnade Gottes (1 Kor 1,18; vgl. Röm 1,16f.) wirkmächtig zur Sprache bringt (vgl. 1 Kor 1,26–31). Diese Hauptaufgabe der Evangeliumsverkündigung bleibt ihm auch nach der Gründung der Gemeinden gestellt: den Christen gerade in den schwierigen Phasen ihres Glaubensweges die rettende Macht der Gnade Gottes zu erschließen, die Größe und Zuverlässigkeit der Verheißung, die Stärke des Glaubens, der Hoffnung und der Liebe (vgl. nur 1 Kor 13).

Um dieser apostolischen Verantwortung gerecht zu werden, muss Paulus – auch in seiner Abwesenheit – ein enges Vertrauensverhältnis zu den Gemeinden pflegen. Geprägt ist dieses Verhältnis einerseits von der Anerkennung der theologisch begründeten und durchaus differenziert ins Spiel gebrachten (vgl. 1 Kor 7,10–16) Autorität des Apostels durch die Gemeinden, anderseits aber durch die Anerkennung einer essentiellen Glaubenskompetenz in den Gemeinden und eines zu einem guten Teil eigenverantwortlichen Glaubenslebens. Es ist nicht nur an den Römerbrief zu denken; dass Paulus einleitend schreibt, er freue sich auf einen wechselseitigen Gedankenaustausch und eine gegenseitige Stärkung im Glauben (Röm 1,12), ist keineswegs nur eine *captatio benevolentiae*, aber doch auch dem Umstand geschuldet, dass Paulus die Gemeinde nicht gegründet hat und sie ihn nur vom Hörensagen kennt. Auch in jenen Briefen, die Paulus an »seine« Gemeinden schreibt, ist auffällig, wie häufig der Apostel die Christen ob ihres Glaubenseifers und ihres Glaubensverständnisses lobt (vgl. 1 Thess 1–3; Phil 1f.; selbst 1 Kor 1,4–9), wie häufig er ihnen – nicht nur rhetorisch – konzediert, auf bestem Weg zu sein (vgl. nur 1 Thess 1,2–10; Phil 2,2ff.), wie häufig er ihre ethische wie theologische Urteilskraft anspricht (1 Thess 5,21; Phil 1,9ff.), wie häufig er Einzelfallregelungen gerade nicht trifft, sondern sie den Gemeinden überlässt: »Ihr wisst ja schon ...« (1 Thess 1,4f.; 2,1f.5.11; 5,2; Phil 4,15), »Urteilt selbst« (1 Kor 10,15; 11,13), »Prüft alles« (1 Thess 5,21) und »Ihr seid ja von Gott selbst belehrt ...« (1 Thess 4,9; vgl. Joh 13,34) sind typische Redewendungen des Apostels. Sie zeigen, dass er – bei aller Autorität – seine Theologie und Ethik nicht etwa dekretieren, sondern im Gegenteil durch Überzeugungsarbeit nahebringen will (vgl. Phlm 8f.); und sie setzen voraus, dass Paulus in seinem Verhältnis zu den Gemeinden zwar keine Abstriche von seiner apostolischen Verantwortung macht, die ihm auch niemand abnehmen kann, aber gerade aus ihr heraus das Glaubensgespräch sucht, die Verständigung mit den Christen vor Ort und ihre Befähigung zu selbstbewusstem, selbstkritischem und selbstverantwortlichem Christsein auf seine Fahnen schreibt.

d) Kooperation von Leib und Gliedern

Die ekklesiologische Basis des paulinischen Kooperations- und Partizipationsmodells wird im Leib-Christi-Gleichnis deutlich, das der Apostel in 1 Kor 12,12–27 entwirft und in Röm 12,4f. kurz rekapituliert. Das Bild des Leibes erhält aus zwei Richtungen seine Konturen. Zum einen hat es in der politischen Rhetorik der Antike eine große Bedeutung: Der Staat als Organismus ist ein mythisches Urbild, das die »natürliche« Lebensgemeinschaft der Bürger beschwört und in der Geschichtsschreibung wie in der Philosophie, im politischen Streit wie in der politischen Pädagogik als Mittel eingesetzt wurde, um die Bindekräfte des Staatswesens zu stärken und insbesondere revoltierende Gruppen zur Staatsräson zu bringen (vgl. nur Livius, *Ab urbe condita* II 32,9ff.; Seneca, *De ira* II 31,7). Paulus greift dieses Bild auf, um es zu entmythologisieren und vom Kopf auf die Füße zu stellen: Der Ort, an dem sich der Menschheitstraum einer ursprünglichen Gemeinschaft verwirklicht, in der alle füreinander einstehen, ohne dass die einzelnen in ihrer Freiheit eingeschränkt werden, ist nicht der »ideale« Staat, sondern das vollendete Reich Gottes (vgl. Röm 14,17), dessen Vorschein sich in der Ekklesia als dem Raum der Herrschaft Jesu Christi zeigt und deshalb gerade nicht die Position der »Angesehenen« (vgl. 1 Kor 12,23f.) affirmiert, sondern die der »Schwachen« (vgl. 1 Kor 12,22) stärkt.

Dies führt zur anderen Bildquelle: »Leib Christi« ist aus der Abendmahlstradition bekannt (vgl. 1 Kor 11,22–25) – als Kurzformel für Jesus selbst in der Hingabe seines Lebens, sofern sie den Segen des »Neuen Bundes« (vgl. Jer 31,31–34) vermittelt. In 1 Kor 10,16f. hat Paulus – auf der Basis alter katechetischer Traditionen – den Zusammenhang zwischen dem christologischen und dem ekklesiologischen Leib-Bild aufgedeckt. Die heilsmittlerische Lebenshingabe Jesu wird durch die Auferweckung von den Toten im Geheimnis Gottes so vergegenwärtigt, dass sie eine – in der Eucharistie zum Ausdruck kommende – Teilhabe an seiner Proexistenz und Theozentrik ermöglicht, aus der die Gemeinschaft der Glaubenden hervorgeht. Der ekklesiologische »Leib Christi« ist also der durch die Herrschaft des auferweckten Gekreuzigten entstandene und bestimmte Lebenszusammenhang derjenigen, die sich aus ihrer Schuld- und Todesverfallenheit heraus von Gott durch Jesus retten lassen wollen.

Die pragmatische Pointe des Leib-Gleichnisses in 1 Kor 12 ist eine doppelte. Zum einen begründet Paulus, dass die Einheit des Leibes an der Vielzahl der Glieder hängt (12,12a.14.19); das hält er besonders denen vor Augen, die von Minderwertigkeitskomplexen geplagt werden und meinen, deshalb nicht ein Glied am Leib Christi zu sein, weil sie nur geringe Dienste leisten können (vgl. 12,15f.). Zum anderen begründet Paulus, dass die Funktionsfähigkeit der einzelnen Glieder von der Einheit des vielgliedrigen Leibes abhängt (12,12b.20); das schreibt er besonders denen ins Stammbuch, die meinen, sich wegen ihrer vermeintlich überragenden Begabung von den anderen, weniger Begabten abheben zu können.

Das Leib-Gleichnis zielt im Ganzen darauf, Vielfalt und Einheit nicht als Gegensatz zu begreifen: Weil es sich um das Wirken des

Geistes Gottes und den Herrschaftsbereich Jesu Christi handelt, setzt vielmehr Einheit Vielfalt und Vielfalt Einheit voraus. Entscheidend ist, dass jedes einzelne Glied erkennt, zu welcher Aufgabe es im Leib Christi bestimmt ist und dass es diese Aufgabe tatsächlich erfüllt; und entscheidend ist deshalb ebenso, dass die vielen Glieder als Organe des einen Leibes nach ihren Möglichkeiten und Fähigkeiten zusammenarbeiten. Nur so wird das Gemeindeleben gelingen.

e) Kooperation der Kirche

Die paulinische Ekklesiologie wird bis heute häufig unterschätzt: Die Fundierung des Gemeindelebens in den vielen Charismen, die Offenheit der Organisationsstrukturen, die Aktivität von Frauen in der Gemeindeleitung, die Offenheit der Amtsfrage – all dies seien Anzeichen eines embryonalen Kirchenzustandes, die im Verlauf der Entwicklung zur wahren Kirche überwunden worden seien. Tatsächlich ist mit einer Isolierung, gar einer Idealisierung der paulinischen Ekklesiologie nichts gewonnen. Der Blick in die Geschichte der paulinischen Gemeinden, wie sie vom Kolosser- und Epheserbrief, sodann von den Pastoralbriefen dokumentiert wird, zeigt, dass sich in späterer Zeit neue Fragen stellten, die nach Antwort verlangten. Insbesondere funktionierte das paulinische Gemeindemodell, wie die harten Auseinandersetzungen in Korinth (2 Kor), Galatien und Philippi (Phil 3) zeigen, nur, weil es einen starken Apostel gab, dessen Stärke nicht zuletzt in der Fähigkeit zur Moderation, aber auch zur konstruktiven Kritik und zur Förderung kooperativer Seelsorge lag. Nach dem Tod des Apostels musste aber die Frage beantwortet werden, wer diese Aufgabe erfüllen soll. Die Antwort der Deuteropaulinen: »Evangelisten, Hirten und Lehrer« (Eph 4,11) leiten die Gemeinden, indem sie sich an der apostolischen und prophetischen Ursprungszeit orientieren und ihr Ziel darin sehen, die Mündigkeit, die Entscheidungsfähigkeit, die konfessorische, spirituelle und ethische Reife der Christen zu fördern. Die Antwort der Pastoralbriefe: Um der Authentizität der Lehre willen muss in größer werdenden Gemeinden ein Bischof an der Spitze stehen, der sich vor allem durch Glaubensfestigkeit, Charakterstärke, Lebenserfahrung und Kommunikationsfähigkeit auszeichnet (vgl. 1 Tim 3,1–7).

Doch darf bei diesen weiteren Entwicklungen, die historisch notwendig und theologisch konsequent waren, nicht der Grundansatz paulinischer Ekklesiologie verloren gehen: Das Glaubensleben der Ekklesia basiert auf einer organischen Vielfalt von Diensten. Die Basis dieser Dienste ist gewiss die grundlegende Gnade der Erwählung in die Kirche, die geradezu den Charakter einer Neuschöpfung hat (1 Kor 1,26ff.) und durch die Taufe den Glaubenden zugeeignet wird. Doch reicht dieses Heilsgeschehen, das die fundamentale Gleichheit aller Glaubenden begründet (vgl. 1 Kor 12,13; Gal 3,28), noch nicht aus, um die Vielfalt und Kooperation verschiedener Dienste in der Ekklesia zu begründen. Die paulinische Pneumatologie und Soteriologie heben vielmehr darauf ab, dass Gott »in Christus« die Glaubenden dazu befähigt, ihren Talenten, ihrem Können, ihren Fähigkeiten gemäß den Aufbau der ganzen Ekklesia zu fördern. Die Basis des paulinischen Kooperationsmodells ist die charismatische Begabung eines jeden einzelnen Christen, in der sich seine unverwechselbare Berufung zeitigt, und zugleich die Vielzahl der Begabungen, die an der Gemeinschaft der Glaubenden haftet. Im Horizont dieser Charismenlehre erschließt sich gerade die Unterschiedlichkeit der Gemeindedienste als die große Chance, dass alle Christen ihren Platz in der Ekklesia finden und die anderen Christen in der Andersheit ihrer Begabungen anerkennen, um mit ihnen im Interesse der ganzen Gemeinde zusammenzuarbeiten.

Das paulinische Modell einer pneumatisch begründeten Kooperation aller Christen, die im Dienst der Gemeinde ihre spezifischen Gaben einbringen, kann nicht die Bedeutung des kirchlichen Amtes relativieren. Aber es eröffnet Möglichkeiten einer kooperativen Pastoral, die durch die Bürokratisierung und Isolierung des kirchlichen Leitungsamtes in der Neuzeit verschüttet worden sind und gegenwärtig neu entdeckt werden müssen.

3. Konstruktiv

Wer am Haus der Kirche mitbauen will, muss wissen, nach welchem Plan es konstruiert ist und mit welchen Steinen es errichtet wird. Wem gehört das Haus, und wer soll darin wohnen? Auf welchem Grund und in welcher Umgebung wird es gebaut? Wie kann es stabil und wohnlich sein, einladend und schön, groß genug und auch erschwinglich?

Diese Fragen können nicht ohne einen genauen Blick ins Neue Testament beantwortet werden. Besonders klar ist das Bild der Urkirche beim Apostel Paulus. Seine Briefe sind gesättigt von den Erfahrungen, die er als Gemeindegründer und Gemeindeleiter gesammelt hat, und sie sind abgestimmt auf die Entwicklungen, die das Glaubensleben in seinen Gemeinden genommen hat. Sie sind aber auch durchdrungen vom einzigartigen Charisma des Apostels, die praktischen Fragen auf den theologischen Punkt zu bringen und Theologie als pastorale Hilfe zu treiben. Keine abgehobene Kirchentheorie begegnet in den Briefen des Apostels und kein ausgeklügelter Pastoralplan. Es findet sich eine intensive Reflexion der Gemeindewirklichkeit: sowohl ihrer Glaubensbiographie in den geschichtlichen Bedingungen der Zeit als auch ihres Stellenwertes im Heilsplan Gottes; und es findet sich eine zukunftsweisende Vision des Kirchenlebens, die vom Glauben an die Auferweckung des Gekreuzigten, von der Liebe zu den Menschen und von der Hoffnung auf das Reich Gottes inspiriert ist.

a) Das Haus Gottes

Die Aufgabe, die Gemeinde aufzubauen, stellt Paulus, indem er die Kirche als Haus Gottes ins Bild setzt. Er entwirft es im Ersten Korintherbrief, weil er Parteienstreit schlichten muss (1 Kor 1,11ff.; 3,1–5) und die spezifische Aufgabe der Apostel mit der aller Getauften verbinden will (1 Kor 3,9–17):

⁹Wir sind Mitarbeiter Gottes; Gottes Garten, Gottes Bau seid ihr. ¹⁰Gemäß der Gnade, die mir verliehen ist, habe ich wie ein weiser Architekt das Fundament gelegt, ein anderer baut darauf auf. Jeder sehe aber zu, wie er aufbaut. ¹¹Denn ein anderes Fundament kann keiner legen, als das gelegt ist, und das ist Jesus Christus. ¹²Ob aber einer auf das Fundament Gold, Silber, Edelsteine, Holz, Schilf oder Stroh aufbaut: ¹³eines jeden Werk wird offenbar werden. Denn der Tag wird es ans Licht bringen, weil es sich im Feuer offenbart. Eines jeden Werk, wie's beschaffen ist, wird im Feuer erprobt. ¹⁴Wessen Werk bleibt, das er aufgebaut hat, wird belohnt; ¹⁵wessen Werk verbrennt, wird den Schaden haben; er selbst aber wird gerettet, doch so wie durchs Feuer.

¹⁶Wisst ihr nicht, dass ihr der Tempel Gottes seid und Gottes Geist in euch wohnt? ¹⁷Wer den Tempel Gottes verdirbt, den wird Gott verderben, denn Gottes Tempel ist heilig, und der seid ihr.

Das Haus der Kirche, an dem gebaut werden soll, ist ein Tempel. Was ein Tempel ist, braucht Paulus den Korinthern nicht zu erklären; sie wissen es aus eigener Erfahrung. Sind sie Heidenchristen, haben sie vor ihrer Konversion die Heiligtümer des Zeus, des Poseidon und Apoll, der Athene, Artemis und Aphrodite aufgesucht, um zu opfern, zu beten, zu danken und Rat zu erfragen (vgl. 1 Kor 8,7); sind sie Judenchristen, denken sie an den Tempel in Jerusalem, zu dem wenigstens einmal im Leben zu wallfahren die Sehnsucht der Frommen ist.

Mit dem Bild des Tempels rückt Paulus die Heiligkeit der Kirche ins Licht: Sie ist von Gott erwählt, von Gott bestimmt, von seinem Geist erfüllt; er selbst ist in ihr gegenwärtig. Die Kirche beruht nicht auf dem Entschluss der Christen, ihrer Frömmigkeit eine institutionelle Form zu geben, sondern auf dem Entschluss Gottes, inmitten der Welt erfahrbar zu sein als der gerechte und der liebende, der »ganz andere« und der ganz nahe, als der »lebendige und wahre Gott« (1 Thess 1,9) von Juden und Heiden.

(1) Das Wesen der Heiligkeit

Für Griechen und Römer ist die Heiligkeit, die sich im Tempel manifestiert[29], im Ursprung mythologisch bestimmt. Bis in die klassische und die hellenistische Zeit hinein bleibt dieser Ursprung lebendig, freilich nicht ohne starke Modifikationen, bei den Griechen, die viel Aufwand treiben zu müssen meinten, anders als bei den Römern, die sich der Gunst der Götter gewiss waren und deshalb treu die religiösen Pflichten erfüllten. Ein Tempel (oder eine Ansammlung von Heiligtümern) ist der Mittelpunkt der Stadt, der Region oder des Landes. Er hat herausragende ökonomische, soziale und politische Funktionen, die mit seinen religiösen eng verwoben sind: Mittel der Selbstdarstellung einer Stadt oder Gemeinschaft, äußeres Zeichen ihrer Siege, ihrer Prosperität und Macht, sind sie doch zugleich sinnenfällige Zeichen für den religiösen Grund, auf dem jede Polis und ein ganzes Imperium stehen.

Die griechischen und römischen Tempel haben in der Regel ihren Mythos: eine Göttergeschichte, die von der Gründung der Welt handelt und immer wieder vergegenwärtigt werden muss, damit ihre lebenspendende Kraft wirksam wird. Dieser dauernden Erneuerung dient der Tempel: Die Gottheit selbst hat den Ort bestimmt, an dem sie gegenwärtig ist und im Götterbild verehrt sein will; indem ihr die Opfer dargebracht werden, wird sie selbst neu lebendig und kann den erhofften Segen spenden – sonst bringt sie Tod und Verderben über das Land. Noch in Zeiten, da die künstlerische Gestaltung der Tempelanlagen und der Götterstatuen zum Thema wird und ihrerseits kulturelles Selbstbewusstsein widerspiegelt, bleibt die religiöse Dimension in verwandelter Form die maßgebende: Die Gottheit ist in ihrer Heiligkeit eine überirdische Größe. Sie kann den Menschen gefährlich werden, aber ohne sie können sie nicht leben. Ihre Heiligkeit ist Transzendenz und Kreativität, Unantastbarkeit und machtvolle Präsenz.

---

[29] Vgl. Bernhard Linke, Antike Religion (Enzyklopädie der griechisch-römischen Antike 13), Wiesbaden 2014.

Freilich: Keine griechische oder römische Gottheit beherrscht den gesamten Kosmos; jede ist in eine umfassende, vielschichtige Göttergeschichte eingebunden, in der sie eine Rolle neben anderen Gottheiten spielt; jede ist nur für bestimmte Lebensbereiche, bestimmte Menschen und bestimmte Erfahrungsräume zuständig. Deshalb gibt es viele Tempel, viele Riten – und harte Konkurrenz zwischen den Göttern, von der die Menschen profitieren können, wenn sie sich klug arrangieren, unter der sie aber auch leiden, wenn sie durch die Aufmerksamkeit, die sie einer Gottheit widmen, den Neid einer anderen erregen.

Anders der Jerusalemer Tempel.[30] Auch er bildet in paulinischer Zeit den religiösen, sozialen, wirtschaftlichen und kulturellen Mittelpunkt nicht nur der Stadt Jerusalem und des Landes Israel, sondern des ganzen Judentums, das über den Erdkreis zerstreut ist. Doch seinen Bau und seinen Kult prägt kein Mythos, sondern eine wahre Geschichte: der Auszug Israels aus Ägypten, die Regentschaft der großen Könige David und Salomo, die Katastrophe der babylonischen Gefangenschaft und die Gnade des nachexilischen Neuanfangs. Ein Mythos erzählt eine Göttergeschichte, die Tora die Geschichte Gottes mit den Menschen. Ein Mythos erzählt, »was niemals war und immer ist« (Sallust, *De diis et mundo* 4), die Tora, was einmal war und immer wichtig bleibt. Ein Mythos erzählt, was die Gottheit in ewig gleicher Weise tut, die Tora, was Gott einmal getan hat und ähnlich immer wieder tun wird.

Die Heiligkeit Gottes, die in Jerusalem anschaulich wird, spiegelt ganz im Gegensatz zu den heidnischen Kultstätten die Einzigkeit Gottes (Dtn 6,4f.) wider, seine absolute Weltüberlegenheit und Unsichtbarkeit, die das Bilderverbot achtet. Heiligkeit ist der Ausdruck der Einzigkeit Gottes: Inbegriff seiner umfassenden Schöpferkraft und Geschichtsmächtigkeit (vgl. Jes 6,1–13), seiner Omnipräsenz und Omnipotenz, seiner überlegenen Weisheit und verlässlichen

---

[30] Eine gute Einführung: Der Tempel von Jerusalem: Welt und Umwelt der Bibel 13 (1999).

Bundestreue, darin aber zutiefst seiner Barmherzigkeit, die durch das Gericht hindurch zum Heil führt.

Hier knüpft das paulinische Bildmotiv an[31] – und wird doch christologisch neu interpretiert. Es ist wie im Alten Testament kein mythologisches, sondern ein geschichtstheologisches Ereignis, von dem der Tempel der Kirche bestimmt ist. Aber er verdankt sich nicht einem Ereignis der Vergangenheit, das nicht vergessen werden kann und in der Folge ähnliche Ereignisse nach sich zieht, sondern der Person, dem Wirken und dem Leiden des Menschen Jesus, in dem sich Gott »ein für alle Mal« (Röm 6,10; vgl. Hebr 7,27; 9,12; 10,10) als er selbst offenbart hat, um die Menschen zu retten. Jesus ist nicht nur eine Gestalt der Vergangenheit; als der Auferweckte und Erhöhte ist er zugleich die alles bestimmende Gestalt der Gegenwart und der Zukunft. Deshalb ist der zentrale »Kult«, der im kirchlichen »Tempel« gefeiert wird, die Eucharistie, das Gedächtnis des heilbringenden Leidens und Sterbens Jesu, »bis er kommt« (1 Kor 11,26). Die Feier des letzten Mahles Jesu bringt die äußerste Profanität in die innerste Mitte des göttlichen Heiligtums – das Kreuz Jesu Christi, seinen Tod am Verbrechergalgen, von dem es in der Schrift heißt: »Verflucht ist, wer am Holze hängt.« (Dtn 21,23: Gal 3,13; vgl. 2 Kor 5,21) Die Leidens- und Schuldgeschichte der Menschen bleibt im griechischen und römischen Tempel die dunkle Folie, die abstreift, wer die heiligen Hallen betritt; im Jerusalemer Tempelkult kommt sie im Sündenbekenntnis und in der Bitte zur Sprache, die der Priester für sich und das ganze Volk spricht. Im neutestamentlichen »Kult« repräsentiert das Kreuz die ganze Leidens- und Schuldgeschichte der Menschen in Form des stellvertretenden Sühnetodes Jesu. Das Handeln Gottes durch Jesus Christus, das im Tempel der Kirche vergegenwärtigt wird, ist nicht frei von der Menschlichkeit aller Schuld, aller Angst, allen Zweifels und aller Gottlosigkeit, sondern nimmt Anteil an ihr: lässt sich auf

---

[31] Vgl. Christoph Gregor Müller, Gottes Pflanzung – Gottes Bau – Gottes Tempel. Die metaphorische Dimension paulinischer Gemeindetheologie in 1. Kor. 3,5–17 (Fuldaer Studien 5), Frankfurt/Main 1995.

sie ein und verwandelt sie von innen heraus in Herrlichkeit. Das Wesen dieser Heiligkeit ist nicht Unantastbarkeit, sondern Liebe, die bis zum Äußersten geht: bis in den qualvoll erlittenen Tod hinein und durch ihn hindurch.

Die Heiligkeit der Christen und der Kirche ist nicht eigentlich eine ethische, sondern eine soteriologische Kategorie. Heilig ist die Kirche, weil Gott die Sünder heiligt, wenn er sie auf ihren Glauben hin rechtfertigt (1 Kor 1,30). Diese Heiligung der Kirche (und der Christen) hat dann freilich Konsequenzen im Lebenswandel. Deshalb erweist sich die Heiligkeit der Kirche in ihrem Gottesdienst und in ihrem Liebesdienst. Dass für die Kirche nichts wichtiger ist, als das Lob Gottes zu singen, die Bitten der Menschen, ja der ganzen Welt vor Gott zu bringen und stellvertretend den Dank aller Geschöpfe für die Gnade des Lebens und das Geschenk der Erlösung vor Gott zu tragen, dass die Christen hoffen dürfen, Gottes Ohr zu erreichen, und dass ihre Gottesliebe in der Nächstenliebe sich erweist wie ihre Nächstenliebe in die Gottesliebe führt – das alles gilt, weil sie der Tempel Gottes sind.

(2) Der heilige Bau

Die Architektur eines griechischen Tempels, mit größtem Aufwand und höchster Kunst gestaltet, zielt darauf ab, den profanen Bereich der menschlichen Alltagswelt vom heiligen Bereich der Gottheit abzugrenzen und zugleich das Heilige als das Wirkliche, Schöpferische und Bewegende vor Augen zu stellen. Der idealtypische Tempel ist ein Modell des Kosmos – wie umgekehrt die Antike nicht selten den Kosmos als Tempel imaginiert (Plutarch, *De tranquillitate animi* 20 [477C]). Das Fundament erhebt sich auf der Erde, um die Unterwelt zurückzulassen; die Säulen tragen das Dach des Himmels; die Proportionen geben die Harmonie der Sphären wieder; die Götterstatue, in der sich die Gottheit darstellt, markiert den Mittelpunkt der Welt, die Verbindung zwischen Himmel und Erde, das Machtzentrum des Kosmos, die Kraftquelle allen Lebens. So prächtig der Außenanblick der Tempel ist, in dem sich die Heiligkeit der Gottheit darstellt, so abgegrenzt bleibt das Innere. Die Götterstatue steht in der Cella wie in einem Schrein. Die festen Mauern schirmen sie vor neugierigen Blicken ab. Normalsterbliche dürfen das Tempelinnere nicht betreten; im Griechischen heißt es das *Adyton*, das Unzugängliche. Die Cella ist kein Versammlungsraum; die Opferaltäre stehen im Freien vor dem Tempelgebäude, wenngleich innerhalb des *Témenos*, des umfriedeten Tempelbezirks. Den Innenraum betritt nur, wer – meist in priesterlicher Funktion – die Opfergaben vor der Gottheit ablegt.

Der Jerusalemer Tempel dokumentiert noch strenger die qualitative Differenz zwischen der Welt der Menschen und der Sphäre Gottes. Erst langsam, Etappe für Etappe, gelangt man vom Land und von der Stadt durch viele Tore und über zahlreiche Vorhöfe in den eigentlichen Tempel und zum Schluss ins Allerheiligste. Immer weniger Menschen haben auf dem langen Weg nach innen Zutrittsrecht; immer mehr müssen zurückbleiben: zuerst die Heiden, dann die Frauen, dann die Männer des Volkes, dann die Priester. Das Allerheiligste darf nur noch der amtierende Hohepriester betreten, und auch er nur einmal im Jahr: am *Jom Kippur*, dem Tag des Großen Versöhnungsfestes, an dem er für die Vergebung seiner eigenen Sünden und der seines ganzen Volkes opfert (Lev 16). Der Jerusalemer Tempel, den Herodes von Grund auf renoviert und Jahrzehnte hindurch (Joh 2,20: »sechsundvierzig Jahre:«) zu einer der größten Tempelanlagen der Antike ausgebaut hat, konnte nur durch Priester errichtet werden; jeder Bauarbeiter, jeder Steinmetz und Tischler musste priesterlichen Geschlechtes sein; keines Laien Hand durfte das Heiligtum entweihen. Der Tempelbau in Jerusalem ist ein großartiges Zeugnis der Heiligkeit Gottes, wie sie im Alten Testament gesehen worden ist.

Für Paulus ist diese Heiligkeits-Theologie die Voraussetzung seiner Ekklesiologie. Gleichwohl begründet die Christologie ein neues Denken, das freilich kein total anderes gegenüber dem alttestamentlichen markiert, sondern eine grundlegende Transformation im Zeichen des Christusglaubens. Der Tempel Gottes, von dem Paulus im Ersten Korintherbrief spricht, ist kein architektonischer Bau auf geweihter Erde, sondern eine Gemeinschaft von Menschen mitten in der Stadt. Paulus hat nicht eine elitäre Gruppe besonders engagierter, besonders gebildeter, besonders frommer, besonders reiner oder starker Menschen vor Augen, sondern viele Arme, Schwache, Unangesehene (1 Kor 1,26f.). Aber gerade diesen »Auserwählten«, um deren Schwächen der Apostel als Seelsorger nur zu genau weiß, spricht er schon in der Anschrift das Attribut der Heiligkeit zu (1 Kor 1,1f.). Die ganze Gemeinde ist heilig, jeder einzelne Christ als Glied des Leibes Christi (1 Kor 12,12f.). Kann man heute noch die Freiheit ermessen, die ein solches Wort schafft, das Selbstbewusstsein verstehen, das es begründet, die Glaubensfreude nachvollziehen, die es bringt? Den heiligen Tempelbezirk zu betreten, ist nicht das Vorrecht weniger Priester; wer auf den Tod Jesu getauft ist, hat freien Zugang zum Heiligtum. Mehr noch: Das Sanctissimum ist nicht mehr ein abgegrenzter Bezirk; die Christen selbst bilden das Haus Gottes.

Freilich: So revolutionär der paulinische Gedanke erscheint, er darf nicht in einen Gegensatz zum Judentum gestellt werden. Vielmehr stimmt der Apostel an einem wichtigen Punkt mit der »Ekklesiologie« von Qumran überein. In harter Konfrontation mit dem Tempel in Jerusalem, in dem sie die »Söhne der Finsternis« agieren sieht, versteht sich die Gemeinde derer, die Gott zur Mitgliedschaft im »neuen Bund« seiner Gnade erwählt hat, als »Allerheiligstes«, als das »Haus der Gemeinschaft für Israel« (1 QS 9,6). Gemeint ist, dass nur die Essener den wahren Gottesdienst feiern, während der Jerusalemer Kult gegenwärtig depraviert ist. Deshalb hält man in Qumran die Hoffnung auf einen neuen Tempel aufrecht, der nach den Grundsätzen des »Lehrers der Gerechtigkeit« reformiert wird.

An dieser Stelle wird der qualitative Unterschied zu Paulus sichtbar. Er ist in der Christologie begründet. Die essenische Metaphorik ist durch die Opposition gegen illegitime Hohepriester in Jerusalem geprägt, die paulinische durch die Nachfolge Jesu, der in seiner Tempelaktion (Mk 11,15ff. parr.) gezeigt hat, dass der Segen der Gottesherrschaft nicht an den Kult gebunden ist, und in seinem Blut den »Neuen Bund« gestiftet hat (1 Kor 11,23ff.), der die Gemeinschaft mit Gott vermittelt. Die Vermittlung des göttlichen Heils erfolgt allein durch Jesus, den Gott »als Sühne eingesetzt hat« (Röm 3,25); die Theozentrik der Glaubenden ist durch die Theozentrik Jesu vermittelt (vgl. 1 Kor 3,21ff.). Gott selbst ist in seiner Macht und Liebe so souverän, dass er an keinem anderen Ort verehrt werden will als in der Gemeinschaft der Glaubenden, die er selbst aus Menschen aller Nationen, Geschlechter und Schichten (Gal 3,28) geschaffen hat, und auf keine andere Weise als durch die Teilhabe dieser Menschen am Glauben und an der Liebe seines Sohnes Jesus Christus (1 Kor 13).

Der Geist Gottes, der in den Glaubenden wohnt, ist Gottes Kraft der Schöpfung und der Neuschöpfung, der Reinigung und der Belebung, des Gerichtes und weit mehr noch des Heils. Es ist der Geist, der die Glaubenden vom Tod und von der Macht der Sünde befreit, um sie in den Dienst der Gerechtigkeit zu stellen (Röm 8,2ff.); der Geist, der macht, dass »in uns Christus wohnt« und wir »in ihm sind« (Röm 8,7ff.); der Geist, durch den »die Liebe Gottes in unsere Herzen ausgegossen ist« (Röm 5,5); der Geist, »in dem wir rufen: Abba, Vater!« (Röm 8,15; vgl. Gal 4,6) Dieser Geist entfacht die Charismen in den Christen und lässt sie fragen, welchen Dienst sie tun können, um anderen in ihrem Christsein und Menschsein zu helfen (1 Kor 12,4–11).

(3) Das christologische Fundament

Wie in jedem Bauwerk ist das Wichtigste am Haus der Kirche das Fundament. Auf ihm ruht das ganze Gewicht des Gebäudes; das Fundament gibt die Größe und die Proportionen, die Lage und das Niveau, letztlich die ganze Gestalt des Bauwerks vor. Im antiken Sakralbau liegt das Fundament auf der Erde, um die Mächte der Unterwelt zurückzudrängen und die Ebene zu markieren, auf der die Gottheit handelt. In der alttestamentlichen »Ekklesiologie« ist es Gott selbst, der auf dem »Zion« das Fundament seines Heiligtums legt, so dass es unverrückbar ist und feststeht bis in Ewigkeit (Jes 28,16 [Septuaginta]; vgl. Ps 118,22). Dieses Motiv nimmt Paulus auf. Der theozentrische Hintergrund bleibt bestimmend. Aber der Apostel ist überzeugt: Gott gründet seinen Tempel auf Jesus Christus. Davon ist alles geprägt, was es über die Kirche zu sagen gibt.

Wer Jesus Christus ist, der das Fundament der Ekklesia bildet, wird von Paulus im Ersten Korintherbrief mit hohem Aufwand und großer Präzision geklärt. Paulus setzt das Grundbekenntnis zum Tod und zur Auferweckung Jesu voraus (vgl. 1 Kor 11,23ff.; 15,3ff.). Er wendet sich gegen die korinthische Tendenz, den Messias zu einer mythischen Erlösergestalt werden zu lassen, die nicht mehr die Züge des gekreuzigten Juden aus Nazareth erkennen lässt. In der Auseinandersetzung mit den korinthischen »Starken« setzt der Apostel zwei theologische Akzente, die im älteren Thessalonicherbrief so noch nicht zu erkennen sind, aber für alle Hauptbriefe bestimmend sein werden.

»Tempel Gottes« ist die Kirche als Kirche Jesu Christi, des Gekreuzigten, der als Auferweckter im Geist Gottes wirksam gegenwärtig ist. Das »Abba«-Rufen, das der Geist Gottes wirkt (Röm 8,15; vgl. Gal 4,6), bringt die Gottessohnschaft der Glaubenden zum Ausdruck, die Teilhabe an der Gottessohnschaft des auferweckten Gekreuzigten ist (Röm 8). Die Agape, die den Aufbau der Kirche bestimmen muss, ist Teilhabe an der Agape des Gekreuzigten (1 Kor 13), die Gott durch den Geist in die Herzen der Glaubenden ausgegossen hat.

Die Kirche ist die Kirche Jesu Christi – nicht nur im ideellen, auch im historischen Sinn. Freilich findet sich bei Paulus nicht das (moderne) Bild vom Religionsstifter oder Kirchengründer Jesus. Seine Ekklesiologie ist differenzierter und substantieller. Über die »implizite Ekklesiologie« Jesu von Nazareth, wie sie die Synoptiker mit dem Nachfolgeruf und der Einsetzung des Zwölferkreises festhalten, finden sich nur wenige Andeutungen (vgl. Röm 15,8). Der Apostel sieht die Existenz der Kirche im Grundgeschehen des Todes und der Auferweckung Jesu begründet. Durch die neuschöpferische Tat der Auferweckung Jesu stiftet Gott selbst die Kontinuität zwischen der Geschichte der vorösterlichen und der nachösterlichen

Evangeliumsverkündigung, die auf Gemeindebildung zielt. Das eschatologische Heil, das Gott durch Jesus Christus in seiner Gnade schenkt, ist die Befreiung von der Macht des Bösen und die Anteilgabe an der Gemeinschaft mit Gott, die durch die Gemeinschaft mit Jesus Christus vermittelt ist. Diese Heilsgabe verwirklicht sich im Vollsinn erst in der kommenden Vollendung, ihr Vorgeschmack ist aber jetzt schon spürbar. Die Bildung der Ekklesia ist ein nicht unwesentlicher Aspekt dieser eschatologischen Heilsgegenwart. So wichtig die Bekehrung, die Sündenvergebung, die Hoffnung, der Trost eines jeden einzelnen Menschen sind, so wesentlich gehört auch die Gemeinschaftlichkeit des Glaubens zur Wirklichkeit der Gnade Gottes; denn es entspricht dem Menschsein des Menschen, nicht für sich allein zu leben und zu sterben (Röm 14,7); und es entspricht dem Gottsein Gottes, sich ein Volk zu erwählen, das aus der Hoffnung auf das Reich Gottes lebt (Röm 14,17).

Den Zusammenhang zwischen Christologie und Ekklesiologie verbindet Paulus im Ersten Korintherbrief vor allem mit dem Motiv des Leibes Christi (1 Kor 12,12–27; vgl. Röm 12,4f.). In 1 Kor 10,16f. heißt es programmatisch:

[16]Der Kelch des Segens, den wir segnen: ist er nicht Gemeinschaft des Blutes Christi?
Das Brot, das wir brechen: ist es nicht Gemeinschaft des Leibes Christi?
[17]Weil es ein Brot ist, sind wir vielen ein Leib,
denn wir alle haben teil an dem einen Brot.

In Vers 16 meint »Leib Christi« (wie in der Abendmahlstradition 1 Kor 11,23ff.) Jesus selbst in der Hingabe seines Lebens, in Vers 17 aber (wie in 1 Kor 12,12–27) die Kirche. »Leib Christi« ist sie, weil sie ganz und gar durch die Lebenshingabe Jesu »für« die Menschen geprägt ist, und mehr noch: weil Jesus als der Gekreuzigte die Herrschaft, die Gott ihm übertragen hat (1 Kor 15,22–28), gegenwärtig besonders so ausübt, dass er aus Juden und Heiden, Sklaven und Freien, Männern und Frauen (Gal 3,28; vgl. 1 Kor 12,13) die Gemeinschaft der Glaubenden schafft, in deren Mitte er gegenwärtig ist. Die Gemeinschaft *(koinonia)*, die im Glauben entsteht, ist darin begründet, dass alle, die ihr angehören, gemeinsam mit Jesus Christus verbunden sind, der ihnen allen die Gnade Gottes schenkt, zuhöchst in der Eucharistie.

(4) Die apostolische Arbeit der Gemeindegründung

Die Aufgabe, das christologische Fundament der Ekklesia zu legen, obliegt dem Apostel. Was »Apostolizität« der Kirche heißt, entscheidet sich daran, ob Jesus Christus verkündet wird in der Wahrheit des Glaubens und ob er so verkündet wird, dass Gemeinde entsteht.[32]

Apostel im paulinischen Sinne ist, wen Gott mit der missionarischen Verkündigung des Evangeliums betraut hat. In erster Linie sind dies die »Zwölf« und alle, denen der auferstandene Kyrios erschienen ist, zuletzt Paulus selbst (1 Kor 15,1–11). Im weiteren Sinn sind »Apostel« aber auch jene Männer und Frauen (Röm 16,7), die vom Geist aus einer Gemeinde ausgesandt werden, um das Evangelium zu verbreiten (1 Kor 12,28). In Korinth hat offenbar Apollos eine bedeutende Rolle gespielt (1 Kor 3,5f.; 4,6).

Die Gemeindegründung ist unmittelbar mit der missionarischen Sendung der Apostel verbunden. Die urchristliche Kirche ist insgesamt eine eminent missionarische Kirche. Sie ist beseelt von ihrer Sendung, das Evangelium nicht nur für sich selbst zu behalten, sondern es anderen nahezubringen: Juden und Heiden, Gebildeten und Ungebildeten (Röm 1,14).

Die Gemeindegründung geschieht durch die Verkündigung des Evangeliums (1 Kor 1,17), das Paulus als »Wort vom Kreuz« zur Sprache bringt (1 Kor 1,18). Dieses Evangelium handelt vom »einen Gott« und vom »einen Kyrios« (1 Kor 8,6), indem es den Tod und

---

[32] Vgl. Jörg Frey, Apostelbegriff, Apostelamt und Apostolizität. Neutestamentliche Perspektiven zur Frage nach der »Apostolizität« der Kirche, in: Theodor Schneider – Gunther Wenz (Hg.), Das kirchliche Amt in apostolischer Nachfolge, Bd. I: Grundlagen und Grundfragen (DiKi 12), Freiburg – Göttingen 2004, 91–188; Thomas Söding, Geist und Amt. Übergänge von der apostolischen zur nachapostolischen Zeit, ebd. 189–263.

die Auferweckung Jesu als eschatologisches Heilshandeln Gottes proklamiert, der Juden wie Heiden durch den Glauben an Jesus Christus retten will. Die Missionsarbeit vollzieht sich bei Paulus weitgehend so, dass im Umkreis der jüdischen Synagogen insbesondere die Gottesfürchtigen und heidnischen Sympathisanten des Judentums, dann erst schrittweise auch regelrechte »Heiden« angesprochen werden, um sie zum Evangelium und in die Ekklesia zu führen. Bei Judenchristen und Gottesfürchtigen können Paulus und die anderen Apostel die wesentlichen Daten der israelitischen Heilsgeschichte und die wesentlichen Inhalte des jüdischen Glaubensbekenntnisses voraussetzen; Heiden müssen erst weg von den Götzen zum »Glauben an Gott« (1 Thess 1,8) geführt werden, damit von der Hoffnung auf Christus die Rede sein kann (1 Thess 1,9f.); Juden und Heiden soll aufgehen, dass sich Gott zu ihrer Rettung gerade durch den Gekreuzigten in seiner ganzen Gerechtigkeit und Liebe offenbart hat. Inhalt und Form der Verkündigung müssen dem entsprechen. Paulus nimmt für sich in Anspruch, »nicht in überredenden Weisheitsworten, sondern im Erweis des Geistes und der Kraft« (1 Kor 2,4) das Evangelium in Korinth verkündet zu haben und deshalb »in Schwachheit und Furcht und großem Zittern« zur Gemeinde gekommen zu sein (1 Kor 2,3) – nicht als Ausdruck etwa seiner Unsicherheit, ob er wirklich eine Frohe Botschaft auszurichten habe, sondern in der realistischen Einschätzung seines Unvermögens, aus eigener Kraft Glauben zu wecken, vor allem aber in der Nachahmung Jesu Christi, dessen »Stärke«, die Menschen zu retten, an seiner »Schwäche« hängt, in der er den Tod am Kreuz stirbt (vgl. 2 Kor 12,10).

b) Der Aufbau der Kirche

Die Kirche, wie Paulus sie sieht, ist nicht ein fertiger Bau, an dem nichts mehr verändert werden darf. Das Haus der Kirche steht nicht unter Denkmalschutz. An ihm muss vielmehr immer weitergearbeitet, immer weitergebaut werden, sonst ist es schnell eine unbewohnbare Ruine. Freilich: Das Haus der Kirche kann auch nicht abgerissen und von Grund auf neu errichtet werden. Das Fundament ist unverrückbar. Es ist von Gott selbst gelegt. Dazu bedient er sich des Apostels. Deshalb ist es sein »Amt«, das Fundament zu legen; das »Amt« aller Christen aber ist es, am Haus des Glaubens weiterzubauen – auf dem Fundament Jesu Christi und mit möglichst guten Materialien. Nicht nur einige wenige Experten sind die berufenen Bauleute, sondern alle Christen – mit ihren je spezifischen Fähigkeiten und Fertigkeiten. Die apostolischen Missionare müssen, um im Bild zu bleiben, Neubauten errichten, indem sie vielerorts neue Fundamente legen, wo Gott sie haben will. Den anderen Christen obliegt es, auf diesen Fundamenten, die in Wahrheit ein einziges Fundament sind, Anbauten zu errichten und Ausbauten zu vollführen. Die Kirche wächst nach innen und außen, gleichzeitig und im selben Tempo.

(1) Berufung und Befähigung zur Mitarbeit am Aufbau der Kirche

Alle Christen sind zur Mitarbeit am Haus der Kirche berufen und befähigt, weil alle durch die Taufe zu Gliedern am Leib Christi geworden sind (1 Kor 12,13). In der Taufe »auf den Tod« Jesu Christi wird ihnen – vom Kyrios selbst – die Teilhabe an seinem Leben wirksam zugesagt (Röm 6,1–11). Die Taufe (die Paulus als Erwachsenentaufe thematisiert) ist das Sakrament des Glaubens: Sie ratifiziert die Abkehr von den Götzen und die Hinkehr zum »lebendigen und wahren Gott« (1 Thess 1,9); sie artikuliert das Bekenntnis zum Kyrios Jesus Christus (Röm 10,9), zu seinem Tod und seiner Auferweckung (1 Kor 15,3–5); sie führt zum Gottesdienst im Dienst am Nächsten und zum Gebet im Kreis der Gemeinde. Wer »auf den Namen« Jesu »getauft« ist (1 Kor 1,13), dem wird gesagt und der lässt sich sagen, dass er »Christus gehört« (Gal 3,29): dass Jesus für ihn gestorben ist; dass er der Herrschaft Gottes untersteht; dass ihm Gnade zuteilgeworden ist, so dass er glauben und lieben kann (Gal 5,5f.). Herkunft, Alter, Geschlecht, Bildungsstand, Sozialstatus spielen keine Rolle (vgl. Gal 3,28). Alle sind Sünder (Röm 3,22f.), alle haben Vergebung erlangt (1 Kor 15,3), alle sind in gleicher Intensität von der Liebe Gottes erfasst, die er durch Jesus Christus schenkt (1 Kor 13). Als Getaufte haben alle Glaubenden die Möglichkeit und die Verpflichtung, am Haus des Glaubens zu bauen.

Freilich rekurriert Paulus, wenn er von der Notwendigkeit des Gemeindeaufbaus redet, nicht nur auf die Taufe, sondern speziell auf die Geistesgaben, die den Christen zuteilwerden. Das ist sachgerecht. Denn sosehr die Taufe die fundamentale Gleichheit aller Christen in ihrem Glauben hervortreten lässt, da er zum Heile führt, sosehr lassen die Charismen die Vielfalt und die Kooperationsmöglichkeiten der gemeindlichen »Dienste« erkennen (1 Kor 12,4ff.), da sie den Leib Christi lebendig werden lassen (1 Kor 12,13–27).

Allerdings müssen einige Voraussetzungen erfüllt sein, damit die Charismen tatsächlich dem Gemeindeaufbau dienen.

Erstens: Die Christen müssen aus dem Evangelium leben, aus dem Glauben, der ihnen verkündet worden ist, aus den Sakramenten, die ihnen die Gemeinschaft mit Jesus Christus vermitteln (2 Kor 5,18ff.).

Zweitens: Die Christen müssen sich als lebendige Glieder am Leib Christi verstehen, geprägt von der Herrschaft des Gekreuzigten, verbunden mit den anderen Christen durch die gemeinsame Taufe, das gemeinsame Bekenntnis, die wechselseitige Sympathie, die gleiche Geschichte (1 Kor 1,4ff.).

Drittens: Die Christen müssen die Gaben des Geistes (1 Kor 12,1: *pneumatiká* – von *pneuma*, Geist) als Gnadengaben (*charísmata* von *charis*, Gnade) annehmen: nicht als persönliche Auszeichnung, nicht als Belohnung für besondere Anstrengungen und Erfolge, sondern als Geschenke des Geistes, die sie in die Lage versetzen, am Aufbau des Leibes Christi mitzuwirken (1 Kor 4,7).

Viertens: Die Christen müssen anerkennen, dass niemand alle Charismen hat und keiner ohne Charisma ist. In Korinth bestehen zwei Gefahren: dass einige wenige besonders engagierte »Starke« glauben, das ganze authentische Gemeindeleben zu garantieren, und dass nicht wenige »Schwache« den Verdacht haben, nichts Wesentliches beitragen zu können. Deshalb müssen die »Starken«

sich an die ekklesiale Solidarität erinnern lassen (1 Kor 12,24f.). Die »Schwachen« hingegen dürfen neuen Mut zum Kirchesein fassen (1 Kor 12,18).

Fünftens: Die Christen müssen erkennen, welches Charisma oder welche Charismen ihnen geschenkt sind – und diese Gaben konsequent nutzen (Röm 12,6ff.).

Sechstens: Die Christen sollen nach den Charismen streben, mit denen sie mehr zum Aufbau der Ekklesia beitragen können (vgl. 1 Kor 14,1–5): Sosehr die Charismen reines Geschenk sind, sosehr kann man um das Geschenk einer Geistesgabe bitten, um ihre Ausgestaltung sich kümmern, um ihren Nutzen sich mühen. So wie es ein Wachstum, eine Entwicklung, ein Reifen im Glauben gibt, so auch ein Wachstum, eine Entwicklung, ein Reifen in den Charismen. Nicht ein Mehr an Gnade kann das Ziel sein – an Gnade haben alle mehr als genug; nur um ein Mehr an Liebe kann es gehen (1 Kor 12,31; 14,1).

Siebtens: Die Christen sollen einander auch in der Andersheit ihrer Begabungen und Dienste anerkennen und gelten lassen. Nur wenn alle ihre eigenen Möglichkeiten nutzen und die anderen Christen in ihren Möglichkeiten unterstützen, kann die Gemeinde als ganze ihre Sendung erfüllen (1 Kor 12,29f.).

In den Charismen zeigt sich, wie Gottes Gnade die Fähigkeit eines jeden Christenmenschen, in den Dienst am Evangelium zu treten, wecken kann. Eine der wichtigsten Aufgaben ist der Aufbau der Gemeinde.

(2) Das Aufbauwerk

In 1 Kor 3,12–15 stellt Paulus mit größtem Nachdruck die Bedeutung des ekklesialen Aufbauwerks vor Augen. Zwei Kriterien werden genannt. Zum einen muss tatsächlich auf keinem anderen Fundament gebaut werden als auf Jesus Christus, so wie ihn Paulus im »Wort vom Kreuz« (1 Kor 1,18) verkündet hat und wie ihn der Geist Gottes den (wahrhaft) »Geistlichen« offenbart (1 Kor 2,10–16); zum anderen dürfen nur kostbare, durable Materialien verwendet werden. Dass Paulus die Verwendung von Gold, Silber und Edelsteinen fordert, bleibt im Bild des Tempelbaus. Wenn sich Israel an das Heiligtum Salomos (vgl. 1 Chr 29,2f.; 2 Chr 3,6) erinnert, auch an die Kultstätten der Heiden (vgl. Dan 11,38), vor allem aber wenn es an den eschatologischen Zionstempel der Heilszeit denkt (11 QTR 3–13; Sib 3,290ff.; vgl. Jes 54,11f.; Tob 13,20f.), richtet sich der Blick auf die Pretiosen, die im Bau Verwendung finden. Holz, Schilf oder Stroh bilden bei Paulus – ein wenig künstlich – den Kontrast. Offenbar hat er sie unter dem Aspekt der Brennbarkeit aufgelistet, um vom Gericht als Feuerprobe sprechen zu können.

Die Gerichtsworte in 1 Kor 3,13ff. sind keine Drohungen, die Angst machen wollen, sondern Warnungen, die zeigen, um wie viel es beim Kirchenbau geht. Sosehr Gott selbst dafür steht, dass das Fundament gelegt ist, sosehr muss er prüfen, wie gut die Materialien sind, die von den Bauleuten verwendet werden. Denn die Gründung der Kirche ist kein Experiment, das Gott anstellt, sondern das geschichtliche Resultat seines definitiven Heilshandelns in Christus; deshalb ist der Aufbau der Kirche weder eine Nebensächlichkeit noch eine Übungsaufgabe, an der man seine Kräfte trainieren könnte, sondern eine für das Christsein wesentliche Herausforderung, die über den Ernst des Glaubens Auskunft gibt. Die gute Absicht (die Paulus unterstellt) reicht nicht; die Baumaterialien müssen »objektiv« gut sein, d. h. sie müssen in den Augen Gottes bestehen können, also dem angemessen sein, was er als seine Weisheit im Kreuzestod Jesu offenbart und durch den Geist denen offenbart hat, die ihn lieben (1 Kor 2,9); sie müssen dem Christsein der Bauleute entsprechen: dem Ernst ihrer Bekehrung, der Klarheit ihres Bekenntnisses, dem Versprechen ihrer Liebe, der Größe ihrer Hoffnung; und sie müssen den Nächsten gerecht werden: sowohl den Mitchristen als auch den Nichtchristen. Mit dem Evangelium und mit den Charismen hat Gott von sich aus alles gegeben, was für das Aufbauwerk notwendig ist. Diese Gaben nicht zu verschleudern, sondern anzunehmen und konstruktiv einzusetzen, ist die Verantwortung aller Christen. Von der Kreuzesbotschaft abzuweichen und die Charismen zu verschleudern, wäre ein Spiel mit dem Feuer; im entschiedenen Ja zu Jesus Christus, dem auferweckten Gekreuzigten, brennt das Feuer des Glaubens, der Hoffnung und der Liebe (1 Kor 13,1–13).

(3) Anbauten

Die Mission ist in urchristlicher Zeit gewiss eine besondere Aufgabe jener Apostel, die ihr Leben der Ausbreitung des Evangeliums gewidmet haben und allein oder im Team, in charismatischer Ehelosigkeit oder zusammen mit ihren Gatten von Stadt zu Stadt und von Dorf zu Dorf gezogen sind, um die Frohe Botschaft zu verbreiten (vgl. 1 Kor 9). Im Bild von 1 Kor 3 obliegt ihnen, das christologische Fundament zu legen: Sie verkünden Christus, werben für den Glauben und lassen eine Gemeinde entstehen. Das gesamte paulinische Missionskonzept aber beruht darauf, dass die Gemeinden recht bald auf eigenen Füßen stehen und vor Ort missionarisch aktiv werden. Dies geschieht auch dadurch, dass einzelne Abgesandte zeitweise auf die Straßen und Märkte gehen, um Werbung für das Evangelium zu machen. Wichtiger ist ein anderer Weg: Mission durch Faszination. Dadurch, dass die Christen vor Ort als Kirche leben, in ihrem Gottesdienst, in ihrer Verkündigung, in ihrer Gemeinschaft und ihrer Diakonie, werden sie – so das Kalkül des Apostels – interessant für ihre Umgebung. Gewiss: Paulus ist nüchtern genug, um zu prognostizieren, dass es viel Missgunst, viel Misstrauen, viel Missbilligung geben wird und dass deshalb vielen Christen Diskriminierungen nicht erspart bleiben werden (vgl. 1 Thess 1,6f.; 2,14; 3,1–5). Aber stärker ist die Hoffnung des Apostels, dass die Gemeinden auf Dauer nicht nur dem Druck standhalten, sondern auch auf ihre Umgebung anziehend wirken.

Eine wichtige Rolle spielt die Ethik. Dass die Christen nicht Gleiches mit Gleichem vergelten, sondern Böses mit Gutem, ist eine apostolische Weisung, die sich schon im ältesten Paulusbrief findet (1 Thess 4,9–12; 5,15ff.). Sie ist mit der Ethik Jesu und der (alttestamentlichen) »Schrift« konform; sie ist auch geeignet, die Herzen der Außenstehenden zu gewinnen. Paulus setzt darauf, dass die Heiden von ihren besten ethischen Traditionen aus erkennen können, wie authentisch und überzeugend ein christlicher Lebensstil ist, der sich von Spinnereien freimacht und aus dem Glauben die Kraft gewinnt, die wesentlichen Lebensbereiche von der Ehe, der Familie und dem Haus über die Arbeit bis zum Umgang mit dem Besitz zu durchdringen.

Nicht zu unterschätzen ist aber auch die missionarische Dimension des Gottesdienstes. Nicht, dass Paulus ihn zum Agitationszentrum oder zum Schulungsort für Propagandisten des Christusglaubens umfunktionieren würde; der Gottesdienst ist und bleibt bestimmt von der gemeinsamen Feier der Eucharistie, vom Psalmgebet, von der Predigt und der Katechese, von Prophetenworten, von Zungenreden und deren Deutung (vgl. 1 Kor 14,26). Aber gerade dadurch dient er nicht nur der inneren Stärkung der Gemeinde, sondern auch ihrer äußeren Wirkung. Im Ersten Korintherbrief schildert Paulus – eher en passant – eine aus dem Leben gegriffene Situation, die dies veranschaulichen kann. Es geht ihm darum nachzuweisen, dass die Bedeutung der Prophetie für den Aufbau der Kirche größer ist als die der Glossolalie, des verzückten »Zungenredens«. Das demonstriert er u. a. an folgendem Beispiel (1 Kor 14,23ff.):

[23]Wenn die ganze Gemeinde zusammenkommt und alle in Zungen reden und es kommen Ungläubige oder Unkundige, werden die dann nicht sagen: »Ihr seid verrückt«? [24]Wenn aber alle prophetisch reden, und es kommt ein Ungläubiger oder Unkundiger, wird er von allen erkannt, von allen geprüft; [25]was in seinem Herzen verborgen ist, wird offenbar, und so wird er auf sein Angesicht niederfallen, Gott anbeten und bekennen: »Gott ist wahrhaftig unter euch.« (Jes 60,14)

Der Text wirft ein helles Licht auf die sozialen Umstände und die theologisch-missionarische Funktion des Gottesdienstes. Gefeiert wird er in einem Privathaus; denn Kirchen gibt es noch nicht und in Synagogen ist meist recht bald kein Platz mehr für eine paulinisch geprägte Glaubensgemeinschaft von Juden und Heiden. »Ungläubige oder Unkundige«, die noch keine Christen sind, können nur dann in der Ekklesia, der Gottesdienstversammlung, auftauchen, wenn Gemeindemitglieder sie vorher angesprochen haben:

in ihrer Familie, in ihrer Nachbarschaft, an ihrem Arbeitsplatz, in ihrem Verein oder ihrem Freundeskreis. Zur spirituellen Größe der urchristlichen Gottesdienstfeiern gehörte, dass diese interessierten, neugierig gewordenen Nichtchristen dabei sein können. (Der Streit, ob es sich in 1 Kor 14 um eine regelrechte Eucharistiefeier oder »nur« um einen Wortgottesdienst handelt, ist müßig.) Mehr noch: Paulus misst die Qualität des Gottesdienstes geradezu daran, was er nicht nur den Glaubenden, sondern gerade auch diesen »Ungläubigen oder Unkundigen« zu sagen hat. Würde er zum Tummelplatz der Zungenredner, der Ekstatiker und Enthusiasten, könnten jene tatsächlich nur urteilen: »Ihr seid verrückt«. Kommen aber die Prophetinnen und Propheten zu Wort, verändert sich die Lage. Paulus rechnet mit ihrer charismatischen Kraft, die geheimen Ängste und Sehnsüchte, die uneingestandenen Hoffnungen und Zweifel, die unbewussten Schuldgefühle und die verborgenen Wünsche der Hinzukommenden ins Licht zu rücken: nicht um sie bloßzustellen, sondern um sie zur Erkenntnis ihrer selbst zu führen – und dann zur Erkenntnis der Gegenwart Gottes inmitten der versammelten Gemeinde. Das »Wie« dieser Vorgänge mag uns Heutigen seltsam erscheinen. Entscheidend ist das »Was«: In der Begegnung mit den christlichen Propheten im Gottesdienst klärt sich für die »Ungläubigen und Unkundigen«, wer sie selbst sind, wer Gott ist und was Kirche heißt. »Wahrhaftig, Gott ist mitten unter euch« – nach Jes 60,14 werden dies die Heidenvölker zu Israel sagen, wenn sie am Ende der Zeit zum Zion pilgern, um dort mit dem Gottesvolk im Gottesdienst vereint zu sein. Paulus meint, dass es einen Vorgeschmack dessen schon in der christlichen Gemeinde gibt – wenn sie ihren Gottesdienst so zu feiern versteht, dass andere hinzukommen und nicht abgestoßen werden, sondern sich so angesprochen wissen, dass ihnen aufgeht: Gott selbst ist gegenwärtig, wenn die Christen Gottesdienst feiern; Gott drängt sich nicht auf, aber er schenkt den Glaubenden sein Wort und seinen Geist, so dass auch andere den Gott und Vater Jesu als den Gott ihrer Hoffnung erfahren können. Wo dies geschieht, wird die Gemeinde aufgebaut – und das Aufbauwerk wird vor Gott bestehen.

(4) Innenausbau

Das äußere Wachstum setzt das innere Wachstum voraus und treibt es voran. Die Korinther verfolgten ehrgeizige Ziele – und waren im Begriff, das eigentliche Ziel zu verfehlen. Denn berauscht von ihrer pneumatischen Kraft, begeistert von ihrem Neuanfang im Glauben, beflügelt von den intensiven neuen Glaubenserfahrungen, hat eine besonders einflussreiche Gruppe von »Starken« die Echtheit des Christseins an außergewöhnliche, möglichst spektakuläre Phänomene gebunden. Paulus greift ihre Stichworte zu Beginn des sogenannten »Hohenliedes der Agape« (1 Kor 13) auf:

¹Wenn ich in Zungen von Menschen und Engeln sprechen könnte, ...
²und wenn ich prophetisch reden könnte
und alle Geheimnisse wüsste
und jede Erkenntnis hätte
und wenn ich allen Glauben hätte, Berge zu versetzen ...
³und wenn ich all meine Habe opferte
und meinen Leib hingäbe, dass er verbrannt werde ...

Wer diese Eingebungen und Fähigkeiten nicht besitzt, ist »schwach« – und im Grunde kein vollwertiges Mitglied der Gemeinde. Besonders scheint sich das (angeblich) wahre, freie, starke, geistbegabte Christsein im Gottesdienst daran festzumachen, »in Zungen zu reden«, d. h. in religiöser Trance unverständlich zu lallen und zu stammeln: »in der Sprache der Engel«, wie es heißt (1 Kor 13,1).

Paulus führt ein anderes, ein christologisches Kriterium ein: das Kriterium der Liebe (1 Kor 13), die kraft des Geistes alle Geistesgaben erst zu Charismen macht (1 Kor 12,31). Weil »einem jeden die Erscheinung des Geistes gegeben ist, damit er anderen nützt« (1 Kor 12,7), ist das Kriterium für die Bewertung der Charismen der »Aufbau« der Gemeinde, das Leitmotiv von 1 Kor 14. Paulus illustriert den Grundsatz im paradigmatischen Vergleich zwischen der Glossolalie und der Prophetie (1 Kor 14,1–5):

¹Jagt nach der Liebe! Sucht nach den Geistesgaben, besonders nach der Prophetie! ²Denn wer in Zungen redet, spricht nicht zu Menschen, sondern nur zu Gott. Keiner versteht es, im Geist sagt er Geheimnisse. ³Wer aber prophetisch redet, der sagt den Menschen Aufbau und Ermutigung und Trost. ⁴Wer in Zungen redet, baut nur sich selbst auf, wer aber prophetisch redet, baut die Gemeinde auf. ⁵Zwar wünschte ich, alle könnten in Zungen reden, aber mehr noch, dass ihr prophetisch redet. Denn wer prophetisch redet, ist wichtiger, als wer in Zungen redet, es sei denn, es wird übersetzt, damit die Gemeinde aufgebaut wird.

Prophetie und Glossolalie sind geistgewirktes Sprechen. Glossolalie und Prophetie sind Rede zu Gott. Beide dienen dem »Aufbau«. Aber wer »in Zungen redet«, ohne dass dies gedeutet wird, baut nur sich selbst auf: Er selbst kann im Glauben wachsen, weil er sich vom Geist erfüllt weiß; anderen aber bleibt dieses Wachstum verschlossen. Erst das Charisma der Deutung kann es ihnen erschließen. Wer hingegen prophetisch spricht, redet verständlich und baut deshalb die Gemeinde unmittelbar auf. Die Gabe der (männlichen und weiblichen) Propheten ist es, der versammelten Gemeinde durch ein rechtes Wort zur rechten Zeit aufgehen zu lassen, wie sich Vergangenheit, Gegenwart und Zukunft im Lichte Gottes darstellen: worin Gottes Wille besteht, welchen Trost er spenden, welche Forderung er erheben, welche Verheißung er geben will.

Das innere Wachstum der Gemeinden ist ein Wachstum im Glauben, in der Liebe und der Hoffnung (1 Kor 13,13). Indem sich für die Gemeindemitglieder klärt, weshalb sie glauben, was und wem sie glauben, wie sie ihre Nächsten lieben können und worauf sie hoffen dürfen, wird die ganze Gemeinde aufgebaut, da sie als ganze von der geklärten Gottesbeziehung, vom gereiften »Selbstverständnis« und von der erprobten Sozialität der einzelnen Christen profitiert. Und umgekehrt: Indem die Gemeinde als ganze lernt, aus dem Evangelium zu leben, hilft sie jedem einzelnen Christen, seine Rolle zu finden und seinen Dienst zu tun.

c) Gemeindeaufbau heute

Zu beobachten, wie Paulus seine Gemeinde aufzubauen versucht hat, ist das eine; zu überlegen, wie heute eine konstruktive Gemeindearbeit aussehen kann, das andere. Im Anschluss an Paulus seien drei Gedanken aufgegriffen – die nicht schon helfen, heute die richtigen Antworten zu geben, aber vielleicht dazu beitragen können, heute die richtigen Fragen zu stellen.

(1) »Wisst ihr nicht, dass ihr der Tempel Gottes seid?« (1 Kor 3,16)

Zur Kirche zu gehören, ist kaum noch selbstverständlich, immer weniger Tradition, immer häufiger bewusste Entscheidung. Die Kritik an der »Amtskirche« ist hart, nicht selten ungerecht, bisweilen heilsam. Groß sind die Schwierigkeiten moderner Zeitgenossen, sich (ein für alle Mal) festzulegen und nicht einfach alles offen zu lassen, sondern im Glauben Position zu beziehen. Engagierte Kirchenmitglieder sind einem verstärkten Rechtfertigungsdruck ausgesetzt. Selbstzweifel und Unsicherheit sind häufig die Folge. So menschlich verständlich sie sind, so fatal sich falsche Selbstverständlichkeiten in Glaubenssachen auswirken und so abstoßend ein rechthaberischer Triumphalismus ist, so notwendig ist eine geklärte, selbstkritische und selbstbewusste, an positiven Glaubens- und Gemeindeerfahrungen orientierte Mitgliedschaft in der Kirche und ein neu durchbuchstabiertes, neu problematisiertes, neu verstandenes Glaubenswissen vom Wesen und von der Sendung der Kirche. Notwendig ist dies nicht in erster Linie, damit die Kirche Gottes in den Augen der Menschen besser dasteht. Vielmehr spiegeln die Irritationen, die Glaube und Kirche betreffen, nur die Unsicherheiten wider, die in unserer Gesellschaft die Würde und das Lebensrecht, den Lebenssinn und die Lebensaufgabe der Menschen gefährden, besonders der Schwachen.

Die Rückbesinnung auf die Heiligkeit der Kirche ist eine Rückbesinnung auf die Größe und Barmherzigkeit Gottes, auf die Vitalität und Kraft authentischen Glaubens, aber zugleich eine Rückbesinnung auf den unschätzbaren Wert, den in Gottes Augen jeder einzelne Mensch in all seiner Gebrechlichkeit und Schwäche, in all seinen Hoffnungen und Mühen, in seiner ganzen Lebensgeschichte hat (vgl. 1 Kor 6,10). Die Existenz der Kirche zeigt, dass Gott die Menschen nicht in Isolation und Einsamkeit belassen will, gerade im Glauben nicht, sondern dass er ihnen die Gemeinschaft mit anderen, die gleichfalls Gott suchen und finden wollen, als eine Gemeinschaft erschließt, in der sie sich unbedingt bejaht wissen dürfen und in der sie zugleich über die Befriedigung ihrer elementaren Lebensbedürfnisse hinausgeführt werden in einen Bereich des Lebens hinein, der verbarrikadiert und verschüttet sein mag, aber dennoch die natürliche Sehnsucht der Menschen nach dem Unendlichen birgt und im Glauben an Gott zur Mitte des ganzen Lebens werden kann.

Die Liturgie, die Diakonie und die Katechese der Kirche haben die Kraft, das Wissen um Gottes Heiligkeit und das Staunen über seine Liebe lebendig werden zu lassen und dadurch die Kirche als ein Haus des Glaubens aufzubauen, in dem das Leben gelingen und Hoffnung über dieses Leben hinaus begründet werden kann. Die Aufgabe der Kirche heute ist nicht zuletzt, die ihr von Gott zugesprochene Heiligkeit neu zu entdecken und zu leben – jenseits eines hypertrophen Moralismus, fernab vom Ritualismus, inmitten der menschlichen Lebensgeschichte und nahe beim »Geheimnis des Glaubens«, das in der Lebenshingabe Jesu »für die Vielen« besteht.

(2) »Kein anderes Fundament ... als ... Jesus Christus« (1 Kor 3,11)

Ein scheinbar leichter Ausweg aus den Irritationen, die der Pluralismus der Meinungen, der Sinnangebote, der Weltanschauungen und Religionen verursacht, ist der sogenannte Fundamentalismus: das einfache Beharren auf einigen einfachen, festen, unumstößlichen Glaubenssätzen, die Abschottung vor kritischen Anfragen, die Behauptung einer geistigen oder moralischen Überlegenheit, die nur von der Mehrheit verkannt wird. Dieser Fundamentalismus endet im Sektiererischen, häufig in Aggressionen und in der Verteufelung Andersdenkender. Die Alternative ist nicht in einem religiösen Laissez-faire zu finden. Denn so problematisch es wäre, mit unbedingter Entschiedenheit nur einen einzigen, nämlich den eigenen Standpunkt gelten zu lassen, so problematisch wäre es auch, mit der gleichen Unerbittlichkeit keinen Standpunkt gelten zu lassen oder jeden nur als spielerische Möglichkeit zu betrachten. Entscheidend ist vielmehr, im Glauben eine Basis zu finden, die tragfähig genug ist, um das Gewicht des ganzen Lebens bis zum Tod auszuhalten, und breit genug, um die Spielräume des Lebens zu nutzen und die Erfahrung des Glaubens zu fördern.

Nach paulinischer Überzeugung hängt alles an der Christologie: an dem, was Jesus in seinem Wirken und seinem Sterben »für« die Menschen getan und erlitten hat – und an dem, wie stark der Glaube an Jesus Christus in der Gemeinde ist. Entscheidend ist freilich, dass man sich »kein Bild macht« von Jesus, sondern das eigene Jesusbild von ihm selbst prägen lässt, vom Irdischen und Auferstandenen, wie er im Neuen Testament bezeugt wird. Nur dann ist das Bekenntnis kein Lippenbekenntnis, sondern Inbegriff einer Grundhaltung, die den Namen des Glaubens verdient.

Paulus stellt drei Momente heraus:

Erstens: Jesus ist »der Mensch für andere« (Dietrich Bonhoeffer) – im Leben und im Sterben. Sein »Für« besteht darin, dass er nicht nur den Reichen, Angesehenen und Starken, sondern viel mehr noch den Schwachen, den Niedergedrückten und »Dummen« den Segen Gottes spendet und ihnen dadurch Luft zum Leben gibt (1 Kor 1,26ff.). Deshalb wird die Kirche dort aufgebaut, wo das »Für« Jesu das Gesetz des Handelns ist: in der Diakonie, aber auch in der Feier der Liturgie und in der Lehre des Glaubens.

Zweitens: Jesus ist der Gekreuzigte – nicht nur in der Stunde seines Todes, sondern in alle Ewigkeit. Das Kreuz offenbart, wie rückhaltlos Jesus sich an die Seite und an die Stelle der Opfer menschlicher Sünde stellt, wie bedingungslos die Liebe Gottes zu seinen Feinden ist und wie grenzenlos deshalb die Hoffnung derer sein darf, die an ihren eigenen Möglichkeiten verzweifeln müssten. Deshalb wird die Kirche dort aufgebaut, wo die Feier, das Zeugnis und die Praxis des Glaubens im Zeichen des Kreuzes stehen: als Gedächtnis des Leidens Jesu inmitten der menschlichen Leidensgeschichte und als Symbol des Glaubens Jesu inmitten der Hoffnung auf das Reich Gottes.

Drittens: Jesus ist der Sohn Gottes – nicht nur in der Einzigartigkeit seiner Beziehung zum Vater, sondern auch in der Einzigartigkeit seiner Beziehung zu all den Menschen, die er zu seinen Brüdern und Schwestern macht. Mit dem Bekenntnis zur Gottessohnschaft Jesu hält das Glaubensbekenntnis der Kirche fest, dass sich die Rechtfertigung, Heiligung und Erlösung der Glaubenden nicht einer puren Laune Gottes verdankt, sondern seinem Wesen entspricht und dass ihre Hoffnung nicht in der Erfüllung persönlicher Wunschträume aufgeht, sondern unendlich größer ist, weil sie von der Teilhabe an der Liebe zwischen dem Vater und dem Sohn geprägt ist. Deshalb wird die Kirche dort aufgebaut, wo der Glaube an die Gottessohnschaft Jesu, des Irdischen und des Erhöhten, zum Grund aller Hoffnung wird.

(3) »Jeder sehe zu, wie er baut« (1 Kor 3,10)

Die Verantwortung von Priestern und Laien, die Kirche als ein Haus des Glaubens aufzubauen, d. h. innerlich und äußerlich wachsen zu lassen, wird in einer Welt, in der die religiöse Obdachlosigkeit zunimmt, eher noch größer, verlangt aber auch die Konzentration auf das Wesentliche. Die Chancen, auf eine neue Art Kirche zu sein, sind groß; gleichzeitig sind die Reibungsverluste enorm, zumal wenn sie aus enttäuschten Hoffnungen, mangelnder Anerkennung, unklarer Aufgabenverteilung und notorischer Überforderung resultieren.

Paulus setzt auf die Macht des Geistes, in der Kirche die natürlichen Begabungen und erworbenen Fähigkeiten der Glaubenden in den Dienst am Evangelium zu stellen und so zu Charismen zu machen. Nicht ob, sondern wem der Geist welche Gaben zuteilt, ist die Frage, wie sie geweckt und wie sie als Möglichkeit, den anderen in ihrem Christsein zu helfen, genutzt werden können.

Zum einen: Die Gemeinde ist ein Leib aus vielen Gliedern (1 Kor 12,12.14). Die Lebendigkeit und die Einheit der Kirche setzen die Vielfalt der Geistesgaben voraus (vgl. 1 Kor 12,1ff.). Der Aufbau der Gemeinde mit gutem Baumaterial nimmt gerade die Gemeindeleiter in die Pflicht, wie Paulus die Charismen zu wecken, die verborgenen Talente ans Tageslicht zu fördern und die geleisteten Dienste anzuerkennen.

Zum anderen: Die vielen Glieder bilden einen Leib (1 Kor 12,12.20). Die Lebendigkeit und Kraft der verschiedenen Geistesgaben setzt die Einheit der Kirche voraus – nicht als uniforme Monotonie, sondern als polyphone Symphonie. Nur wenn die Gemeindemitglieder einander auch in der Verschiedenheit ihrer Berufungen und Begabungen gelten lassen und nach Kräften fördern, wenn die wechselseitige Angewiesenheit nicht beklagt, sondern als Chance der Konzentration auf die eigenen Kräfte und als Förderung der Gemeinsamkeit bejaht werden, kann der Aufbau der Gemeinde mit vereinten Kräften gelingen – und die Freude eines jeden Bauarbeiters am eigenen und am gemeinsamen Werk wachsen.

III. Die Reform der Kirche

Der Weg der Reform führt *back to the roots* zur Neuentdeckung des Katholischen – nicht von der Welt, aber in der Welt. Die Wurzeln der Kirche liegen in der Sendung Jesu, der seinerseits in Israel verwurzelt ist. Das Katholische ist keine konfessionelle Besonderheit, sondern selbst ein Ausdruck der jesuanischen Sendung: eine Kirche für alle, weil es nur einen Gott gibt, den die Kirche bezeugt und feiert. Diese Kirche gehört, weil sie Jesus Christus gehört, in die Welt, ohne dass sie in ihr aufginge und in ihr schon ihre Erfüllung fände.

1. Back to the roots

Reformen sind in aller Munde – gesellschaftlich und kirchlich. Krisenstimmung herrscht, doch die Zukunft soll gesichert werden. In der Gesellschaft ist es eine Krise der Wirtschaft und des Sozialsystems, die zur Reformdiskussion nötigt – und übersehen wird leicht, dass es weit tiefere Ursachen und weit gravierendere Folgen gibt: die Verschiebungen im Wertesystem, die Erosion der Familienbindung, die Schwächung des christlichen Glaubensfundaments. Die Krisensymptome kirchlichen Lebens sind unübersehbar, nicht nur in Deutschland und Westeuropa. Der zurückgehende Gottesdienstbesuch ist schon nach dem Hebräerbrief im Neuen Testament ein untrügliches und besorgniserregendes Indiz einer müde gewordenen Christenschar. Der Priestermangel ist ein Symptom. Viele sehen die Kirche in einer schweren Strukturkrise, die sich in der Amtsfrage zuspitze. Manche diagnostizieren, dass es tiefe Verwerfungen im Verhältnis der Kirche zur Moderne gebe, zur Demokratie, zur Frauenemanzipation, zum Pluralismus und Individualismus. Die Ursache der gegenwärtigen Krise liegt aber tiefer. Der Kirche scheinen die großen, die mitreißenden Themen verloren gegangen zu sein. Wofür steht sie? Was macht sie unverwechselbar und unverzichtbar?

An Therapievorschlägen fehlt es nicht. Aber sie sind so widersprüchlich wie die Diagnosen. Moderner, offener, flexibler, demokratischer müsse die Kirche werden, heißt es auf der einen Seite; klarer, entschiedener, traditionsbewusster, hierarchischer auf der anderen. Die einen wollen ein neues Konzil, weil nur so die weit verbreitete Unsicherheit und Frustration überwunden werden könne, die anderen wollen, dass überhaupt erst die Optionen des Zweiten Vatikanums eingelöst werden. Die einen beklagen, dass es in der Kirche nach dem Konzil große Irrungen und Wirrungen gebe, fehlgeleitete Experimente und mangelnde Klarheit; die anderen, dass Reformstau und Revisionismus sich wie Mehltau auf die zarten Hoffnungspflanzen des katholischen Fortschritts legen; die einen richten sich auf eine lange Winterzeit der Kirche ein, die anderen sehen schon die Vorboten eines neuen Glaubensfrühlings.

Außerhalb der Kirche stoßen die innerkirchlichen Strukturdebatten, die enorme Energie kosten, auf wenig Interesse. Aber Religion und Spiritualität sind deshalb nicht verschwunden. Wie diffus sich die kulturellen Trends auch immer präsentieren, die Religiosität und Spiritualität der Kirche hat durchaus eine Chance – je klarer, menschenfreundlicher und inniger sie sich präsentiert, desto besser. Die intellektuelle Elite scheint weniger kirchenkritisch denn je. Der Glaube ist keineswegs abgeschrieben, und das faszinierend Andere der Kirche, ihre ganz eigene Ästhetik, ihre geheimnisvolle Liturgie und ihre Heilige Schrift spiegeln eine Transzendenz wider, die nicht von dieser Welt ist. Die religiös Unmusikalischen versagen weniger denn je der sozialpolitischen und kulturellen Rolle, den die Kirche in der Demokratie gespielt hat und spielen wird, den Respekt. Den religiösen Analphabeten, die zum großen Teil die sozial Schwachen sind, gehen die Augen über, wenn sie nur einmal jemanden finden, der sie das Lesen lehrt.

Die einzige Diskussion über eine Reform der Kirche, die sich lohnt, dreht sich darum, wie der Glaube heute verbindlich und verständlich bezeugt werden kann. Das setzt viel Kritik an der westlichen Kultur der Gegenwart voraus: an der Herrschaft des Geldes, an der systematischen Ausblendung der Wahrheitsfrage, an der schleichenden Ausbreitung des Funktionalismus. Aber wichtiger noch ist das, was die Kirche allein stark zu machen vermag: die Besinnung auf das Evangelium. Marktstrategen würden von der Kernkompetenz sprechen, Psychologen von Identitätsstärkung; die Theologie sollte daran erinnern, dass es die Kirche nur um der Frohen Botschaft Jesu Christi willen gibt und dass alle Diskussionen um Pastoralstrategien und Strukturreformen fruchtlos bleiben, wenn sie nicht durchgehend von einer theologischen Reflexion über den Auftrag, den Sinn und Zweck, die Existenzberechtigung und Sendung der Kirche geprägt sind.

a) Zurück in die Zukunft

Reformen werden von denen gefordert, die mit dem *status quo* unzufrieden sind und sich von Veränderungen eine Verbesserung der Zukunft erhoffen. Wer im politischen Raum nicht eine Revolution ausruft, sondern auf Reformen setzt, weiß um die Notwendigkeit, Überzeugungen zu bilden, Interessen auszugleichen und Konsens zu formen, aber auch Entscheidungen zu treffen, Verantwortung zu übernehmen und Kompetenz zu organisieren. Im gesellschaftlichen Raum zielt Reform – wenigstens rhetorisch – auf Innovation. Neue Herausforderungen müssen gemeistert, neue Entwicklungen aus Wissenschaft und Technik eingebaut, neue Meinungstrends und Mentalitätsverschiebungen berücksichtigt werden. Das kann zu großer Dynamik führen, zu einem rasanten Wandel, aber auch zu einem Verlust von Traditionen, obwohl nichts Besseres an die Stelle gesetzt werden kann.

Im Raum der Kirche hingegen muss das Wort »Reform« seinen ursprünglichen Sinn bewahren. Der erste Bestandteil des Wortes, *re-*, besagt, dass Erneuerung aus einer Rückbesinnung auf das Ursprüngliche, das normativ ist, erfolgt; dies bezeichnet der zweite Wortbestandteil, *-form*: die verbindliche Gestalt, die das Wesen ausprägt. Der Kirche ist ihre Wesensgestalt durch Jesus Christus vorgegeben, so wie sie sich im Neuen Testament bezeugt. Nur so hat der Grundsatz *ecclesia semper reformanda* (Die Kirche ist immer zu reformieren) Sinn. Er stellt nicht denen einen Freibrief aus, die in den Reformdebatten ihre eigenen Interessen durchsetzen wollen, sondern ermutigt diejenigen, die Kirche von Christus her neu verstehen wollen. Kirchenreform ist nicht notwendig, weil es gälte, das Christentum ständig neu zu erfinden oder wesentlich zu verändern, sondern weil die Zeiten sich wandeln, in denen der Glaube gelebt und bezeugt werden soll, und weil die menschliche Schuld und Schwachheit Einzug ins Haus des Glaubens halten und es unwohnlich machen, abweisend und hässlich; Reform aber bedeutet Wiedergewinnung des Ursprünglichen, des Wesentlichen und Authentischen – oder doch jedenfalls das ehrliche Bemühen darum.

Die Kirchengeschichte lehrt, dass bislang noch jede Kirchenreform, die zu einer Vitalisierung des Glaubens geführt hat, sich am Neuen Testament zu orientieren versucht hat. Aber die Rückbindung jeder kirchlichen Reform, die ihren Namen verdient, an die Gestalt des Ursprungs ist auch die Quelle großer Gefahren. Stark ist die Versuchung, eine für eine bestimmte Zeit – nicht ohne Grund – typische Traditionsgestalt festzuschreiben; die Kirchengeschichte hat hier – in Verbindung mit der Exegese – eine aufklärerische Aufgabe, Traditionalismus von Traditionsbewahrung zu unterscheiden. Die exegetische Erforschung ursprünglichen Kirchenlebens im Spiegel des Neuen Testaments muss sich vor Biblizismus hüten. Es wäre reaktionär, das Neue Testament als Blaupause für die Planung heute notwendiger Kirchenreformen zu benutzen. Erstens ist die Urgemeinde keine »heile Welt«; vieles ist höchst zeitbedingt und keineswegs vorbildlich, beispielsweise dass es noch ziemlich lange christliche Sklavenhalter gibt, so dass Paulus die christlichen Sklaven daran erinnern muss, dass ihre soziale Unfreiheit keineswegs ihren Gnadenstand, den sie wie ihre Sklavenherren (und -herrinnen) vor Gott haben, einschränkt (1 Kor 7). Zweitens entsteht erst im Laufe der neutestamentlichen Ära die Einsicht, dass man für lange Zeit darauf angewiesen sein werde, in der Welt Kirche zu bilden. Damit wird die Geschichte selbst zu einem Ort, an dem durch Tradition Innovation geschieht. Drittens ist die Fähigkeit, die jeweils neuen Zeichen der Zeit zu deuten, nach dem Neuen Testament selbst eine Gabe des Geistes, die es erlaubt, die jeweils zeitgemäße Gestalt der Kirche zu finden.

Freilich kennt die katholische Theologie auch die andere Gefahr, die neutestamentlichen Aussagen über Kirche und Amt als noch nicht ganz ausgereift, unfertig, unausgegoren anzusehen, so dass es wenig angeraten scheint, sich in wesentlichen Punkten – meist denkt man an das kirchliche Amt – die Ursprungszeit des Christentums vor Augen zu führen. Daran ist richtig, dass neutestamentlich vieles im Fluss ist und sich erst im zweiten Jahrhundert die Kirchenstrukturen konsolidieren, die in der Tradition katholischer Theologie normativ geworden sind: dass eine Ortskirche einen Bischof hat, dem Presbyter und Diakone zugeordnet sind. Aber die Kirche würde sich selbst verraten, wenn sie in der wichtigen Frage, wie sie sich selbst sieht, nicht ernst nehmen würde, dass sie in der Bibel beider Testamente den »Kanon« hat: die Richtschnur, die Regel und den Maßstab. Sosehr der christliche Kanon ein Ergebnis kirchlicher Rezeption des – im Werden begriffenen – Alten und Neuen Testaments ist, sosehr ist es gerade der Kanon, der die Kirche auf das Evangelium, das lebendige Wort Gottes, verweist, von dem sie lebt und das sie zu verkünden hat.

Die Notwendigkeit, Dialoge zu führen, Argumente zu hören und an den Entscheidungen teilhaben zu lassen, wird durch diese theologische Vorgabe nicht eingeschränkt, sondern gerade herausgefordert. Nur wird durch diese Vorgabe gleichzeitig klar, dass die Kirche keine politische Körperschaft ist, in der die Macht nach dem Prinzip der Mehrheit organisiert wird. Die Kirche ist aber von Jesus her, wie das Zweite Vatikanum es ausdrückt, eine sakramentale Gemeinschaft, in der das Prinzip Sendung gilt, weil sie – anders als der Staat – dem Heil der Welt dient.

b) Ursprüngliche Formen

Entscheidend ist, im Rückblick auf das Neue Testament diejenige »Form« der Kirche zu finden, auf die sie sich ständig neu besinnen muss, um Zukunft gewinnen, also sich »re-formieren« zu können. Hier leistet die Exegese einen unverzichtbaren Dienst, weil sie mit ihren Methoden die Aussage der Texte untersucht und auf die Geschichte der Urkirche bezieht, die sie erzählen oder besprechen und für die sie ihrerseits transparent sind. Auch wenn die Dogmatik über die neutestamentliche Grundgestalt der Kirche spricht, muss sie sich exegetischer Methoden bedienen. Umgekehrt ist aber die Erfassung des exegetischen Befundes noch nicht *eo ipso* identisch mit der Beschreibung des gestaltgebenden Ursprungs. Wertungen sind unvermeidbar. Allerdings müssen sich die Kriterien aus dem Neuen Testament selbst – genauer: aus dem Christusgeschehen, welches das Neue Testament bezeugt und in den Horizont der Glaubensgeschichte Israels stellt – ableiten lassen. Wie dies geschehen kann und wozu dies führt, ist freilich umstritten.

Der Streit ist produktiv, wenn verstanden wird, dass die ursprüngliche Gestalt der Kirche im Neuen Testament weder eine statische noch eine amorphe Größe ist, weder ein uniformes Modell noch eine ungeformte Masse. Die Bilder der Kirche, die das Neue Testament zeichnet, sind vielfarbig und vielförmig, wenngleich sich erstaunlich früh und breit das Selbstbewusstsein herausbildet, *eine* Kirche zu sein und *eine* Gemeinschaft zu bilden, »ob Jude oder Heide, Sklave oder Freier, Mann oder Frau« (Gal 3,28), ob in Jerusalem, Rom, Korinth, Philippi oder andernorts auf der weiten Welt. Die Vielfalt kirchlicher Lebensformen im Neuen Testament ist kein Zeichen großer Unsicherheit. Vielmehr zeigt sich einerseits die Fähigkeit zur Inkulturation; auch im Verständnis und in der Organisation der Kirche knüpft das Urchristentum vielfach an die Modelle und Vorstellungen der Umwelt an, um sich vor Ort zu beheimaten. Andererseits zeigt sich die Fähigkeit, der Vielfalt der Begabungen, der Biographien, der Kulturen und geschichtlichen Situationen gerecht zu werden, wenigstens prinzipiell. Damit ist nicht nur ein neutestamentlicher Anhaltspunkt gegeben, dass die Kirche alle Anstrengungen unternehmen muss, als die *eine* Kirche Jesu Christi immer die Kirche »vor Ort« wie die Kirche »zur Zeit« zu sein – und umgekehrt als Orts-Kirche und Zeit-Kirche immer *die* eine Kirche zu allen Orten und für alle Zeit. Es wird zugleich ernst genommen, dass die Kirche von Jesus Christus her und auf ihn hin lebt, der »für die Vielen« gelebt hat und gestorben ist und auferweckt wurde.

Die Prägung durch die jeweilige Kultur und Geschichte ist der soteriologischen Aufgabe geschuldet, von der die Kirche bestimmt sein muss: Menschen dort, wo sie leben, so anzusprechen, dass sie zum Glauben kommen und im Glauben leben können. Dadurch prägt sich dem Neuen Testament der dramatische Wandel ein, in dem die Kirche ihre Urform gefunden hat. Zwei »Reformen« sind es, in denen sie sich am Wendepunkt der Heilsgeschichte ausgeprägt hat, den Jesu geschichtliches Wirken und seine Auferstehung markieren:

Erstens die »Reform« Jesu, in Israel, aus Israel und über das bestehende Israel hinaus das neue Volk Gottes zu finden, das der Herrschaft Gottes entspricht und in dem sich deshalb erfüllt, worauf die Erschaffung des Gottesvolkes immer schon aus war.

Zweitens die »Reform« des Auferstandenen, Petrus und die Zwölf, und alle Apostel, am Ende sogar Paulus durch die Erscheinung zur universalen Völkermission auszusenden (1 Kor 15,1–11), wodurch nicht nur die Krise des Karfreitags überwunden wird, sondern auch der ureigene Impetus der Sendung Jesu zur Geltung kommt.[33]

Die beiden »Reformen« folgen auseinander und bedingen einander. Durch die Auferstehung kommt nach urchristlichem Glauben gerade das eschatologisch zur Geltung, was Jesus wollte, weil der Auferstandene kein anderer ist als der Messias aus Nazareth. Die Auferstehung wiederum stiftet nicht nur den Anfang der Kirche,

---

[33] Den Hintergrund beleuchtet Robert Vorholt, Das Osterevangelium. Erinnerung und Erzählung (HBS 73), Freiburg – Basel – Wien 2013.

sondern auch ihr Bleiben in der Geschichte; denn der Auferstandene ist der Erhöhte, dem nach Mt 28,16–20 »alle Macht gegeben ist im Himmel und auf Erden«, der aber diese Macht einsetzt, um »mit euch«, seinen Jüngern und der ganzen Kirchen, zu sein »bis ans Ende der Welt«. Was die Apostel zur Gründung und zum Weiterleben der Kirche leisten, tun sie nicht aus eigener Kraft, sondern aus der ihnen vom Geist verliehenen Vollmacht, die ihnen aus der Sendung Jesu zukommt. In der Kirche aus Juden und Heiden aber kommt unter den Bedingungen des Ostergeschehens präsentisch-eschatologisch zur Wirkung, was Jesus mit der Sammlung des Gottesvolkes im Sinn hatte – freilich, wie Paulus reflektiert, unter den Bedingungen der menschlichen Geschichte um den hohen Preis des Gegensatzes zwischen Juden und Heiden, der erst futurisch-eschatologisch, im vollendeten Reich Gottes, aufgehoben werden wird (Röm 11).

c) Die Reform Jesu

Jesus beginnt seine Evangeliumsverkündigung nicht im luftleeren Raum, sondern zu einer bestimmten Zeit und an einem bestimmten Ort unter bestimmten Voraussetzungen. Es ist kein historischer Zufall, sondern eine theologische Notwendigkeit und ein christologisches Faktum ersten Ranges, dass Jesus als Jude unter Juden, in Israel und für Israel seinen Weg beginnt. Matthäus (4,15f.) hat sogar in dem damals viele irritierenden Umstand, dass Jesus in Galiläa mit der Evangeliumsverkündigung begonnen hat (vgl. Joh 7,41), einen theologischen Sinn gesehen, der sich ihm im Licht der Schrift (Jes 8,23 – 9,1) erschließt:

> Land Sebulon und Land Naftali, Meeresstraße, Ufer des Jordans, Galiläa der Heiden: Das Volk, das im Finstern saß, sah ein helles Licht, denen, die im Schattenreich des Todes wohnten, ging ein Licht auf.

Jesu Sendung »zu den verlorenen Schafen des Hauses Israel« (Mt 15,24) ist der Einzigkeit Gottes geschuldet, der Einheit der Heilsgeschichte und der Sammlung des Gottesvolkes. Der Gott, dessen

Herrschaft Jesus verkündet, ist der »Gott Abrahams und der Gott Isaaks und der Gott Jakobs« (Ex 3,6 in Mk 12,26), der sich durch Jesus in neuer Weise als er selbst, als »Immanuel«, als »Gott mit uns« offenbart (Jes 7,14 [Septuaginta] in Mt 1,23). So tief der epochale Einschnitt ist, den Jesus selbst markiert, wenn er verkündet: »Die Zeit ist erfüllt, die Gottesherrschaft nahegekommen« (Mk 1,15), so wenig ist doch die Zeit Jesu die »Stunde Null« der Heilsgeschichte. Vielmehr nimmt Jesus die prophetische Verheißung Gottes ernst, dass er den Bund mit seinem Volk niemals kündigt, wie treulos auch immer es sein werde, und dass er die dem Abraham gegebene Verheißung, ein Segen für alle Völker zu sein (Gen 12,3), verwirklicht, wie groß auch immer die Hindernisse sein werden, die Menschen der Ausbreitung des Heils, des Friedens und der Gerechtigkeit in den Weg stellen. Jesus nimmt die Hoffnungen Israels auf, dass mit dem Kommen der Gottesherrschaft das Gottesvolk Israel in seiner ursprünglichen Ganzheit versammelt und mit den Völkern in der Anbetung des einen Gottes vereint sein werde. Das deutlichste Anzeichen dafür, dass Jesus *ganz* Israel neu für Gott gewinnen und als Gottesvolk vereinen wollte, ist die Einsetzung des Zwölferkreises (Mk 3,13–16 parr.). Die Zwölf repräsentieren das Gottesvolk der zwölf Stämme so, wie Gott es geschaffen hat und jetzt vollendet, wenn seine Herrschaft kommt. Viele Perikopen erzählen, dass Jesus keine Mühe gescheut hat, gerade diejenigen anzusprechen und neu für Gott zu gewinnen, die selbst den Verdacht hatten, nicht rückhaltlos von ihm bejaht zu sein: die Armen, die Sünder, die Kranken und Besessenen. Die Gleichnisse vom Verlorenen in Lk 15 sind ein Kapitel jesuanischer »Ekklesiologie«: Das verlorene Schaf wird wieder in die Herde geführt, der verlorene Groschen wieder dem Haushaltsgeld hinzugefügt, der verlorene Sohn wird in das Haus des Vaters aufgenommen.

Die Sammlung des eschatologisch erneuerten Israel[34] zielt – was in der Exegese allerdings nicht unumstritten ist – von vornherein

---

[34] Das zentrale Motiv bei Gerhard Lohfink, Jesus von Nazaret. Was er wollte, wer er war, Freiburg – Basel – Wien 2011.

auf die Verwirklichung der universalen Segensverheißung. Israel hat sie sich im Bild der eschatologischen Wallfahrt der Völker zum Zion vorgestellt (Jes 66,18–24 u.ö.). Jesus hat diese Hoffnung geteilt (Lk 13,28f. par. Mt 8,11ff.; Lk 11,31f. par. Mt 12,42f.) und sieht seine Sendung als den Weg an, auf dem sie sich realisiert. Die Weiche stellt das einzige in den Evangelien überlieferte Streitgespräch, das Jesus verloren hat: Die syrophönizische Frau, die Jesus um die Heilung ihrer Tochter gebeten hatte, schlägt ihn mit seinen eigenen Waffen, indem sie sein Bild von den Kindern, die nicht der Hunde wegen darben dürfen, umkehrt und die Krümel ins Spiel bringt, die genug Nahrung vom Tisch abfallen lassen (Mk 7,24–30 par. Mt 15,21–28). Ihr theologisches Argument ist das des eschatologischen Überflusses. Geteilte Gnade ist doppelte Gnade. So hat Jesus selbst es – sonst – immer gesehen; deshalb lässt er sich von der Frau überzeugen, offenbar nicht ungern. Die Sendung Jesu für Israel steht nicht in Konkurrenz zur Rettung der Völker, sondern ist deren Voraussetzung – so wie umgekehrt im Reich Gottes Israel nicht ohne die Völker vollendet werden wird.

Freilich redet Jesus in aller Offenheit auch von der enormen Problematik, das Gottesvolk zu sammeln. Die Widerstände sind groß. Die vielen Sünden müssen vergeben werden – und zwar auf eine Art, die den Opfern der Gewalt, den unter der Bosheit anderer Leidenden gerecht wird. In all diesen vielen Gedanken, Worten und Werken meldet sich aber immer wieder die große Ursünde Adams, sein Nein zum Gottsein Gottes, das sich zu einer verheerenden Unheilsmacht auswirkt. Johannes der Täufer hatte dieses Unheil bereits aufgedeckt, aber nur auf das gerechte Zorngericht Gottes verweisen können (Lk 3,1–20 par. Mt 3,1–12). Jesus hingegen verweist auf seine ureigene Sendung: seinen Dienst als Menschensohn an denen, die ohne seine Lebenshingabe, die an ihrer Stelle geschieht, nicht zu Gott gelangen würden (Mk 10,45).

Der Weg, den Jesus geht, um das neue Volk Gottes zu sammeln (das heißt: das Volk Gottes neu zu sammeln), ist der Ruf in die Nachfolge. Alle sollen zur Umkehr und zum Glauben finden (Mk 1,15); einige sollen darüber hinaus – jedenfalls auf Zeit – die Armut und Heimatlosigkeit Jesu teilen, um Menschen für die Gottesherrschaft zu suchen und zu finden (Mk 1,16–20). Die Nachfolge ist entscheidend dadurch geprägt, dass es nur »einen Lehrer« (Mt 23,8; vgl. Joh 13,13) gibt. Jesus ist nicht nur ein Vorbild, das es nachzuahmen gilt; er ist der Sohn Gottes, der den Weg bahnt, auf dem die Glaubenden ins Himmelreich gelangen.

Damit sind wesentliche Vorgaben profilierten Kircheseins gemacht, die in jeder Kirchenreform beachtet sein wollen:

Der Primat der Christologie: Die Kirche ist nicht um ihrer selbst, sondern um Gottes und um Christi willen da. Jesus ist der eine Herr und Lehrer der Seinen; sein Weg gibt den Weg der Kirche vor.

Das Prinzip der Sendung: Die Kirche lebt aus der Vorgabe, die ihr Gott durch Jesus macht, und agiert aus der Teilhabe an der Vollmacht Jesu.

Die missionarische Dynamik: Die Kirche partizipiert an der Sendung Jesu, den Menschen, möglichst allen, das Heil Gottes zu verkünden und zu vermitteln.

Die Verwurzelung in Israel: Die Kirche wird von Jesus in die Erwählungs- und Verheißungsgeschichte Israels eingebunden und kann ohne sie nicht Kirche sein.

Die Universalität des Heils: Die Kirche ist von Jesus her darauf angelegt, nicht Sekte zu sein, sondern dem Reich Gottes zu entsprechen, in dem nach Israels Hoffnung und Jesu Verkündigung auch die Völker ihren Platz finden werden.

Die Einheit der Gläubigen: Die Kirche zeigt sich im Spiegel der Nachfolge Jesu vielfältig, aber einheitlich in der Ausrichtung auf den einen Gott und die eine Hoffnung, das Reich Gottes.

Die Gemeinschaft der Vielen: Die Kirche wird von Jesus durch seinen Ruf des Glaubens und der Nachfolge zu einer Einheit zusammengeführt, die Gemeinschaft unter dem einen Meister ist.

Die Heiligkeit der Kirche: Die Kirche zeigt sich als Kirche, soweit sie das Ethos Jesu beherzt; die Bergpredigt ist das Grundgesetz der Kirche.

Der Dienst an den Menschen: Die Kirche lässt sich von Jesus in Dienst nehmen für den Dienst, den er den Menschen leistet, indem er sie sucht und findet, ihre Schuld vergibt und ihre Krankheiten heilt, ihre Trauer tröstet und ihren Hunger stillt.

Alles, was Jesus der Kirche mitgibt, kulminiert im Letzten Abendmahl (Mk 14,22–25 parr.; 1 Kor 11,23–26). Deshalb ist die Eucharistie die Mitte der Kirche.

d) Die Reform des Auferstandenen

Die Nachfolge des irdischen Jesus zerbricht in der Stunde der Passion: »Einer der Zwölf« verrät Jesus (Mk 14,17–21), alle Jünger fliehen (Mk 14,50), Petrus verleugnet ihn (Mk 14,66–72). Aber die Erscheinungen des Auferstandenen, die zu ihrer neuen Sendung führen (1 Kor 15,3–5.6–11), sind *eo ipso* Vergebung der Schuld und Neuaufnahme in die Gemeinschaft der Nachfolge (Mk 14,28; 16,7). Beide Momente verbindet explizit (erst) Joh 21: In der Erscheinung Jesu am See Gennesaret erinnert die dreifache Frage an Petrus: »Liebst du mich?« (Joh 21,15ff.) an die dreifache Verleugnung Jesu – und das dreifache »Weide meine Schafe« – »Weide meine Lämmer« ruft Petrus, den Ersten der Zwölf, zu dem Hirtendienst, der in der Zeit der Kirche notwendig ist, um die Kontinuität mit Jesus zu wahren.

Nach allen neutestamentlichen Texten ist die Auferstehung Jesu der Punkt, von dem aus die universale Völkermission beginnt.[35] Das klarste Zeugnis ist der Missionsbefehl des Auferstandenen nach Mt 28,16–20. Lukas bringt die Jerusalemer Tradition ein, dass zu Pfingsten, am jüdischen Wochenfest, kraft des Geistes die öffentliche Verkündigung der Urgemeinde begann (Apg 2,1–41). Paulus berichtet, dass ihm bei seiner Christuserscheinung vor Damaskus deutlich geworden sei, er solle den auferstandenen Gekreuzigten als Gottessohn den Völkern verkünden (Gal 1,15f.). Die Universalität der Mission ergibt sich daraus, dass der Erhöhte im vollen Umfang an der Macht des Vaters teilhat und deshalb kraft des Geis-

---

[35] Vgl. Thomas Söding, Der Tod ist tot, das Leben lebt. Ostern zwischen Skepsis und Hoffnung, Ostfildern 2008.

tes die universale Heilsbedeutung Jesu, die in seinem Tod kulminiert, geschichtlich zur Wirkung kommt.

Wie groß die Schwierigkeiten waren, in die Welt hinaus und hinein zu gehen, verschweigt vor allem Lukas in seiner Apostelgeschichte[36] nicht. Aber auch die Paulusbriefe legen ein beredtes Zeugnis davon ab. Ein wesentliches Problem war das der sachgerechten Übersetzung: Das Evangelium Jesu, dessen Muttersprache Aramäisch die Verwurzelung in der Bibel Israels und der Kultur des Judentums verrät, musste in das Griechische der Diasporajuden, der Gottesfürchtigen und der Heiden übertragen werden. Noch größer aber war die Schwierigkeit zu verstehen, dass die Öffnung für die Heiden keine Abwendung von Israel bedeutet, und zu würdigen, dass die Kirche je neu vor Ort entsteht. Die größten Verdienste hat sich Paulus erworben. Weil er im Glauben fest, im Verstand klar und im Worte mächtig war, hat er es verstanden, ohne Berührungsängste den Thessalonichern, Korinthern, Philippern, Galatern und Römern das Evangelium in ihrer ureigenen Sprache zu verkünden. Weil er auf die Kraft des Geistes vertrauen und seine Spuren lesen konnte, hat er auf die Charismen in den von ihm gegründeten Gemeinden gesetzt: auf ihre Vielfalt und ihre Kooperationsmöglichkeiten, und er hat auf das Amt gesetzt, eine besondere Gabe des Geistes, die befähigt, durch die rechte Verkündigung und Lehre, durch Wort und Zeichen die Gemeinden zu leiten und die Verbindungen innerhalb der einen Kirche aufrecht zu erhalten (1 Kor 12).

Gerade dies ist die wesentliche Voraussetzung, den Aufbau der Kirche nicht nur an allen Orten, sondern auch durch die Zeiten hindurch zu gewährleisten (1 Kor 3,10–17). Das paulinische Gemeindemodell muss transformiert werden, wenn der Apostel, der Gründer und Leiter, nicht mehr da ist. Die Übergänge von der österlichen zur nachösterlichen Zeit sind dem Neuen Testament zufolge auf verschiedene Weise gestaltet worden, je nach den kulturellen Vorgaben und örtlichen Gegebenheiten. Entscheidend ist die

---

[36] Als Kommentar vgl. Wilfried Eckey, Die Apostelgeschichte, 2 Bde., Neukirchen-Vluyn 2000.

Glaubensüberzeugung, dass es kraft des Geistes möglich ist, dass die Kirche Zukunft gewinnt und nicht nur überdauert, sondern wächst und bei allem zeitlichen Wandel doch beim Evangelium und bei Jesus zu bleiben vermag, der als Auferstandener dort, wo »zwei oder drei« in seinem »Namen versammelt sind, mitten unter ihnen« sein wird (Mt 18,20). Dies setzt aber voraus, dass in der Lehre, in der Liturgie und in der Diakonie die Kontinuität zur apostolischen Ursprungszeit gewahrt wird. Dies ist eine Verantwortung der ganzen Kirche, aber besonders des kirchlichen Amtes. Die soziologische Regel, dass keine Gemeinschaft auf Dauer ohne Sprecher und ohne Leitung auskommt, wird in der Urkirche zum Mittel, dass der Geist die Kirche leitet, indem er Christen zu Lehrern, Hirten, Verkündigern macht (Eph 4). Die Handauflegung, mit der nach den Pastoralbriefen (1/2 Tim; Tit) Bischöfe, Presbyter und Diakone eingesetzt werden, ist der aus jüdischer Tradition stammende Ritus, der gerade sichert, dass sie weder aus eigenem Anspruch noch aus den Bedürfnissen der Gemeinde heraus, sondern – viel mehr – durch den Geist selbst zum Dienst bestellt und befähigt werden. Dies ist für die Kirche konstitutiv – so wie umgekehrt das »Amt« nur in Gemeinschaft mit den Charismen, die nach Paulus allen Getauften zuteilwerden, wirken kann.

Die »Reform« des Auferstandenen ist eine permanente, weil die Auferweckung Erhöhung bedeutet und je neu die Geschichte Jesu in ihrer Heilsbedeutung vergegenwärtigt. Sie ist R*eform,* weil der Auferstandene, da er seine Jünger gesendet hat, nicht nur ihren je individuellen Lebensstil der Nachfolge anpasst, sondern auch ihrer Gemeinschaft die Form gibt, an der sie selbst und andere die Präsenz des Evangeliums in der Zeit erkennen können; sie ist R*eform,* weil sie darauf aus ist, dass der Ursprung der Kirche nicht in immer weitere Ferne rückt, sondern der jeweiligen Kirche der Gegenwart *seinen* Stempel aufprägt.

Die *essentials* des Kircheseins, die Jesus ihr mit auf den Weg gegeben hat, werden dadurch in keiner Weise außer Kraft gesetzt oder »wegreformiert«. Vielmehr werden sie neu mit dem Leben gefüllt, dass der Geist, die Gabe des Auferstandenen, schenkt.

Der Primat der Christologie wird durch die Präsenz des auferstandenen Gekreuzigten bei den Seinen nicht zuerst programmatisch, sondern soteriologisch wirksam: als Vergegenwärtigung seiner Gnade. Davon und daraufhin muss die Kirche leben, dass sie sich als das Haus des Glaubens einrichtet, in dem das Gedächtnis Jesu gewahrt und das Lob Gottes gesungen wird. Der Reformbedarf ist groß, damit die Konzentration aufs Wesentliche gefördert, das Profil geschärft und die Anziehungskraft der Kirche gestärkt wird.

Das Prinzip der Sendung vermittelt sich in die geschichtliche Zeit der Kirche und durch die Generationen hindurch. Es ist immer der Auferstandene, der sendet; er sendet durch Menschen, die er in den apostolischen Dienst genommen hat, die Kirche zu lehren und zu leiten. Der Reformbedarf ist ungemein, damit das Charisma des amtlichen Dienstes so deutlich wird wie die Partizipation aller Getauften am prophetischen, priesterlichen und königlichen Amt Jesu Christi.

Die missionarische Dynamik erweist sich im Auftrag und in der Vollmacht, allen Völkern das Evangelium zu bringen – und zwar nicht im Sinne einer gönnerhaften Anteilgabe am *status quo,* sondern im Sinne eines gemeinsamen Weges ins Reich Gottes. Der Reformbedarf ist groß, dass die Kirche unserer Breitengrade mit der Mission im eigenen Haus beginnt und aus nichts als Liebe im Gespräch mit Anderen zur Frohen Botschaft steht.

Die Verwurzelung in Israel wird zu einer bleibenden theologischen, pastoralen und diakonischen Aufgabe, da sich jüdisch-christliche Konflikte verschärfen und die Trennung der Wege nicht zur Feindschaft und nicht zur Vereinnahmung führen darf, sondern zur brüderlichen Freundschaft werden soll. Der Reformbedarf ist groß, dass die Kirche die Geschichte ihrer Judenfeindschaft aufarbeitet, um Vergebung bittet und sich neu auf ihr jüdisches Erbe besinnt, ohne es den Juden streitig zu machen und die Neuheit des Evangeliums zu leugnen.

Die Universalität des Heils erweist sich im Laufe der Geschichte nicht nur als eine der Räume, sondern auch als eine der Zeiten: als Gemeinschaft von Lebenden und Toten. Der Reformbedarf ist groß, den Blick über den Tellerrand zu weiten, so dass die Kirche wahrhaft katholisch wird: über den Tellerrand der Gemeinde zur Ortskirche des Bistums, über die Diözese hinaus zur einen Kirche, über die Gegenwart hinaus zur Vergangenheit und Zukunft, über die Erde hinaus in den Himmel.

Die Einheit der Gläubigen wird durch die Auferweckung noch deutlicher als Wurzel und Frucht der Vielfalt. Der Reformbedarf ist groß, die ökumenische Einheitsdiskussion nicht auf die Fixierung der Gegenwart zulaufen zu lassen, sondern auf die ursprüngliche Einheit der Kirche zurückzuführen, wie sie Paulus auf dem Apostelkonzil per Handschlag mit den Jerusalemern besiegelt hat (Gal 2,1–10).

Die Gemeinschaft der Vielen versteht sich nachösterlich als gemeinsame Teilhabe an der Proexistenz und Patrozentrik Jesu, des Gottessohnes (1 Kor 10,16f.). Der Reformbedarf ist groß, diesseits von Zentralismus und Regionalismus, von Klerikalismus und Laizismus die Communio-Ekklesiologie des Neuen Testaments unter den Bedingungen der Neuzeit wieder zu erreichen.

Die Heiligkeit der Kirche fordert inmitten des Pluralismus die Klarheit des Ethos Jesu ein, die von der Heiligung durch den Auferstandenen lebt. Der Reformbedarf ist groß, dass jeder Christenmensch bei sich selbst anfängt und die Kirche insgesamt vor dem persönlichen und politischen Zeugnis für die Wahrheit nicht zurückschreckt, aber durch ihr Votum die Attraktion der Liebe Gottes bezeugt.

Der Dienst an den Menschen ist heute mehr denn je im globalen Maßstab der Dienst an der Freiheit, dem Frieden und der Gerechtigkeit, aber zugleich der Dienst daran, den Hunger nach Spiritualität, nach Trost und Barmherzigkeit, nach unbedingter Bejahung und vollendeter Heilung zu stillen und zu wecken. Der Reformbedarf ist groß, dass sich die Kirche in einer so radikalen Weise als »Dienstleisterin« versteht, dass sie die Gefahren der Selbstausbeutung wie der reinen Bedürfnisbefriedigung besteht, aber das Wort Jesu im Abendmahlssaal beherzigt: »Ich bin in eurer Mitte als der Dienende.« (Lk 22,26)

2. Katholisch werden

Katholisch zu werden, ist die Bestimmung eines jeden Christenmenschen und die der Gemeinschaft aller Christenmenschen. Es heißt: aufs Ganze zu gehen. Im Glaubensbekenntnis ist von der »katholischen« Kirche die Rede, auch wenn man in einigen evangelischen Liturgien lieber von der »allgemeinen« Kirche spricht. Das Katholische gehört zum Wesen der Kirche, gleich welcher Konfession. Es ist nicht einfach das Globale und Universale, aber schon gar nicht das Regionale oder Nationale. Im griechischen Wort steckt das Ganze – und das, was dieser Ganzheit entspricht. Die katholische Kirche ist die *eine* Kirche, die über die ganze Welt verbreitet ist; sie hält zusammen; sie lässt sich nicht spalten; sie ist an vielen Orten präsent, und überall ist sie ganz Kirche; sie hat den einen Glauben und die vielen Charismen, die eine Taufe und die vielen Gebete, die eine Eucharistie und die vielen Formen der Frömmigkeit.

Henri de Lubac hat 20 Jahre nach dem Zweiten Vatikanischen Konzil den Katholizismus beschrieben, nicht als Konfessionsmerkmal, sondern als Wesensmerkmal der Kirche: Katholisch sei die Kirche insofern, als sie alle und alles versammeln wolle, um alle und alles zu heilen und zu heiligen.[37] Klarheit des Bekenntnisses und Offenheit für die Welt, sakramentale Wirksamkeit und pastorales Engagement, nachhaltige Diakonie und anspruchsvolle Lehre, starkes Weiheamt und starker Laienapostolat müssen dann zusammengehen. Die Kirche habe eine Botschaft für alle; sie brauche ein Herz für alle; sie bringe eine Hilfe für alle; deshalb müsse sie katholisch sein.

Das Buch des französischen Theologen war prophetisch. Denn das Reformkonzil hat zwar eine reale Internationalisierung der römisch-katholischen Kirche eingeleitet und zu einer Blüte in Afrika, Asien und Ozeanien geführt. Aber in Europa ist die Glaubenskrise

---

[37] Catholicisme. Aspects sociaux du dogme, Paris 1983. Reflektiert und aktualisiert im Themenheft von Communio 41 (Juli–August 2012): Katholizität.

groß; die Volkskirche scheint weithin am Ende. Was katholisch ist, muss neu entdeckt werden. Mit der Ideologie einer kleinen Herde ist es so wenig zu vereinbaren wie mit einem Kulturkatholizismus, der allen wohl und niemandem wehe will.

Aber wie katholisch ist die römische, wie römisch die katholische Kirche? Im Prinzip mag alles klar sein; aber in der Realität entstehen die Probleme, die gelöst werden müssen.

a) Ursprünglichkeit

Für die Alte Kirche gibt es ein neutestamentliches Symbol, in dem sie ihre Katholizität gespiegelt sieht: den Leibrock Christi. Nach dem Johannesevangelium war er »im Ganzen nahtlos von oben gewebt« (Joh 19,23). Davor hatte selbst die römische Soldateska Respekt: »Lasst ihn uns nicht zerteilen!« (Joh 19,24) So wird er verlost und bleibt ganz. Im griechischen Urtext steckt nicht nur das Wort für »katholisch«, das Ganze, sondern auch das Gegenteil: das Schisma, die Zerteilung. So ist die allegorische Deutung entstanden. Den Rock, aus einem Stück gewebt, hat Jesus am Leib getragen. Deshalb konnte er zum Zeichen dessen werden, was niemand zerstören konnte: sein Herz, das für Gott und die Menschen schlägt, und seinen Leib, den er hingibt. Christus und die Kirche gehören zusammen. Das Symbol des Leibrocks eignet sich aber nicht für einen kirchlichen Triumphalismus. Denn Johannes erzählt ja, dass Jesus seiner Kleider beraubt worden ist. Die Szene spielt auf Golgotha. Sie erinnert an die Klage eines leidenden Gerechten: »Sie haben meine Kleider unter sich geteilt und über mein Gewand das Los geworfen.« (Ps 22,19) Der Leibrock gerät in die Hände von Sündern, die sich auf Kosten Jesu bereichern. Er passt aber nur den Menschen, die ihr Leben von Jesus prägen lassen. Die katholische Kirche steht im Zeichen des Kreuzes.

»Katholisch« ist im Neuen Testament noch kein *terminus technicus*, der das Wesen der Kirche bezeichnet. Aber die Sache ist klar: »Euer Glaube wird auf der ganzen Welt verkündet«, schreibt Paulus den Römern (Röm 1,8), und ordnet sich selbst in diesen katholischen Orbit ein: »Unter allen Völkern zum Gehorsam des Glaubens zu führen«, ist seine apostolische Sendung (Röm 1,5). »Griechen und Barbaren, Weisen und Ungebildeten bin ich Schuldner« (Röm 1,14), gesteht er, »so bin ich, was mich betrifft, bereit, auch euch in Rom das Evangelium zu verkünden.« (Röm 1,15)

Der Heidenapostel ist kein Einzelfall. Die Kirche hat zwar klein angefangen, ist aber groß herausgekommen. Das hatte Gründe. Sie wurde zwar als »Sekte« gesehen (Apg 24,14; 28,22), hatte aber nichts Sektiererisches – jedenfalls wenn man sie so sieht, wie Paulus und Petrus sie gesehen haben, Jakobus und Johannes, Maria und Maria von Magdala, Phöbe und Lydia, Timotheus und Titus, Priska und Aquila. Es gibt nur ein Evangelium, das auf der ganzen Welt verbreitet werden soll, weil es nur einen Gott gibt und keine Menschen zweiter Klasse. Aber es gibt viele Sprachen, in denen es verkündet wird, weil der Geist eine Verständigung zwischen verschiedenen Nationen und Kulturen schafft. Pfingsten ist der Geburtstag der katholischen Kirche.

Im Neuen Testament ist die katholische Vielfalt und Einheit der Kirche angelegt. Sie ist von Anfang an nicht ideal verwirklicht worden. Aber es hat den Aufbruch ins Weite gegeben. Die Kirche ist katholisch geworden. In der exegetischen Forschung des 20. Jahrhunderts ist das allerdings oft anders gesehen worden. Es gibt zwei gegensätzliche Urteile. Das eine Urteil passt zur Chanson der Hildegard Knef: »Von nun an ging's bergab«, das andere zum Sprichwort: »Gut Ding will Weile haben«. Das eine Urteil lautet, die große Freiheit habe es nur ganz am Anfang, bei Paulus, gegeben, während nach ihm Schritt für Schritt Gesetzlichkeit, Ritualismus und Priestertum das Feld beherrscht hätten, sei es unter jüdischem, sei es unter römischem Einfluss; das Stichwort heißt »Frühkatholizismus« und ist nicht positiv gemeint.[38] Das andere Urteil lautet, die neutestamentlichen Gemeinden hätten sich noch in einem embryonalen Zustand befunden und erst später das Laufen gelernt: als das Bischofsamt ausgeprägt, der Kanon abgeschlos-

---

[38] Vgl. Ernst Käsemann (Hg.), Das Neue Testament als Kanon, Göttingen 1970.

sen und Rom als Zentrum anerkannt war.[39] Beide Urteile erkennen, dass es dramatische Entwicklungen schon ganz früh gegeben hat, aber beide sind auf das Institutionelle fixiert. Deshalb greifen beide zu kurz.

b) Offenheit

Wenn die Kirche katholisch ist, dann weil Jesus katholisch war. Er war es nicht im Sinne der Konfessionszugehörigkeit, die auf dem Taufschein steht. Aber er war es als Prophet der Gottesherrschaft, die er in Israel der ganzen Welt nahebringt (Mk 1,15). Jesus hat der Kirche die Weite und den Ernst, die Energie und die Dynamik, die Wirksamkeit und die Demut mit auf den Weg gegeben, die sie katholisch macht.[40] Jesus findet seinen Ort mitten in Israel, im Volk Gottes. Dort sucht er »nach den verlorenen Schafen« (Mt 15,24; vgl. 10,6). Er sammelt, die verstreut waren (Lk 13,24f. par. Mt 23,27ff.). Er sucht die Verlorenen, um sie zu retten (Lk 15; 19,1–10; Mt 18,12ff.). Er holt die Kranken und Unreinen, die Besessenen und die Sünder wieder in die Gemeinschaft des Gottesvolkes zurück (Mk 1,21–3,6): durch Heilung und Reinigung, Befreiung und Vergebung. Wenn man will, kann man dies den katholischen Ansatz Jesu nennen: Er schreibt niemanden ab; er will alle neu mit Gott verbinden; er will ganz Israel retten. Er hat die Macht und Freiheit, dies zu tun. Er redet »offen heraus«, in vollem Freimut (Mk 8,32; Joh 18,20). Er verschafft dem Glauben Raum: in der Enge des Herzens, in der Weite des Geistes.

Jesus beginnt in Israel; aber er geht weiter. Er hat keine Berührungsängste vor Heiden. Er treibt zwar keine systematische Völkermission, bleibt aber auf seinen Missionswanderungen nicht in

---

[39] Vgl. Heinz Schürmann, Auf der Suche nach dem »Evangelisch-Katholischen« – Zum Thema »Frühkatholizismus«, in: Paul-Gerhard Müller – Werner Stenger (Hg.), Kontinuität und Einheit. FS Franz Mussner, Freiburg – Basel – Wien 1981, 340–375.
[40] Vgl. Thomas Söding, Jesus und die Kirche. Was sagt das Neue Testament?, Freiburg – Basel – Wien 2007.

Galiläa und Judäa, sondern überschreitet die Grenzen zu den Samaritern (Lk 9,51–56; Joh 4,1–42), zu den Phöniziern (Mk 7,24–30), zu den Nabatäern (Mk 5,1–20), zu den Griechen (Mk 7,31). Er kennt die Verheißungen, die Israel gegeben sind: Segen für die Völker zu sein (Gen 12,3). Er verwirklicht diese Verheißungen, indem er seinen Weg zu den Armen und Ausgestoßenen geht, um die Mühseligen und Beladenen in seine Gemeinschaft zu holen, die sie zu erquicken vermag, weil sie Gemeinschaft mit Gott ist (Mt 11,28ff.). Jesus selbst hat auf diesem Weg lernen müssen, katholisch zu werden: von der Mutter einer kranken Tochter, die er zurückweist, weil sie eine Heidin ist, die ihn aber mit dem Bild der Hunde, die unter dem Tisch die Brocken vom Kindertisch aufschnappen, lehrt, dass auch bei der Verkündigung des Evangeliums geteiltes Leid halbes Leid und geteilte Freude doppelte Freude ist (Mk 7,24–30).

Jesus geht diesen Weg nicht allein. Er hat von Anfang an Menschen in seine Nachfolge berufen (Mk 1,16–20 par.; Lk 5,1–11; Joh 1,35–51), damit sie wie er das Evangelium verkünden: in seinem Sinn, in seiner Vollmacht, in seiner Haltung (Mk 6,6b–13 parr.). Er hat aus dem Kreis seiner Jünger Zwölf erwählt, die für seine Sendung einstehen sollen (Mk 3,13–19 parr.), das ganze Gottesvolk ins Zeichen der Gottesherrschaft zu stellen und so von Grund auf zu erneuern, aber auch für die ganze Welt so attraktiv zu machen, dass die Völker ihrerseits zum Gottesvolk gehören wollen.

Jesus selbst hat ganz klein angefangen – und er ist einsam gestorben. Ist deshalb sein Traum ausgeträumt? Nicht, wenn man seinen Gleichnissen traut: vom kleinen Senfkorn (Mk 4,30ff.), vom Sauerteig (Mt 13,33; Lk 13,20f.), vom Salz der Erde und vom Licht der Welt (Mt 5,13–16). Dann gibt es nichts Großes, das nicht klein anfängt und immer wieder klein wird – so wie Jesus seine Jünger ermahnt: »Wer bei euch groß sein will, soll allen dienen« (Mk 10,43) – das ist das jesuanische Prinzip des Katholischen. Die Gleichnisse lassen eine Dialektik von Klein und Groß, Oben und Unten, Kontingenz und Transzendenz erkennen, ohne die weder die Sendung Jesu noch die der Kirche verstanden werden kann.

Der Aufbruch Jesu ist auf dem Kreuzweg nicht zu Ende. Er beginnt mit der Auferstehung neu. Erst jetzt gewinnt er programmatisch weltweite Dimensionen (Mt 28,16–20; Apg 1,8; Gal 1,13f.): erst jetzt, weil Jesus nur als der Auferstandene den Jüngern sagen kann. »Ich bin bei euch alle Tage bis ans Ende der Welt« (Mt 28,20); programmatisch, weil die Sendung Jesu durch seinen Tod und seine Auferstehung definitiv wird, so dass nun die Frage unabweisbar wird, wie das Evangelium, das alle Welt angeht, alle Welt erreichen kann.

Aber es werden im Neuen Testament auch die Probleme deutlich, den Weg ins Offene zu suchen. Sie liegen oft im Widerstand von außen, in Verachtung, Verleumdung und Verfolgung, die schon in den Evangelien vielfach angesprochen sind (vgl. Mt 5,12f. par. Lk 6,22f.), aber auch in der Apostelgeschichte und den Apostelbriefen plastisch beschrieben werden: Skeptische Zeitgenossen (Apg 17,32), unaufgeklärte Priester (Apg 14,11ff.), korrupte Richter und Beamte (Apg 16,16–40; 24,1–27), machtgeile Könige (Apg 12,1–5.19b–23), gierige Geschäftsleute und aufgeputschte Massen (Apg 19,21–40), aber auch aggressive Mitglieder des Hohen Rates (Apg 4,1–21; 5,21–42; 22,30–23,11) und örtlicher Synagogenvorstände (Apg 14,2; 17,1–15; 19,9) sowie jüdische Eiferer (Apg 13,45.50; 23,12–22) – keiner so brutal wie Saulus – legen den Christen immer wieder Steine in den Weg, allerdings letztlich erfolglos.

Die Probleme liegen aber, mit neutestamentlichen Augen betrachtet, mehr noch im Widerstand von innen: in Ängstlichkeit und Glaubensenge, Zwiespalt und Heuchelei. Die Apostel selbst stehen dem Evangelium am meisten im Wege. Die Apostelgeschichte lässt immer wieder erkennen, dass der Heilige Geist den Menschen, die das Evangelium verkünden oder behindern, weit voraus ist und Gott immer schon dort sein Volk erwählt hat, wo das Evangelium erst langsam hinkommt. Der Heilige Geist überwindet die Sprachlosigkeit der Urgemeinde und lässt sie in der Muttersprache von Juden aus aller Herren Länder die großen Taten Gottes verkünden, mit Petrus als erstem Sprecher (Apg 2,1–47). Der Heilige Geist verleiht Petrus den Mut, das Wort Gottes auch in kritischer Lage freimütig zu verkünden (Apg 3f.), und hilft ihm, seine Angst vor der Kontamination mit Heidnischem zu überwinden, um ihm den Sinn fürs Menschliche zu schärfen (Apg 10f.; 15,7–11). Jesus Christus selbst bringt Saulus von der Verfolgung der Kirche ab (Apg 9,1–22; 22,1–21; 26,1–23) und motiviert ihn, öffentlich das Evangelium zu verkünden (Apg 18,9f.). Die menschlichen Widerstände der Boten gegen die Botschaft können ihrerseits die Verbreitung des Evangeliums nicht behindern, weil größere Kräfte am Werk sind: die Kräfte Gottes selbst. Aber das Neue Testament erweckt nicht den Eindruck, dass alle Probleme sich lösen ließen: Der Dissens mit der großen Mehrheit der Juden wächst; die politische Lage bleibt prekär. Der Schluss der Apostelgeschichte ist programmatisch, gerade weil er nicht glatt ist: Paulus ist ein – zu Unrecht – Gefangener; und er bleibt für die Mehrheit der Juden Roms ein Apostat (Apg 28,16–31).

Die Offenheit, die von Anfang an zum Wesen der katholischen Kirche gehört, ist nicht Beliebigkeit, sondern Aufmerksamkeit für andere und Zuwendung zu ihnen, Bereitschaft und Fähigkeit, ihr Leben zu teilen. Dafür gibt es ein theologisches Leitwort: Ökumene. Paulus bringt es auf den Punkt: »Lasst uns allen Gutes tun, besonders aber den Hausgenossen des Glaubens.« (Gal 6,10) Im Haus der Welt gibt es das Haus Gottes, die Kirche. Wer sich auf die Straße wagt, muss im eigenen Haus Frieden halten; wenn er herrscht, kann es losgehen.

c) Wirksamkeit

Jesus hat die Vollmacht, die Armen selig zu preisen (Mt 5,3–10 par. Lk 6,20f.), die Kranken zu heilen (Mt 11,2–6 par. Lk 7,18–23), die Sünden zu vergeben (Mk 2,1–12 parr.). Es ist die Vollmacht Gottes selbst, sonst bliebe den Menschen etwas vorenthalten.

An dieser Vollmacht hat Jesus seine Jünger teilhaben lassen. Auch sie können das Evangelium verkünden, Kranke heilen, Dämonen austreiben, Frieden schaffen, Segen spenden (Mk 6,6b–13 parr.;

Lk 10,1–16). Auch die österliche Sendung erfolgt nach demselben Prinzip: In der Kraft des Heiligen Geistes wirken die Apostel und alle Zeugen so, wie Jesus sie wirken lässt (Mt 28,16–20; Lk 24,48f.; Joh 20,19–23; 1 Kor 15,1–11; Gal 1,13f.).

Diese Vollmachtsübertragung hat zwei Aspekte. Auf der einen Seite steht, dass die Jünger mit einer Fähigkeit ausgestattet sind, die sie von sich aus nie haben können, die sie aber zu effektiven Mittlern göttlichen Heils macht; das hat die katholische Ekklesiologie immer stark betont, insbesondere wenn sie die Bischöfe als Nachfolger der Apostel im Auge hat. Auf der anderen Seite aber steht, dass diese Übertragung nicht um der Erhöhung der Jünger willen geschieht, sondern um der Menschen in Israel (und darüber hinaus) willen, die auch dann, wenn sie nicht Jesus persönlich, sondern nur seine Nachfolger treffen, nicht mit weniger Zuwendung, weniger Gnade, weniger Segen abgespeist werden, sondern die ganze Liebe Gottes erfahren sollen; das ist der entscheidende Zug, der dem kirchlichen »Amt« seinen neutestamentlichen Namen gegeben hat: Dienst.

Katholisch ist an dieser Struktur zweierlei: die Effektivität und die Personalität. Zum einen: Das Evangelium ist nicht eine Ideologie, sondern, wie Paulus schreibt, eine »Kraft Gottes zur Rettung« (Röm 1,16f.). Wer glaubt, erfährt sie schon am eigenen Leib; wer nicht glaubt, muss auf bessere Zeiten hoffen. Diese Heilswirksamkeit ist der Kirche in die Wiege gelegt; gäbe es sie nicht, hätte die Kirche keine Existenzberechtigung. Ihre Bedeutung besteht nicht nur darin, das kollektive Gedächtnis des Glaubens zu bilden, sondern darin, in Worten und Taten, in Zeichen und Gesten, in Riten und Projekten genau jene Heilszusage zu realisieren, die Jesus macht: hier und jetzt, heute, morgen, allezeit. Taufe und Eucharistie bilden von Anfang an die Brennpunkte ihres sakramentalen Wirkens, das sich in ihnen nicht erschöpft, aber von ihnen her nährt.

Zum anderen: Das Zeugnis bedarf immer der Zeugen, der Glaube immer der Bekenner, der Segen immer der Menschen, die ihn spenden und empfangen. Jesus hat dem Evangelium nicht nur eine Stimme, sondern ein Gesicht gegeben. Die Jünger sollen mit ihrem ganzen Leben für das Evangelium eintreten, weil es das ganze Leben erneuert und nur durch glaubwürdige Zeugen verbreitet werden kann. Die Personalität steht nicht im Widerspruch zur Programmatik; sie ist Programm. Kein Text, kein Kanon, kein Dogma kann das Zeugnis lebendiger Menschen ersetzen. Jesus selbst bindet seine eigene Wirksamkeit, seine Autorität und Reputation an seine Jünger: »Wer euch aufnimmt, nimmt mich auf; und wer mich aufnimmt, nimmt den auf, der mich gesandt hat.« (Mk 10,40; vgl. Lk 9,48; 10,16; Joh 13,20) Umso schlimmer, wenn sie versagen – schlimm für sie, schlimm aber vor allem für diejenigen, die auf ihren Dienst angewiesen sind. Positiv: Zum katholischen Prinzip, wenn es neutestamentlich entwickelt und nicht konfessionell enggeführt wird, gehört das Prinzip der Sendung. Dieses Prinzip allein kann Universalität und Personalität, Präsenz und Transzendenz, Solidarität und Subsidiarität der katholischen Kirche verwirklichen. Das ist eine Herausforderung, die zu bestehen im Wesentlichen immer noch aussteht.

Und das Römische?

Im Neuen Testament führen alle Wege nach Rom, aber auch über Rom hinaus. Der Weg des Paulus, den Lukas in der Apostelgeschichte beschreibt, endet in Rom, aber Paulus gelangt in der Ewigen Stadt nicht ans Ziel, wiewohl er in Rom, was die Apostelgeschichte nicht mehr erzählt, das Martyrium erleiden wird. Paulus schreibt im Römerbrief, welche strategische Schlüsselbedeutung die Kapitale in seinem »katholischen« Missionsprojekt hat. Der erste Paulusbrief in der Ordnung des Kanons ist nach Rom gerichtet. Der Erste Petrusbrief ist aus Rom – Deckname Babylon – geschrieben und spannt den Bogen bis nach Kleinasien (1 Petr 1,1; 5,13). Zwar ist die Welt des frühen Christentums von Anfang an weiter als die neutestamentliche Landkarte; was sich missionarisch in Arabien, Persien, Afrika getan hat, lässt sich allenfalls erahnen. Aber die römische Perspektive des Neuen Testaments ist nicht zu übersehen. Sie erklärt sich aus der überragenden Bedeutung von Petrus und Paulus, deren beider Biographien zuerst in Jerusalem, dann in Antiochien, zuletzt aber in Rom miteinander verbunden sind.

Ekklesiologisch betrachtet, ist es nicht die politische Stellung der römischen Hauptstadt, sondern die kirchengeschichtliche Bedeutung des Ortes, die Roms Rang begründet. Letztlich erklärt er sich theologisch: aus der Apostolizität der Kirche, die ihrerseits nicht ideologisch, sondern humanistisch begründet ist, nämlich durch die Biographien von Menschen, die ihre Berufung nach Rom geführt hat und die dort ihr Leben wie ihr Sterben zum Zeugnis für das Evangelium haben werden lassen.

Nach der Zerstörung Jerusalems ist die ekklesiale Bedeutung Roms erheblich gestiegen, aber auch die theologische Verantwortung. Keine andere Kirche kennt die Versuchung der Macht und Heuchelei so wie die römische; keine andere muss sich dem katholischen Prinzip so verpflichtet wissen wie sie.

Von einem römischen Zentralismus, einen Jurisdiktionsprimat, einer päpstlichen Suprematie ist im Neuen Testament nichts zu erkennen. Wenn sie sich später entwickelt haben, dann aus historischen und theologischen Gründen, die sich am neutestamentlichen Zeugnis und an den faktischen Wirkungen der Sammlung und Heiligung, die sie erzielen, messen lassen müssen.

Paulus selbst will nicht nur unbedingt persönlich nach Rom kommen, um dort ein Glaubensgespräch zu beginnen (Röm 1,11f.); er will auch den Römern die Augen, Ohren und Herzen dafür öffnen, wo überall sonst der Glaube gelebt wird, und ihnen zeigen, dass nicht sie die Wurzel sind, sondern dass sie ihrerseits auf eine Wurzel gepfropft sind, von der sie leben (Röm 11,18). Petrus – so wie ihn der Erste Petrusbrief schreiben lässt – will von Rom aus den Glaubensgeschwistern in Kleinasien bezeugen, »dass dies die wahre Gnade Gottes ist, in der ihr stehen könnt« (1 Petr 5,12), so wie er selbst und alle römischen Christen auch. Beide neutestamentlichen Notizen zeigen einen Weg, wie das Römische und das Katholische nicht als Gegensatz, sondern als wechselseitige Bestärkung erscheinen können. Dieser Weg wird kein leichter sein. Aber es gibt ihn.

3. In der Welt, nicht von der Welt

Benedikt XVI. hat in seiner Freiburger Rede während seines Deutschlandbesuches 2011 von »Entweltlichung« in gezielter Akzentuierung des Johannesevangeliums gesprochen; er muss sich deshalb an der johanneischen Dialektik des Welt- und Kirchenbildes messen lassen.[41]

a) Die theologische Perspektive

Der zentrale Begriff der Entweltlichung stammt aus dem Johanneskommentar von Rudolf Bultmann. Nach Joh 17,16 hat Jesus im hohepriesterlichen Gebet zu Gott, seinem Vater, über seine Jünger gesagt: »Sie sind nicht von der Welt, wie auch ich nicht von der Welt bin.« (Joh 17,16) Bultmann legt den Vers so aus:

»Zum Wesen der Kirche gehört eben dieses: innerhalb der Welt eschatologische, entweltlichte Gemeinde zu sein ... Sie darf sich durch den Haß der Welt nicht verführen lassen, ihrem Wesen untreu zu werden; sie darf sich nicht für die Weltgeschichte mit Beschlag belegen lassen, sich als Kulturfaktor verstehen, sich in einer ›Synthese‹ mit der Welt zusammenfinden und Frieden mit der Welt machen.«[42]

Bei Bultmann ist diese Deutung Ausdruck eines typisch modernen Menschen- und charakteristisch protestantischen Kirchenbildes: Entscheidend sei die Unmittelbarkeit der Gotteserfahrung Einzelner; die Kirche bilde sich als freie Verbindung freier Individuen, die ihren Glauben teilen, weil sie wissen, dass sie ihn nicht der Welt, sondern dem Evangelium verdanken.

Ratzinger hingegen hat den Begriff der Entweltlichung in seinen früheren Arbeiten zur Ekklesiologie[43] so geprägt, wie er ihn auch in

---

[41] Zur Diskussion vgl. Jürgen Erbacher (Hg.), Entweltlichung der Kirche? Die Freiburger Rede des Papstes (Theologie kontrovers), Freiburg – Basel – Wien 2012.
[42] Das Evangelium des Johannes (KEK II), Tübingen ²¹1986 (1941), 389.
[43] Joseph Ratzinger, Kirche – Zeichen unter den Völkern. Studien zur Ekklesiologie

Freiburg gebraucht hat: Die Kirche ist Kirche von oben; sie ist »Zeichen und Werkzeug« der Einigung zwischen Gott und den Menschen, wie das Zweite Vatikanische Konzil in *Lumen gentium* ausgeführt hat; sie hat eine göttliche Sendung, hütet eine übernatürliche Wahrheit, wahrt ein spirituelles Geheimnis. In den Freiburger Worten: Die Kirche müsse sich von der »Verweltlichung lösen und wieder offener auf Gott hin« werden. Das sei der Auftrag Jesu: Als Beter »gibt er sich der Welt«; nur weil er in Gott verwurzelt gewesen sei, habe er der Welt das ewige Leben bringen können. Wie er müsse auch die Kirche sein: »zur Welt geöffnet«, aber gelöst »von ihren materiellen Bindungen«. Nichts sei besser für die Welt als dieser Jesus und diese Kirche, die nicht von dieser Welt sind; nichts sei besser für die Kirche als dieser Weg der Konzentration auf Gott, von dem alles komme, was sie der Welt geben könne.

Der johanneische Ansatz kommt bei Benedikt nicht überraschend. Er steht für den Geist der Kirche und die Kirche des Geistes. Allerdings sagt Jesus nach Joh 17 nicht nur, dass die Jünger »nicht von der Welt«, sondern auch, dass sie »in der Welt« sind (Joh 17,11; vgl. 13,1; 16,33), so wie Jesus selbst »in der Welt« ist (Joh 17,13; vgl. 9,5). Das ist ebenso wesentlich. Denn: »So sehr hat Gott die Welt geliebt, dass er seinen eingeborenen Sohn gegeben hat, damit alle, die an ihn glauben, nicht verloren gehen, sondern das ewige Leben haben.« (Joh 3,16) Die »Welt«, »in« der die Jünger sind, ist bei Johannes eine Welt der Gottesfinsternis und Gottesfeindschaft, die sich in Unmenschlichkeit austobt – ohne dass sie von Gott vergessen und verachtet würde; sie ist bei Johannes aber auch eine Welt mit einem Tempel und einem Jakobsbrunnen, mit einem Gelähmten, der nicht mehr um Hilfe zu bitten wagt (Joh 5), und mit Griechen, die ganz schnell zu Jesus kommen wollen, aber dann doch bereit sind zu warten, bis das Weizenkorn Frucht bringt, wenn und weil es gestorben ist (Joh 12,20–24). Die Jüngerschaft

---

und Ökumene I-II (Gesammelte Schriften 8), Freiburg – Basel – Wien 2010; dazu: Christian Schaller (Hg.), Kirche – Sakrament und Gemeinschaft. Zur Ekklesiologie und Ökumene bei Joseph Ratzinger (Ratzinger-Studien 4), Regensburg 2011.

muss »nicht von der Welt« sein, weil sie sonst nur deren Ambivalenz widerspiegeln würde; sie *muss* »in der Welt« sein, weil sie nur so das Wort Gottes den Menschen nahebringen kann und weil sie ihrerseits aus Menschen dieser Welt besteht; sie *kann* »in der Welt« sein, weil die Welt Schöpfung ist und in der Welt Menschen leben, denen Gott das irdische Leben geschenkt hat, damit sie das ewige Leben erlangen.

Was es heißt, Kirche »in der Welt« zu sein, hat der Papst vor dem Deutschen Bundestag thematisiert.[44] Was es heißt, Kirche »nicht von der Welt« zu sein, hat er gegenüber engagierten Katholikinnen und Katholiken deutlich gemacht. Diese Adresse ist entscheidend. Die Freiburger Rede ist weder eine Regierungserklärung des Papstes noch eine Enzyklopädie der Theologie Ratzingers, sondern eine Predigt, die engagierte Laien und Priester aufrütteln soll, um Mut zu machen, und die kritische Fragen stellt, die eine differenzierte Antwort brauchen. Sie fordert heraus: Welche Botschaft zu hören, ist für die Kirche in Deutschland heute wichtiger: dass sie »in der Welt« ist oder dass sie »nicht von der Welt« ist?

b) Die theologische Ortsangabe

Dass die Kirche »in der Welt« ist, markiert nicht nur den Ort, an dem sie das Evangelium verkündet, also Aufmerksamkeit für Gott heischt, sondern auch den Ort, an dem sie das Evangelium hört und durch den Kontakt mit anderen besser verstehen kann.

»In der Welt« zu sein, ist im hohepriesterlichen Gebet Jesu eine Realität und eine Berufung, eine Aufgabe und eine Last, eine Versuchung und eine Inspiration der Jünger. Jesus geht seinen Weg aus dieser Welt zum Vater; die Jünger bleiben zurück. Das galt nicht nur für die Stunde der Passion (Joh 13,1), sondern es gilt für alle Zeit. »In der Welt« muss das Evangelium bezeugt werden, »in der Welt« werden die Jünger, wie Johannes sie zeichnet, aber

---

[44] Zur Debatte vgl. Georg Essen (Hg.), Verfassung ohne Grund? Die Rede des Papstes im Bundestag (Theologie kontrovers), Freiburg – Basel – Wien 2012.

nicht nur von anderen mit »Hass« verfolgt, sondern auch von ihrer eigenen Angst; nach dem Johannesevangelium ist es die Angst vor dem Tod, dem Tod Jesu und ihrem eigenen Tod, aber ebenso die Angst, von Jesus, der sie jetzt verlassen muss, verlassen zu werden und damit von Gott selbst, der ihn zu sich erhöht. Auf diese namenlose Angst kann nur das unbedingte Ja Jesu antworten, der »Weg« ist, »Wahrheit« und »Leben« (Joh 14,6) und der deshalb allen Menschen, die Gott liebt, den Weg zu ewigen Leben bahnt – weshalb es, um Joseph Ratzinger mit einem berühmten Interviewsatz zu zitieren, auf diesem einen Weg so viele Wege zu Gott gibt, wie Menschen leben.[45] Dieses Zeugnis sollen die Jünger Jesu in der Welt ablegen; die Wahrheit dieses Zeugnisses kann ihnen aufgehen, wenn sie in ihrer Heidenangst erkennen, weshalb und wie Jesus für sie betet.

Jesus selbst ist nach Joh 17,13 »in der Welt«, weil er nur dort das Wort Gottes in letzter Eindeutigkeit bezeugen kann. Letzte Eindeutigkeit gewinnt es dadurch, dass es »Fleisch wird« (Joh 1,14), also in diese Welt eingeht. Wäre Jesus nicht ganz Mensch und damit Teil dieser Welt geworden, hätte er auch nicht Gott den Menschen und der Welt so unendlich nahe bringen können, wie Benedikt XVI. es im ersten Band seines Jesusbuches ausdrückt: »Dies ist das eigentlich Erlösende: die Überschreitung der Schranken des Menschseins, die durch die Gottebenbildlichkeit als Erwartung und Möglichkeit im Menschen schon von der Schöpfung her angelegt ist.«[46]

Die Größe der Verheißung hängt also nicht nur an der Göttlichkeit Gottes, sondern auch an der Menschlichkeit der Menschen und der Weltlichkeit der Welt. Die Kirche kann nicht so von Gott sprechen, wie es ihre Berufung ist, wenn sie nicht »in der Welt« ist und sich nicht so sehr auf sie einlässt, dass sie Teil dieser Welt ist, weil ihr die Menschen in ihrer Not und Schuld nahegehen und weil sie,

---

[45] Salz der Erde. Christentum und katholische Kirche an der Jahrtausendwende. Ein Gespräch mit Peter Seewald, Stuttgart 1996, 35.
[46] Jesus von Nazareth. Erster Teil: Von der Taufe im Jordan bis zur Verklärung, Freiburg – Basel – Wien 2007, 33.

um mit Paulus zu reden, den Schrei der gequälten Kreatur hört und zu ihrem eigenen Anliegen macht, ja weil dieser Schrei der Schrei der Kirche selbst ist, die Not leidet und Schuld auf sich lädt und nur dann Sünden vergeben kann, wenn sie für ihre eigenen um Vergebung gebeten hat. Die katholische Ekklesiologie hat diesen Aspekt, der Jesu Diakonie entspricht, notorisch unterbelichtet. In Freiburg kam er zum Tragen, weil der Papst das alte Motiv des *sacrum commercium* (»Heiliger Tausch«) aufgreift: dass die Kirche nichts aus sich selbst und alles nur durch Christus ist – ein starkes ökumenisches Signal nach Ost und West.

Allerdings hat sich der Papst gerade deshalb darauf konzentriert, dass die Kirche »nicht von der Welt« ist. Sie ist aber aus demselben Grund auch »in der Welt« und empfängt nicht nur unmittelbar von Gott, sondern auch von denen, die ihrerseits Gottes Geschöpfe sind. Der Bibel ist die Fremdprophetie bekannt. In seiner Regensburger Rede von 2005[47] hat der Papst – ohne es so beim Namen zu nennen – an einem wichtigen Punkt ausgeführt, was die Kirche gerade dadurch gewonnen hat, dass sie »in der Welt« ist: Sie ist dahin gekommen, einen Dialog mit der Philosophie zu führen, die ihr überhaupt erst die Möglichkeit verschafft, Religion nicht nur als Tradition zu sehen, sondern als Wahrheit und damit den Glauben in ein dialektisches Verhältnis zur Vernunft zu setzen, was Joseph Ratzinger in der Katholischen Akademie Bayern mit Jürgen Habermas diskutiert hat[48], so dass die unheilige Allianz von Gott und Gewalt aufgelöst wird.

---

[47] Benedikt XVI., Glaube, Vernunft und Universität. Die Regensburger Vorlesung. Vollständige Ausgabe. Kommentiert von Gesine Schwan, Adel-Theodor Khoury, Karl Kardinal Lehmann, Freiburg – Basel – Wien 2006. Vgl. Christoph Dohmen (Hg.), Die »Regensburger Vorlesung« Papst Benedikts XVI. im Dialog der Wissenschaften, Regensburg 2007; Knut Wenzel (Hg.), Die Religionen und die Vernunft. Die Debatte um die Regensburger Vorlesung des Papstes, Freiburg – Basel – Wien 2007; Heinz Otto Luthe – Carsten-Michael Walbiner (Hg.), Anstoß und Aufbruch. Zur Rezeption der Regensburger Rede Papst Benedikt XVI. bei Juden und Muslimen (Aufbrüche I), Bochum 2008.
[48] Jürgen Habermas – Joseph Ratzinger, Dialektik der Säkularisierung. Über Vernunft und Religion, hg. v. Florian Schuller, Freiburg – Basel – Wien ^{6}2006 (^{1}2004).

In Freiburg hat der Papst weder eine weltfremde Kirche gefordert noch eine weltvergessene. Er hat vielmehr die Fähigkeit, sich zu distanzieren, als Voraussetzung der Fähigkeit, sich zu engagieren, benannt. Das ist – offenbar bewusst – einseitig, weil auch die Fähigkeit, sich einzulassen, eine Voraussetzung dafür ist, das Eigene zu erkennen und für andere wirksam werden zu lassen.

An dieser Stelle kann die erste Frage weitergeführt werden: Der Gegenbegriff zu *Ent*weltlichung ist *Ver*weltlichung. Eine verweltliche Kirche ist überflüssig, selbstverständlich. Die Verweltlichung steht im Rückblick auf die Geschichte der Kirche meist recht plastisch vor Augen. Schwieriger ist die Konkretion in der Gegenwart: Wo ist die deutsche Kirche »verweltlicht«? Wo hat sie durch den Dialog mit der Welt an Substanz gewonnen? Wo stehen Lektionen noch aus?

c) Der theologische Auftrag

Dass die Kirche »nicht von der Welt« ist, markiert nicht nur den Ort ihrer Herkunft im Heilswillen Gottes selbst, sondern auch ihren genuinen Auftrag: für die Heiligkeit Gottes und die Heiligkeit des Lebens einzutreten.

Das theologische Bild des heiligen Tausches zwischen Jesus Christus und der Kirche hat der Papst in Freiburg konkretisiert:

»Die Kirche ... hat nichts aus Eigenem gegenüber dem, der sie gestiftet hat, so dass sie sagen könnte: Dies haben wir großartig gemacht! Ihr Sinn besteht darin, Werkzeug der Erlösung zu sein, sich von Gott her mit seinem Wort durchdringen zu lassen und die Welt in die Einheit der Liebe mit Gott hineinzutragen. Die Kirche taucht ein in die Hinwendung des Erlösers zu den Menschen. Sie ist, wo sie wahrhaft sie selber ist, immer in Bewegung, muss sich fortwährend in den Dienst der Sendung stellen, die sie vom Herrn empfangen hat. Und deshalb muss sie sich immer neu den Sorgen der Welt öffnen, zu der sie ja selber gehört, sich ihnen ausliefern, um den heiligen Tausch, der mit der Menschwerdung begonnen hat, weiterzuführen und gegenwärtig zu machen.«

Der positiven Beschreibung dessen, was es heißt, Kirche »nicht von der Welt« zu sein, entspricht jedoch eine kritische Pointe: Die Kirche, so Benedikt, müsse die Gefahr der Selbstzufriedenheit bannen; sie dürfe sich nicht – ein gut paulinisches Motto (Röm 12,1f.) – dieser Welt anpassen; sie könne nicht auf Privilegien bauen; sie degeneriere sonst zur religiösen Organisation und reduziere sich darauf, eine kulturelle Institution zu sein.

Was diese Warnung für die Kirche in Deutschland konkret heißt, hat der Papst in Freiburg nicht ausgeführt und dadurch allerlei aufgeregte Reaktionen ausgelöst; von der Abschaffung der Kirchensteuer bis zum Ende des schulischen Religionsunterrichts, vom Ausstieg aus der Caritas bis zum Rückzug aus dem Nationalen Ethikrat wurde auf der Rechten und der Linken so ziemlich alles mit triumphierendem Unterton diskutiert. In der Mitte der Gesellschaft und der Kirche sind hingegen die kaum vernarbten Wunden, die der Konflikt um den Ausstieg der katholischen Kirche aus der staatlichen Schwangerenkonfliktberatung geschlagen hat, wieder aufgerissen. Es bedurfte interessanterweise einer Willkommensansprache des Papstes an den neuernannten deutschen Botschafter beim Heiligen Stuhl am 7. November 2011, um die Gemüter ein wenig zu beruhigen.

In der Freiburger Rede selbst hat der Papst ein provozierendes Beispiel genannt: »Die Geschichte kommt der Kirche in gewisser Weise durch die verschiedenen Epochen der Säkularisierung zur Hilfe, die zu ihrer Läuterung und inneren Reform wesentlich beigetragen haben.« Hans Maier hat allerdings auch die Verheerungen beschrieben, die durch die Säkularisierung angerichtet wurden, vor allem in den Klöstern[49], während die Pfarreien und Vereine, die heute die Verlierer der Kirchenreform sind, damals die Zukunft der Kirche gesichert haben. Wer die Freiburger Rede diskutiert, braucht die Schattenseiten der Säkularisation nicht zu verklären, kann aber einen Dialog mit Charles Taylor führen, der die Säkulari-

---

[49] Säkularisation. Schicksale eines Rechtsbegriffs im neuzeitlichen Europa, in: zur debatte 3/2003, 1ff.

sation als – ambivalente – Wirkung des Christentums erhellt, das Glaube und Kultur, Politik und Religion zu unterscheiden wisse, und ethische Standards – wie Partizipation, Pluralität und Individualität – setze, die theologisch nicht verachtet werden dürfen.[50] Mehr noch: Sie können – und müssen – auf die Kirche zurückwirken, wenn sie wirklich »in der Welt« angekommen ist; sie lassen sich aber nur dann als säkulare Tugenden verstehen, wenn ihre kirchlichen Quellen, die »nicht von dieser Welt« sind, nicht verschüttet werden.

Was aber hat die Kirche, was die Welt nicht hat? Auf diese Frage wollte Benedikt die Aufmerksamkeit lenken. Im 19. Jahrhundert war es ein Herz für die Armen, aber auch die Kraft, das Mitleid in soziale Aktivität zu überführen; beides hat sich auf der Basis eines ziemlich festen Glaubensfundaments und einer ziemlich stark formierten Kirchlichkeit entwickelt, auf evangelischer Seite übrigens nicht wesentlich anders als auf katholischer. Große Teile dieser caritativen und pädagogischen Initiativen sind aber heute – mehr oder weniger gut – vergesellschaftet. Hat sich damit die kirchliche Inspiration erschöpft?

In Erfurt hat der Papst Protestanten und Katholiken dazu aufgefordert, nicht nur immer wieder ihre internen Probleme zu diskutieren, sondern die wirklich großen gemeinsamen Aufgaben anzugehen. Die erschließen sich Benedikt im Horizont der Gottesfrage: »Der Mensch ist auf Gott hin erschaffen und braucht ihn. Unser erster ökumenischer Dienst in dieser Zeit muss es sein, gemeinsam die Gegenwart des lebendigen Gottes zu bezeugen und damit der Welt die Antwort zu geben, die sie braucht«. In der Linie dieses Plädoyers für eine vitale Theologie liegt auch der Impuls der Freiburger Rede, dass die Kirche »nicht von dieser Welt« ist. Dieses Zeugnis von Gott ist die Kirche der Welt schuldig. Papst Benedikt XVI. wollte den Sozialdienst nicht unterminieren, sondern inspirieren: »Nur die tiefe Beziehung zu Gott ermöglicht eine vollwer-

---

[50] A Secular Age, Harvard 2007. Deutsch: Ein säkulares Zeitalter, Frankfurt/Main 2007.

tige Zuwendung zum Mitmenschen, so wie ohne Zuwendung zum Nächsten die Beziehung zu Gott verkümmert.« Ist das eine bare Selbstverständlichkeit? Benedikt XVI. hat anders gedacht – und darüber ist zu sprechen. Die beiden ersten Fragen, was die Kirche in Deutschland am meisten nötig hat und wie sie sich am besten auf die Welt einlassen kann, müssen noch erweitert werden: Wo sind die Orte der Kirche, die »nicht von dieser Welt« und gerade deshalb das Beste sind, was die Kirche der Welt zu bieten hat?

IV. Frauen für die Kirche

Lydia ist bei Weitem nicht die einzige Frau, die jenseits des Schweigens die Kirche stark gemacht hat.[51] Aber sie steht auch im Fokus eines großen Streits. Ist die Geschichte der frühesten Kirche bereits die Geschichte einer Frauendiskriminierung, die erst das 20. Jahrhundert rückgängig zu machen begonnen hat? Oder ist die neutestamentliche Entwicklung das Dokument einer Klärung, die das Priestertum der Männer zum Wesensmerkmal der wahren Kirche macht? Die neutestamentliche Exegese steht bei der Antwort vor vielen Detail- und einigen Grundsatzfragen. Sie kann mithilfe historischer Kritik geschichtliche Phänomene vom kanonischen Schriftzeugnis unterscheiden. Welchen theologischen Stellenwert haben sie? Gehören sie ins Archiv der Theologiegeschichte oder zum prägenden Zeugnis der Anfangszeit, an dem die Kirche aller Zeiten Maß zu nehmen hat? Der erste Schritt ist immer die Aufnahme des textlichen Befundes, der zweite die theologische und kirchenpolitische Debatte über Frauenrechte in der Kirche.

1. Frauen wie Lydia

Der erste europäische Christ ist eine Christin. So sagt es wenigstens das Neue Testament. Nach der Apostelgeschichte gelangt Paulus auf seiner zweiten Missionsreise nach Europa. In Philippi, seiner ersten Station im griechischen Makedonien, geht er am Sabbat zu einer jüdischen Gebetsstätte vor den Toren der kleinen Stadt (Apg 16,11–40). Dort spricht er mit den Frauen, die sich eingefunden

---

[51] Das Thema war die Domäne der feministischen Exegese; vgl. besonders Elisabeth Schüssler-Fiorenza, Zu ihrem Gedächtnis. Eine feministisch-theologische Rekonstruktion der christlichen Ursprünge, Gütersloh ²1993 (engl. 1988). Inzwischen hat es die Exegese breiter rezipiert.

haben. Berührungsängste kennt er nicht. Er setzt auf die Intelligenz, die Sensibilität und die Religiosität der Frauen, die wie er den Sabbat nutzen, um zur Besinnung zu kommen, Gottesdienst zu feiern und etwas für die Seele zu tun. Es sind keine Jüdinnen, mit denen er in Philippi redet, sondern »Gottesfürchtige«: Frauen, die zum Glauben an den einen Gott gefunden haben und die Zehn Gebote halten, aber nicht im vollen Sinn zum Judentum übergetreten sind – vielleicht, weil sie dann eine Fülle von Reinheitsvorschriften hätten befolgen müssen, die mit ihren Vorstellungen von Freiheit nicht im Einklang standen.

Eine dieser Frauen heißt Lydia. Sie ist eine Unternehmerin. Sie lebt allein, sie hat ein eigenes Haus, sie führt einen mittelständischen Betrieb: Sie ist Purpurhändlerin. Sie stammt aus der Stadt Thyatira im kleinasiatischen Lydien. Ihr Name erinnert an ihre Heimat. Thyatira ist ein Zentrum des Wollhandels und der Purpurfärberei. Lydia, scheint es, lässt ihre Beziehungen spielen. Sie bezieht die Purpurstoffe aus ihrer Heimat und verkauft sie in Makedonien. Das Geschäft scheint sich zu rentieren. Die erfolgreiche Frau schaut aber nicht nur aufs Geld. Sie hat geistige Interessen. Sie ist ihren eigenen Weg gegangen, mit anderen Frauen zusammen, wenn sie sich dem Judentum angenähert hat: fort von der Verehrung vieler Gottheiten, weg von den blutigen Opfern, hin zu Gott, dem Schöpfer des Himmels und der Erde, hin zu den Gebeten der Psalmen, hin zur Gottes- und zur Nächstenliebe.

Von dieser Lydia schreibt Lukas, dem wir die Apostelgeschichte verdanken, ganz schlicht: »Gott öffnete ihr Herz, so dass sie achtgab auf das, was Paulus sagte.« (Apg 16,14) So kommt sie zum Glauben: mit Herz und Verstand. Paulus zögert nicht, sie zu taufen. Und Lydia zögert nicht, mit ihrem Glauben ernst zu machen. Weil sie weiß, dass sie gebraucht wird, sagt sie zu Paulus und seinen Mitarbeitern: »Kommt in mein Haus und wohnt dort.« (Apg 16,15) Die Missionare, die von Ort zu Ort wandern, um die Frohe Botschaft zu verkünden, sind auf Gastfreundschaft angewiesen. Lydia gewährt sie ihnen. In ihrem Haus haben sie einen Stützpunkt für ihre weitere Arbeit. Im Haus der Lydia wird sich aber auch die Christengemeinde zum Gottesdienst versammeln können.

a) Starke Frauen – schwache Frauen

Lydia ist der Typ Frau, von dem das Christentum am meisten profitiert – und der vom Christentum am meisten profitiert. Wie sehr, macht ein Satz deutlich, den Paulus in seinem Brief an die Galater zitiert, der aber ein Bekenntnis aus dem Taufgottesdienst des Urchristentums ist: »Da gilt nicht mehr: Jude oder Grieche, Sklave oder Freier, Mann oder Frau; alle sind wir einer in Christus.« (Gal 3,28) So etwas war vorher nie zu hören; und was später so klingt, ist ein Echo dieser christlichen Einsicht. Gemeint ist nicht, dass man in der Kirche nicht mehr Jude oder Grieche, Sklave oder Freier, Mann oder Frau wäre; gemeint ist, dass die diskriminierenden Unterschiede aufgehoben werden, die in religiöser Hinsicht zwischen Juden und Griechen bestanden, in sozialer zwischen Sklaven und Freien, in sexueller, auf das ganze Leben ausstrahlend, zwischen Männern und Frauen. In den Augen Gottes zählen alle gleich viel – unendlich viel. Damit ist ernstgenommen, was auf der ersten Seite der Bibel steht: »Gott schuf den Menschen als sein Ebenbild; als Abbild Gottes schuf er ihn; als Mann und Frau schuf er sie.« (Gen 1,26f.)

Paulus kennt viele Frauen wie Lydia. Er spricht in den höchsten Tönen von ihnen. Eine, Junia, lobt er als »Angesehene unter den Aposteln« (Röm 16,7). Einer anderen, Phöbe, die er als Diakonin der Gemeinde von Kenchreä vorstellt, einer der Hafenvorstädte Korinths, vertraut er den Römerbrief an, sein gewichtigstes Schreiben, das sie in die Hauptstadt überbringen und dort erläutern soll (Röm 16,1). Es gibt viele weitere Frauen, die eine aktive Rolle im neutestamentlichen Christentum spielen, junge und alte, verheiratete und unverheiratete, gesunde und kranke, Sklavinnen und Herrinnen, Mütter und Jungfrauen, Witwen und Waisen. Es gibt Prophetinnen wie die vier Töchter des Diakons Philippus (Apg 21,9), Missionarinnen wie Priska (Röm 16,3ff.), die, ebenso wie ihr Mann Aquila, mit Paulus eng befreundet war (Apg 18,2f.; Röm 16,3f.; 1 Kor 16,19; 2 Tim 4,19), engagierte Gemeindemitglieder wie Tryphäna, Tryphosa und Persis aus Korinth, deren Solidaritätsarbeit Paulus im Römerbrief eigens gedenkt (Röm 16,12).

Doch nicht nur als starke, auch als schwache Frau kann man ohne Wenn und Aber Vollmitglied der Kirche sein. (Bei Männern ist es ebenso.) Witwen übernehmen wichtige Aufgaben in der Caritas und Erziehungsarbeit (1 Tim 5,3–16). Kranke werden nicht ausgestoßen. Besonders schwierig ist die Situation von Christinnen, deren Mann bei den alten Göttern geblieben ist. Paulus rät ihnen, wenn es möglich ist, in der Ehe zu bleiben (was im Regelfall ihre wirtschaftliche und soziale Existenz sicherte) und darauf zu hoffen, dass sie ihren Mann vom Glauben überzeugen (1 Kor 7); wenn der sie aber in ihrer Religionsfreiheit unterdrücke, hätten sie das Recht, sich scheiden zu lassen und, wenn sie wollten, eine neue Ehe einzugehen. (Das ist katholisches Kirchenrecht bis heute.)

b) Spannungen und Widersprüche

Im frühen Christentum haben Frauen beste Chancen, sich von ihrem Glauben her selbst zu verwirklichen. Aber sie leben nicht in einer heilen Welt. Im Ersten Korintherbrief liest man – von Paulus selbst geschrieben oder von fremder Hand in seinen Text eingefügt: »Die Frauen sollen in der Gemeinde(versammlung) schweigen.« (1 Kor 14,34)[52] In den neutestamentlichen Haustafeln steht: »Die Frau sei dem Manne untertan.« (Kol 3,18; Eph 5,22; 1 Petr 3,1) Manche sehen darin den großen Sündenfall des Christentums.

Realistischer ist eine differenzierte Sicht. Von Anfang an gibt es eine große Spannung in der Geschichte der Kirche. Einerseits lebt sie von starken und von schwachen Frauen: von Frauen, die stark genug sind zu wissen, dass ihre Stärke nicht aus sich selbst kommt,

---

[52] Für Klaus Berger (Priesterweihe auch für Frauen?, Münster 2012) scheint dieses Wort jure divino zu sein. Gott sei Dank hat man es in der Geschichte der Kirche immer besser verstanden.

sondern aus dem Geist Gottes, der ihnen zuteilwird, und die schwach genug sind zu wissen, dass ihre Schwäche nicht ein Makel ist, sondern Ausdruck ihrer Menschlichkeit – woran die Männer sich ein Beispiel nehmen sollten. Wie im Judentum ist auch im Christentum nicht die dumme, nicht die sklavisch unterwürfige, sondern die gebildete, die aufgeklärte, die mitleidsvolle, liebevolle, einsichtsvolle Frau das Ideal. Von keinem Menschen, Jesus ausgenommen, spricht die Kirche größer als von einer Frau: seiner Mutter Maria. Welche Institution hat – auf Dauer gesehen – mehr für die Bildung von Frauen getan als die Kirche?

Andererseits gibt es offene und verborgene Frauenfeindlichkeit, schon im Neuen Testament. Zum Teil resultiert sie aus den üblichen Rollenverteilungen in der Antike, die vom frühen Christentum übernommen werden. Das Neue Testament trägt die Spuren seiner Entstehungszeit an sich. Über manches ist die Zeit hinweggegangen. Die Untertänigkeit der Frauen in der Familie – wenn sie nicht überhaupt nur auf dem Papier gestanden hat, wird sie durch das Gebot der Männer, ihre Frauen zu lieben, austariert (Kol 3,18f.; Eph 5,22–33; vgl. 1 Petr 3,1–7). Die politische Öffentlichkeit war Männersache; so sollte es auch in der kirchlichen sein. Das hat sich in der Neuzeit geändert, auch durch den Einfluss der Kirche.

Schwerwiegender scheinen die religiösen Gründe zu sein, mit denen sich im Neuen Testament die Frauenfeindlichkeit wappnet. Paulus sieht noch Adam als den großen Sünder (Röm 5), während Eva nach 2 Kor 11,3 »getäuscht«, also betrogen wurde. In merkwürdiger Lesart der Paradiesgeschichte (Gen 3) behauptet hingegen der – unter dem Namen des Paulus verfasste – Erste Timotheusbrief gegen Ende des ersten Jahrhunderts: »Nicht Adam wurde verführt, sondern die Frau ließ sich verführen und übertrat das Gebot.« (1 Tim 2,14) Eva wird zur *femme fatale*. Aber theologische »Argumente« für eine Zurücksetzung von Frauen finden sich nicht nur vereinzelt, sie sind auch schwach. Das zeigt sich nicht nur, wenn man ihren Sachgehalt überprüft, sondern auch, wenn man sie kritisch mit anderen, zentralen Texten der Bibel vergleicht. Deshalb ist es konsequent, dass sie in keinem einzigen kirchlichen Lehrdokument zitiert werden. Sie haben auf andere, subtilere Weise gewirkt. Sie sind auch immer auf Kritik gestoßen, nicht nur bei Frauen.

c) Geschlecht und Geschichte

Wer den biblischen Hintergrund sowohl der sozialen Unterdrückung als auch der politischen Emanzipation der Frauen nicht sieht, ist blind. Manche wollen die Religiosität ganz hinter sich lassen, weil sie den Glauben an den einen – männlichen – Gott als Quelle allen Übels ansehen. Wohin dann mit weiblicher Spiritualität? Und wo bleibt die Gottesebenbildlichkeit? Andere wollen die Religion benutzen, um Frauen in die Schranken zu weisen. Wie soll das damit zusammengehen, dass es keine Taufe erster und zweiter Klasse gibt, sondern *eine* Taufe, *einen* Glauben, *eine* Kirche (Eph 4,4)?

Die Spannungen im Frauenbild des Neuen Testaments haben tiefe Gründe. In der Genesis, dem biblischen Schöpfungsbericht, ist bei der Erschaffung des Menschen nicht von Jugend und Alter die Rede, nicht von Dummheit und Klugheit, nicht von der Hautfarbe, nicht von moralischen Qualitäten, nicht von Religion und Beruf. Aber sofort ist davon die Rede, dass der Mensch als Mann und als Frau erschaffen ist. Die Geschlechtlichkeit ist eine essentielle Bestimmung des Menschen. Sie ist nicht das Zeichen eines Mangels, eines Verlustes ursprünglicher Einheit, sondern steht unter dem Vorzeichen des »Gott sah, dass es gut war.« Es wird nicht geleugnet, dass es Geschlechterkämpfe gibt. Doch während es zur Schöpfungsordnung gehört, dass der »Mann Vater und Mutter verlässt und seiner Frau anhängt und die beiden ein Fleisch werden« (Gen 2,24), gehört es zu den bösesten Folgen des Sündenfalls, dass die Frau zwar »nach dem Mann verlangen«, er aber über sie »herrschen« wird (Gen 3,16).

Das Christentum steht in dieser Tradition. Es verkündet die Erlösung von der Sünde – auch von der, unter der die Frauen ganz besonders leiden. Frau zu sein, ist – wie Mann zu sein – kein Vorzug und kein Nachteil, sondern eine elementare Art, Mensch zu sein. Aber eine Frau wird, wenn sie die Bibel liest, nicht überrascht sein, dass sie in der Geschichte benachteiligt, unterdrückt, zurückgesetzt wurde. Das ist kein Schicksal, das sie hinnehmen müsste. Es ist ein Unrecht. Aber es sitzt zu tief, als dass es durch politische Reformen, so nötig diese sind, beseitigt werden könnte. Es ist eine Folge der Gewalt, des Hasses »jenseits von Eden«. Nur wer sieht, dass die Unterdrückung der Frauen ein Ausdruck der Ursünde ist, dass Menschen sein wollen wie Gott, ist zur Wurzel des Übels vorgedrungen. Wer so weit nicht geht, bleibt oberflächlich.

Wer aber so weit in die Tiefe dringt, erkennt, dass zur Emanzipation nicht die Abkehr von Gott gehört, sondern die Hinkehr zu ihm – im Vertrauen darauf, von Gott unbedingt geliebt zu sein. Wo dieser Glaube entsteht, wird der Teufelskreis der Sünde unterbrochen. Wo er unterbrochen ist, können Frauen – Frauen sein. Sie brauchen ihr Geschlecht nicht zu verleugnen, um erfolgreich zu sein und anerkannt zu werden. Im Gegenteil, je deutlicher die Fraulichkeit wird, desto ausdrucksstärker die Menschlichkeit. Und je menschlicher die Welt wird, desto besser ist dies für den Glauben von Männern und Frauen.

d) Jesus und die Frauen

Jesus war ein Mann. Auf Frauen scheint er eine besondere Anziehungskraft ausgeübt zu haben. Die Moderne malt sich gerne amouröse Abenteuer aus. Die Wahrheit ist viel interessanter. Jesus lebte zölibatär, er war ehelos: nicht aus Weltverachtung oder Frauenfeindlichkeit, sondern in charismatischer Weise »um des Himmelreiches« willen (Mt 19,12). Er war ein Heiliger, ein Mann Gottes, ein Mensch mit einer Sendung: einer Gottesbotschaft, für die er gelebt hat und für die er am Ende auch gestorben ist. Gerade das hat ihn so attraktiv gemacht.

Jesus ist ein Mann, der in Frauen kein Sexualobjekt sieht, keinen Wirtschaftsfaktor, keinen Rollentyp, sondern Menschen aus Fleisch und Blut, mit Leib und Seele. Er weckt ihren Glauben, er stärkt ihre Liebe, ihre Hoffnung enttäuscht er nicht. Jesus hat Frauen nahe an sich herangelassen – so nahe, dass viele daran Anstoß genommen haben: Eine öffentliche Sünderin – war es eine Prostituierte? – dringt bei einem Gastmahl zu Jesus vor, bricht in Tränen aus, benetzt mit ihren Tränen seine Füße, trocknet sie mit ihren Haaren, küsst sie und salbt sie mit sündhaft teurem Alabasteröl (Lk 7,36–50). Der Gastgeber Jesu, ein rechtschaffener Pharisäer, ärgert sich: »Wäre er ein Prophet, wüsste er, was für eine Frau das ist, von der er sich berühren lässt!« Nach einer Überlieferungsvariante regen sich die Jünger über die Verschwendung auf (Mk 14,3–9). Tatsächlich aber ist es so, dass Jesus genau weiß, mit wem er es zu tun hat und weshalb er sich von ihr berühren lässt: »Ihre vielen Sünden sind ihr vergeben, denn sie hat viel geliebt«. Und er weiß auch ihre Verschwendung zu schätzen: »Wo immer das Evangelium auf der ganzen Welt verkündet wird, wird auch erzählt werden, was sie getan hat, ihr zum Gedächtnis.« (Mk 14,9)

Die Evangelien sind voll von Frauengeschichten. Meistens geht es um Kranke, die durch Jesus geheilt werden. Aber es geht auch anders. Ein einziges Streitgespräch hat Jesus verloren – und eine Frau war es, die ihn mit seinen eigenen Waffen geschlagen hat, eine Heidin zumal, die um die Heilung ihrer kranken Tochter bittet (Mk 7,24–30). Jesus weist sie anfangs ab: »Lasst zuerst die Kinder satt werden; es ist nicht recht, das Brot den Kindern wegzunehmen und den Hunden vorzuwerfen.« Wer wollte das, bei aller Tierliebe, bezweifeln? Deshalb pflichtet die Frau Jesus bei: »Ja, du hast recht, Herr!« Aber der Satz Jesu ist auch eine brüske Zurückweisung: Sie, die Heidin, solle ihn nicht behelligen, der er genug mit den Kindern Israels zu tun habe. Deshalb lässt die Frau nicht locker: »Aber auch die Hunde essen unter dem Tisch von den Krumen der Kinder.« Das ist weibliche Logik, sie trifft den Nagel auf den Kopf: Durch Teilen wird die Gnade Gottes nicht weniger, sondern mehr. Jesus zögert keine Sekunde, der Frau recht zu geben. Sie hilft ihm, seine Sendung besser zu verstehen. Er erfüllt ihren Herzenswunsch und macht ihre Tochter gesund. So enden alle Frauengeschichten Jesu. So endet das ganze Neue Testament: Kranke werden gesund, Ausgegrenzte aufgenommen, die Liebe ist stärker als der Tod. Auch Männer dürfen sich darüber freuen.

2. Diesseits und jenseits des Schweigens

So beredt der Erste Timotheusbrief für das Amt des Bischofs eintritt, so massiv plädiert er für das Schweigen der Frauen in der Gemeinde (1 Tim 2,11–15):

> [11] Eine Frau soll in der Stille lernen, in aller Unterordnung;
> [12] zu lehren aber gestatte ich einer Frau nicht
> noch sich über den Mann zu erheben;
> sie soll sich vielmehr still verhalten.
> [13] Denn Adam wurde als erster gebildet,
> danach Eva,
> [14] und nicht Adam wurde verführt,
> sondern die Frau ließ sich zuerst zur Übertretung verführen.
> [15] Sie wird aber gerettet werden, indem sie Kinder gebiert,
> wenn sie im Glauben und in der Liebe und in der Heiligkeit bleibt,
> mit Verstand.

Anstößige Worte – vor allem für selbstbewusste Frauen, die glauben, der Kirche vielleicht doch etwas Lehrreiches sagen zu können, aber auch für Männer, die nicht so recht ihre Freude darin finden, dass Frauen sich ihnen still und bescheiden unterordnen sollen.[53] Gleichwohl: Der Passus aus dem Ersten Timotheusbrief ist für eine breite Tendenz in der frühkatholischen Kirche kennzeichnend. Paulus rechnet noch wie selbstverständlich damit, dass Frauen im Gottesdienst prophetisch reden (1 Kor 11,5); er kennt in den Gemeinden seines Missionsgebietes nicht wenige Frauen, die verantwortlich im Dienst der Gemeindeleitung und der Glaubensverkündigung stehen. Namentlich bekannt sind vor allem Priska (Röm 16,3f.) und Phöbe (Röm 16,1f.), aber auch Junia (Röm 16,7), die allerdings im Lauf der Kirchengeschichte eine Geschlechtsumwandlung zu »Junias« erlebt hat (so auch in der »Einheitsübersetzung« und der

---

[53] Vgl. zur kritischen Exegese Margret Mitchell, Corrective Composition, Corrective Exegesis: The Teaching on Prayer in 1 Tim 2,1–15, in: Karl Donfried (Hg.), First Timothys Reconsidered (Colloquium Oecumenicum Paulinum 18), Leuven 2008, 41–62.

Lutherbibel), weiter Evodia und Syntyche (Phil 4,2f.), die freilich zur Eintracht ermahnt werden (wie viele Männer in verantwortlicher Position auch); hinzu kommen die Purpurhändlerin Lydia aus Philippi, die ihr Haus der entstehenden Christengemeinde öffnet (Apg 16,14f.40), und Nympha (Kol 4,15), in deren Domizil die Gemeinde von Laodizea tagt. Wie es scheint, spiegelt sich in dieser relativ großen Bedeutung, die Frauen in der Anfangszeit zukommt, eine Grunderfahrung des christlichen Glaubens wider: dass nämlich »in Christus« nicht nur das gesellschaftlich, politisch und religiös vorgegebene Gegeneinander von »Juden und Griechen« sowie »Sklaven und Freien«, sondern auch das von »Mann und Frau« überwunden ist (Gal 3,27f.).

a) Stille Größe

In der Geschichte des Urchristentums zeigt sich: Je deutlicher sich die Konturen eines kirchlichen Amtes herauszubilden beginnen, desto mehr setzt sich auch die Auffassung durch, nur Männer könnten es innehaben. Das mag sich im Epheserbrief schon andeuten; in den Pastoralbriefen ist der Befund eindeutig. Allerdings ist er zu differenzieren.

Zum einen: Der Erste Timotheusbrief setzt voraus, dass auch Frauen als Diakone, um die Caritas besorgt, in der Gemeindeleitung tätig sind (1 Tim 3,11) – eine Praxis, die in der lateinischen Kirche verlorengegangen ist und vielleicht doch wieder zum Leben erweckt werden sollte. Überdies gibt es den Stand der Witwen, die durch ihr Gebet und ihr soziales Engagement eine tragende Rolle in der Gemeinde spielen (1 Tim 5,3–16).

Zum anderen: Das Verbot zu lehren bezieht sich allein auf den Gottesdienst, nicht auf das »Haus«, etwa auf die Kindererziehung oder die religiöse Unterweisung außerhalb der Gemeindefeier; das Frauenideal, für das der Autor wirbt, stellt nicht nur eine stille und bescheidene Gattin vor Augen, die sanft und engelsgleich im Haushalt wirkt, sondern auch eine gebildete Jüngerin, die lernt, was es mit dem Evangelium auf sich hat (1 Tim 2,11).

Vor allem aber will der (männliche) Autor auf seine Weise dafür werben, dass die Frauen ihre Fraulichkeit bejahen. Dazu gehört – antiken, besonders jüdischen Vorstellungen gemäß – vor allem ein durch und durch positives Verständnis der Mutterschaft. Während es nach Gen 3,16 zur Strafe für den Ungehorsam Evas im Paradies gehört, dass die Frau »unter Schmerzen« gebiert, ist hier die Geburt von Kindern dem Heil, der endzeitlichen Rettung der Frauen zugeordnet: nicht in dem Sinn, dass nur durch Mutterschaft der Segen Gottes erlangt werden kann, sondern so, dass Frauen gerade als Frauen und Mütter ihren Glauben und ihre Liebe leben können und sollen (1 Tim 2,15). Während die Häretiker ihnen die Heirat verbieten (vgl. 1 Tim 4,3) und sie damit zu gewissermaßen geschlechtslosen Wesen machen wollen, meint der Erste Timotheusbrief, dass sie nicht in der Verleugnung, sondern gerade im sittlich geordneten, auf Mutterschaft bezogenen Erleben ihrer Geschlechtlichkeit zur Heiligkeit finden (1 Tim 2,15).

Freilich: Als Sohn seiner Zeit meint der Verfasser der Pastoralbriefe auch, es gehöre zur Fraulichkeit der Frauen, dass sie sich unterordnen (1 Tim 2,11). Damit ist nicht nur die häusliche Unterordnung unter den Familienvater gemeint, die damals weithin natürlich schien, für die gesellschaftliche Akzeptanz der Christen wichtig war und durch Liebe von blinder Unterwerfung unterschieden werden sollte (Tit 2,4f.). Gemeint ist an dieser Stelle vor allem die Bejahung der von den Pastoralbriefen neu entwickelten Gemeindeordnung, die den Frauen die Aufgabe des aufmerksamen, aktiven Hörens auf das zuweist, was der berufene Gemeindeleiter in der Kirche verkündet und lehrt. Das freilich ist nicht nur die Aufgabe der Frauen, sondern aller Gemeindemitglieder, auch all jener Männer, die nicht ein kirchliches Amt bekleiden (vgl. 1 Tim 4,6–16; 5,17f.).

Gleichwohl: Es fällt auf, dass der Erste Timotheusbrief gerade den Frauen gebietet, im Gottesdienst zu schweigen (1 Tim 2,11f.), und dass er es mit erheblichem Nachdruck tut. Dieses Verbot setzt voraus, dass an der Schwelle vom ersten zum zweiten Jahrhundert Prophetinnen und Lehrerinnen durchaus im Gottesdienst das Wort ergriffen haben. Das wird sich vermutlich nicht neuen Emanzipationsbewegungen, sondern der paulinischen Tradition (1 Kor 11,5) verdanken. Diese Praxis will der Autor der Pastoralbriefe allerdings ändern. Sein Lehrverbot einfach als Ausdruck zeitbedingter Frauenfeindlichkeit eines paulinisierenden Kirchenmannes zu verbuchen, wäre zu einfach. Es steht im größeren Zusammenhang einer tiefgreifenden Reform des »paulinischen«, stark charismatisch geprägten Gemeindemodells. Die Pastoralbriefe vertreten die Auffassung, die Kirche ihrer Zeit brauche ein klar strukturiertes Lehramt des bischöflichen Gemeindeleiters, dem sich alle anderen Gemeindedienste unterzuordnen haben. Nur weil für den Autor nach Lage der Dinge ausschließlich Männer als Bischöfe in Betracht kommen, heißt es im Namen des Paulus, eine Frau dürfe nicht lehren, sie müsse sich unterordnen. Weshalb aber sollen Frauen für das Bischofsamt nicht in Frage kommen?

b) Alte Tradition

Hilfreich ist ein Seitenblick auf einen Passus, der sich im Ersten Korintherbrief findet, aber vermutlich nicht vom Apostel selbst stammt[54], sondern nachträglich, etwa zur Zeit der Pastoralbriefe, dem paulinischen Schreiben hinzugefügt worden ist (1 Kor 14,33b–36):

> [33]Wie es in allen Gemeinden der Heiligen ist:
> [34]Die Frauen sollen in der Gemeindeversammlung schweigen!
> Es ist ihnen nicht gestattet zu reden,
> sondern unterordnen sollen sie sich,
> wie es auch das Gesetz sagt.
> [35]Wenn sie aber etwas lernen wollen,
> sollen sie zu Hause ihre Männer fragen;
> denn es gehört sich nicht für eine Frau,
> vor der Gemeinde zu reden.
> [36]Oder ist von euch das Wort Gottes ausgegangen,
> oder ist es zu euch allein gelangt?

---

[54] Für Klaus Berger ist ein exegetischer Falschmünzer, wer zu diesem Urteil gelangt (Die Bibelfälscher. Wie wir um die Wahrheit betrogen werden, München 2013).

Warum diese Restriktionen? Der Nachtrag zum Ersten Korintherbrief verweist erstens auf das »Gesetz«, also auf die alttestamentliche und jüdische Tradition, die im Synagogengottesdienst tatsächlich keine aktive Beteiligung von Frauen kennt und das Christentum fraglos beeinflusst hat; zweitens verweist der Text auf das, was »sich gehört«, also auf das, was damals den gesellschaftlichen und kirchlichen Normen zufolge üblich war (vgl. 1 Kor 11,13–16). Soweit gibt sich das Lehrverbot von Frauen als zeitbedingte Widerspiegelung gesellschaftlicher und religiöser Rollenvorstellungen zu erkennen. (Die nachgeschobene Begründung in Vers 36 trägt nichts aus; sie könnte nur einen hyperradikalen Feminismus in Korinth treffen, der ausschließlich den Frauen Rederecht einräumte – wofür es aber keine Anzeichen gibt.)

c) Theologische Anstrengung

Der Erste Timotheusbrief setzt allerdings anders an: bei Adam und Eva. Weil Adam zuerst gebildet worden sei, Eva hingegen sich als erste habe verführen lassen, dürfe die Frau sich nicht »über einen Mann erheben« und müsse sich mit der Rolle des Hörens auf die bischöfliche Lehre begnügen, wie es der Kirchenordnung der Pastoralbriefe entspricht. Dass diese hochtheologische Argumentation sachlich stringent ist, wird man schwerlich behaupten können. Denn weshalb sollte aus der Paradiesgeschichte das Lehrverbot für Frauen im Gottesdienst folgen? Und müsste nicht auch der Mann den Mund halten, da doch schließlich auch Adam von der verbotenen Frucht gegessen hat? Paulus selbst hat einmal im Ersten Korintherbrief zu einer ähnlichen Begründung ausgeholt, als er seine Überzeugung durchsetzen wollte, dass Frauen, wenn sie als Prophetinnen im Gottesdienst reden, ihren Kopf mit einem Schleier bedecken sollen; allerdings hat er dann im selben Text sein großes Argumentationsgebäude Stein für Stein wieder abgetragen, weil er offenbar selbst gemerkt hat, dass es schief war (1 Kor 11,2–16).

Der Erste Timotheusbrief hegt solche Bedenken nicht. Das wird damit zusammenhängen, dass er in der Tradition einer Genesisexegese steht, die mit unverkennbar patriarchalischer Prägung im Judentum (Sir 25,24) wie im Christentum (vgl. 1 Kor 11,8f.; Eph 5,21–24) durchaus gängig war, wenngleich sie sich, im Lichte der einschlägigen Schriftstellen (Gen 1–3) und anderer neutestamentlicher Traditionen (1 Kor 11,10f.) betrachtet, als problematisch erweist. So theologisch also die Begründung für das Lehrverbot von Frauen im Gottesdienst ansetzt, so zeitbedingt erweist sich die Argumentation.

Mehr noch: Zum Ausschluss der Frauen vom öffentlichen Lehren kommt der Verfasser, wie es scheint, nicht eigentlich aus grundsätzlichen Erwägungen, sondern aus praktischen Interessen. Den Anlass bilden handfeste negative Erfahrungen mit lehrenden Frauen: Der Autor der Pastoralbriefe sieht – zu Recht oder zu Unrecht – die große Gefahr, dass jene Frauen, die er als Gemeindelehrerinnen vor Augen hat, den Gegnern, deren leibfeindliche Ideologie er bekämpft, kein Paroli bieten (2 Tim 3,6f.). Dieser Gefahr will er begegnen. Deshalb gehen bei ihm der Einsatz für das bischöfliche Lehramt und das Lehrverbot für Frauen zusammen. Der Rekurs auf die Paradieserzählung der Heiligen Schrift hat in diesem Zusammenhang allenfalls eine abstützende, aber keine tragende Funktion.

Der Verfasser der Pastoralbriefe bemüht auf dem Wege der Pseudonymität die Autorität des großen Paulus, um die neue Auffassung durchzusetzen. Wie es scheint, war jene Zurückweisung der Frauen in den Gemeinden des paulinischen Missionsraumes und weit darüber hinaus schließlich konsensfähig; sonst wären die Briefe nicht in den Kanon gelangt. Aber dass sie sich in ihrer Absenderangabe auf Paulus berufen, gibt auch eine Leseanweisung. Was die Pastoralbriefe über die Rolle von Frauen in der Gesellschaft und im Gottesdienst sagen, ist immer im Lichte der paulinischen Theologie zu interpretieren: dass es »in Christus« eine fundamentale Gleichheit von Mann und Frau gibt (Gal 3,28; 1 Kor 11,11f.).

3. In alter und neuer Stärke

In der römisch-katholischen Kirche hat das Apostolische Schreiben *Ordinatio sacerdotalis* Johannes Pauls II. Maßstäbe gesetzt. Darin heißt es: Die Kirche habe kein Recht, Frauen zu Priestern zu weihen.[55] Die Begründung hat zwar starke Kritik in der theologischen Fachwelt auf sich gezogen, ist aber in sich schlüssig. Die Erklärung hat drei Eckpunkte. Erstens beschreibt sie eingehend, wie frei und offen Jesus mit Frauen umgegangen sei – was für die Kirche verpflichtend sei, die sich deshalb niemals der Frauendiskriminierung schuldig machen dürfe. Zweitens betont sie, dass Jesus nur Männer in den Kreis der Zwölf berufen habe, was im Kontext der sonstigen Praxis Jesu nicht nur Konvention sein könne; da aber das kirchliche Amt in der Nachfolge des Zwölferkreises stehe, müsse die jesuanische Zeichengestalt von der Kirche respektiert werden. Drittens macht sie geltend, dass die Tradition ausnahmslos nur Männer im Bischofsamt und Priestertum kenne; dadurch werde die Kirche verpflichtet, die immer die Heilige Schrift im Licht der Tradition auslege.

a) Argumentationsstrategien

Die Argumentation von *Ordinatio sacerdotalis* ist insofern wegweisend, als sie nicht (mehr) mit einer natürlichen oder gnadentheologischen Überordnung des männlichen vor dem weiblichen Geschlecht argumentiert, sondern auf der Basis voller Gleichberechtigung den Vorbehalt begründen will, nur Männer könnten gültig zu Priestern geweiht werden (wie die korrekte juristische Begründung heißt). Die Argumentation hat ihre Schwäche nach weitverbreiteter exegetischer Meinung darin, dass sie der Differenziertheit des biblischen Befundes nicht gerecht werde. Tatsächlich berücksichtigt sie weder Frauen in kirchenleitender Position, wie die Paulustradition sie bezeugt, noch die exegetisch zu rekonstruierende

---

[55] Apostolisches Schreiben *Ordinatio sacerdotalis* über die nur Männern vorbehaltene Priesterweihe (Verlautbarungen des Apostolischen Stuhles 117), Bonn 1994.

Entwicklungslinie des kirchlichen Leitungsdienstes, die nicht über die Zwölf Apostel führt, sondern sowohl nach der Apostelgeschichte als auch nach den Paulusbriefen stark über Paulus. Allerdings hat sich das Lehrschreiben gegenüber dieser Kritik immunisiert, weil es keinen Hehl daraus macht, dass es dem katholischen Traditionsprinzip folgt, das keinen prinzipiellen Widerspruch zwischen dem Zeugnis der Heiligen Schrift und dem authentischen Lehramt kennt, das wesentlich im Dienste der verbindlichen Schriftauslegung stehe. Dieses Traditionsprinzip kann man zwar kritisieren (was in der ökumenischen Debatte konstruktiv geschieht); aber diese Kritik führt im Rahmen der katholischen Theologie nicht zu einer Verwerfung des Lehramtes, sondern nur zur Ermöglichung einer Kritik an bestimmten Entscheidungen. *Ordinatio sacerdotalis* komme allerdings, sagen Dogmatiker wie Kirchenrechtler, ein außerordentlich hoher Verbindlichkeitsgrad zu, wenngleich es sich nicht um eine unfehlbare Lehre handle.

Die theologische Schwäche des Lehrschreibens besteht darin, dass es eine Diskussion abschneidet – intern wie extern. Beides überzeugt nicht. Freie theologische Argumentation ist für die Kirche wesentlich, auch gegenüber dem Lehramt; wäre es anders, könnte die Vernunft keine Erkenntnisquelle des Glaubens sein. Auf eine prinzipielle Unfähigkeit der Kirche zu setzen, überzeugt gleichfalls nicht, weil ja zur Kraft des Sakraments seine erkennbare und wirksame Zeichenhaftigkeit gehört. Es muss positiv einleuchten können, weshalb nur Männer als Priester agieren können; tut es das nicht, ist der ganze Aufwand umsonst. Dass Jesus nur Männer in den Kreis der Zwölf berufen hat, obwohl auch Frauen zu seinem Jüngerkreis gehörten, ist, soweit die Texte es erkennen lassen, nicht purer Machtwille, sondern klare Zeichensprache: Jesus knüpft an die Tradition der zwölf Stämme Israels an, die durch die zwölf Söhne Jakobs repräsentiert werden; wegen der heilsgeschichtlichen Kontinuität, die aus der Verheißungstreue Gottes folgt, ist dieses Zeichen auch für das eschatologisch neue Gottesvolk aus Juden und Heiden konstitutiv, das in Israel wurzelt. Diese Figur taugt indes nicht als Begründung für das kirchliche Priesteramt, weil dann die Zwölfzahl hätte wesentlich bleiben müssen. Insofern ist es konsequent, dass dem päpstlichen Lehrschreiben eine ältere Erklärung der Glaubenskongregation *(Inter Insigniores)* beigegeben ist, die den Zeichencharakter aufnimmt und auf die Funktion des Priesters bezieht, Jesus in der Eucharistie als Herrn und Diener der Kirche zu repräsentieren.[56] Gegen dieses Argument kann nicht überzeugend eingewendet werden, dass dann z. B. auch nur Juden als Priester amten könnten, weil die einzige Differenzierung, die in der Schöpfungsgeschichte angelegt ist, die zwischen Mann und Frau ist, was auf die elementare Zeichensprache abfärbt. Diese Geschlechterdifferenz, deren Kehrseite die Einheit des Fleisches ist, die sexuell vollzogen wird (Gen 2,24), wird zwar von der Genderforschung relativiert, aber nicht in Übereinstimmung mit der biblischen Anthropologie. In einer Theologie sakramentaler Christusrepräsentation sind deshalb die Gründe für die katholische – und orthodoxe – Lehre nicht zu übersehen, während umgekehrt einleuchtet, dass die Ordination von Frauen überall dort sich einbürgert, wo das sakramentale Priestertum nicht als konstitutiv für das Kirchesein gilt.

Allerdings lässt sich die Aufgabe der Christusrepräsentation weder nach dem Neuen Testament noch nach der katholischen Lehre auf die Eucharistie reduzieren, weil sie in einer Vielzahl von alltäglichen und festtäglichen Situationen von einer Vielzahl von Gläubigen, Männern wie Frauen, gegenüber anderen wahrgenommen wird, sowohl innerhalb der Kirche wie auch außerhalb, vor allem beim Zeugnis des Glaubens in Wort und Tat. Dem kann nicht entgegengehalten werden, dass der Priester in der Eucharistie Christus als Haupt der Kirche repräsentiere; denn wollte man diese Aufgabe mit der Geschlechterfrage verbinden, landete man wieder bei einer ontologischen Vorordnung des Mannes vor der Frau, die der Schöpfungs- wie der Erlösungstheologie widerspricht. Mithin bleibt nur das Tra-

---

[56] Das unterstreicht Karl-Heinz Menke, Sakramentalität. Wesen und Wunde des Katholizismus, Regensburg 2012, 85f. Er seht das »›Voraus‹ Christi vor seiner Kirche an das männliche Geschlecht« gebunden, weil Jesus »nur Männer in den Kreis derer beruft, die das ›Voraus‹ des Logos vor der Kirche repräsentieren.« Das ist allerdings ein dogmatisches Argument, das nicht aus der Exegese der einschlägigen Texte gewonnen ist.

ditionsargument, das in der katholischen Kirche als solches großes Gewicht hat. Wenn aber die Tradition, gut katholisch, nicht als starres Regelsystem, sondern als dynamischer Prozess lebendiger Kontinuität verstanden und gestaltet wird, ist die Exegese neu gefragt, das Reformpotential des Neuen Testaments kenntlich zu machen.

b) Neutestamentliche Impulse

Die katholische Amtstheologie hat eine Entwicklungslinie, die das Neue Testament anlegt, konsequent ausgezogen. Dadurch ist das Bischofsamt und das ihm zugeordnete Priesteramt entstanden, wie das Zweite Vatikanische Konzil festschreibt. Zu diesem Priesteramt gehört nicht wesensmäßig der Zölibat, wie die Praxis nicht nur der Orthodoxen, sondern auch der Unierten zeigt. Aber die Bindung des Priestertums an den Mann aufzugeben, würde ein anderes Amt bedeuten als dasjenige, das sich in einer langen Geschichte herausgebildet hat.

Hier kann eine neutestamentliche Überlegung konstruktiv werden. Das amtstheologische Potential des Neuen Testaments ist mit dem dreifachen Dienstamt des Bischofs, Priesters und Diakons nicht schon ausgeschöpft. Die Alternative wird keineswegs schon durch neoprotestantische Betonung der Taufgnade begründet, die angeblich bereits alle Fähigkeiten zur aktiven Gemeindearbeit enthalte und nur, damit kein Chaos herrsche, organisatorisch gebündelt werden müsse. Aber von Paulus her bleibt eine Vielzahl an Charismen, die nicht an das Geschlecht gebunden sind, bei denen aber spezifisch wie unspezifisch männliche und weibliche Kompetenzen in den Dienst des Nächsten und damit des Kirchenaufbaus gestellt werden. Es bleibt bei wesentlichen Aufgaben, die nicht auf den Schultern der Bischöfe, Presbyter und Diakone ruhen; es bleibt auch bei einem spezifischen, kulturell geprägten, aber an das Geschlecht gebundenen Charisma von Männern und Frauen, das bislang erst kaum ekklesiologisch geklärt und amtstheologisch konkretisiert wird.

Das Neue Testament setzt neue Impulse, die in die Amtsfrage eingebracht werden müssen. Zwei seien besonders hervorgehoben. *Der eine* setzt auf die Dialektik von Einheit und Vielfalt. Paulus hat sie originär mit dem Bild des einen Leibes aus vielen Gliedern entwickelt. Die katholischen Reformen des 19. und 20. Jahrhundert haben sehr viele Machtfragen in der Kirche mit dem Hinweis auf die Weihe beantwortet. Entscheidend ist aber der pastorale Ansatz. Er fordert neue Formen der Kooperation, der geteilten Verantwortung und des gemeinsamen Zeugnisses. Hier lässt die Amtstheologie viel Spielraum. Ihn zu nutzen, ist ein Gebot der Stunde. Die Frauenemanzipation ist ein guter Grund, die neuen Möglichkeiten der Neuzeit zu nutzen. *Der andere* Impuls setzt auf die Verantwortung des Glaubens. In vergangenen Jahrhunderten (und anderen Kulturen) haben sich traditionelle Rollenbilder und theologische Begründungen überlagert. In der westlichen Moderne wird beides auseinandergehalten. Damit ist erst der Ernstfall einer theologischen Begründung gegeben. Die Frauenemanzipation hat auch in diesem Prozess katalysatorisch gewirkt, ohne dass katholische Kirche die Herausforderung bereits angenommen hätte.

Nimmt man beide Reformimpulse auf, wird sich in der Kirche sehr viel ändern. Es wird weder das Bischofsamt noch das Priestertum abgeschafft; es werden sich auch nicht nur dem Diakonat neue Möglichkeiten eröffnen, ob er nun – wie im Neuen Testament angelegt – für Frauen geöffnet wird oder – wegen der Einheit des Weiheamtes – nur Männern vorbehalten bleibt. Entscheidend ist, dass neue Ämter entstehen können, die neuen Diensten eine neue Form geben, so dass sich das gesamte Bild der Kirche ändert – für Frauen und für Männer. Davon ist die Kirche derzeit weit entfernt. Aber sie kann sich auf den Weg machen – und wird sich wundern, was zu entdecken ist.

V. Dienste und Ämter in der Kirche

In der Kraft des Geistes entwickelt sich das Leben der Kirche, darunter das Amt des Bischofs, der auf die Kirche achtet, und wiederum darunter das des Papstes, der in Rom und in aller Welt für die Kirche da ist. In der öffentlichen Wahrnehmung ist es meist anders: Die katholische Kirche war noch nie so sehr Papstkirche wie in der Neuzeit – nicht nur wegen der Dogmen, sondern noch mehr wegen des Fernsehens und Internets. Umso wichtiger ist im Zeitalter der Ökumene und der Säkularisierung eine Besinnung darauf, was der kirchliche Leitungsdienst kann und was er nicht kann, was er soll und was er nicht soll.[57]

1. In der Kraft des Geistes

Zum Aufbau der Gemeinde setzt Paulus auf die Gnadengaben aller Christenmenschen (1 Kor 12,4–11.28–31; Röm 12,6ff.). Die »Charismen« fußen auf natürlichen Talenten wie Entschlusskraft und Einsatzfreude, auf moralischen Tugenden wie Hilfsbereitschaft und Gerechtigkeitssinn, auf kulturellen Kompetenzen wie Bildung und Beredsamkeit, aber auch auf Einsichten des Glaubens und Erfahrungen des Christseins von der Leidensnachfolge über die Freude an der Gemeinschaft bis hin zu außerordentlichen Fähigkeiten wie Wunderheilungen und Visionen. Entscheidend ist, dass all diese Anlagen und Möglichkeiten kraft des Geistes in den Dienst am Nächsten gestellt werden, besonders an den Schwachen (1 Kor 12,4–7). Durch denselben Geist, der seit der Taufe in den Christen wohnt (Gal 3,27f.), finden die Charismen ihren Ort im Ganzen der

---

[57] Einen Überblick über die moderne Forschung, die das Funktionale des Amtes betont, verschafft Thomas Schmeller – Martin Ebner – Rudolf Hoppe (Hg.), Neutestamentliche Ämtermodelle im Kontext (QD 239), Freiburg – Basel – Wien 2010.

Kirche. Die Gnadengaben sind geschenkte Möglichkeiten, anderen Menschen aufgehen zu lassen, worin die Wahrheit, die Faszination und die verwandelnde Kraft des Evangeliums bestehen. Sie dienen dem »Aufbau« der Gemeinde (1 Kor 14,1–5), indem sie ihr Wachstum nach innen und außen fördern: nach innen durch die Intensivierung der Gottes- und Nächstenliebe (1 Kor 4,26–33), nach außen durch die Gewinnung von »Juden und Griechen, Sklaven und Freien, Männern und Frauen« (Gal 3,28) für den Glauben an Jesus Christus (1 Kor 14,20–25).

a) Starker Apostel – starke Charismen

Die wichtigsten Charismen sind jene, die der Gemeinde das Evangelium nahebringen: »Apostel«, »Propheten« und »Lehrer« (1 Kor 12,28). Sie stehen an erster Stelle, weil die Glaubensgemeinschaft vom Hören der Frohen Botschaft lebt, die ihr in Wort und Sakrament nahegebracht wird (1 Kor 1,10–17). In Korinth hat man augenscheinlich nur besonders spektakuläre Phänomene als »Geistesgaben« (1 Kor 12,1) angesehen: Wer »in Zungen redet«, d. h. »die Sprache der Engel« beherrscht (1 Kor 13,1), wer »alle Geheimnisse« weiß und mit seinem Glauben Berge versetzen kann (1 Kor 13,2), wer seinen »Leib dem Feuer« zu übergeben bereit ist (1 Kor 13,3) – nur der gilt als »starker« Charismatiker. Paulus muss daran erinnern, dass andere Gnadengaben mindestens ebenso wichtig sind, insbesondere die einfachen Dienste der Nächstenliebe. Wer in der Lage ist, »zu heilen« und »zu helfen« (1 Kor 12,28), wer zu trösten und zu ermahnen oder zu dienen versteht (Röm 12,7f.), leistet kraft des Geistes Wesentliches für die Gemeinde, und im Zweifel mehr als jene Ekstatiker, die im Grunde nur »sich selbst aufbauen« (1 Kor 14,4).

Nach Paulus gilt: Alle, die das Grundbekenntnis »Herr ist Jesus!« mitsprechen (1 Kor 12,3), haben vom Geist Gottes (1 Kor 12,4ff.) ihre Gaben bekommen, um anderen zu nützen (1 Kor 12,7); aber kein einziges Mitglied der Gemeinde verfügt über die ganze Fülle der Charismen (1 Kor 12,28ff.). Fruchtbar werden die

Charismen nur, wenn sie nicht als persönliche Auszeichnungen, sondern im strengen Sinn als *Gnaden*gaben gesehen werden. Entscheidend ist die Fähigkeit zur Kooperation. Paulus prägt das Bild des »Leibes Christi« (1 Kor 12,12–27), um zweierlei zu betonen: Die Einheit des Leibes setzt die Vielzahl verschiedener Glieder voraus, so dass keines befürchten muss, überflüssig zu sein; und die Vielzahl der Glieder setzt die Einheit des Leibes voraus, so dass keines den Eindruck haben darf, auf die anderen nicht angewiesen zu sein.

So fundamental freilich die Charismen für das Gemeindeleben sind, so wichtig ist der Apostel. Er ist der Gründer (1 Kor 3,10) und faktisch auch der Leiter der Gemeinde. Seine Briefe sind wichtige Zeugnisse pastoraler Gemeindeleitung. Der Apostel nimmt seine Aufgabe dadurch wahr, dass er die Einheit und die Vielfalt des »Leibes Christi« fördert. Er will die Charismen wecken und zur Wirkung kommen lassen. Dies geschieht vor allem durch die verbindliche und verständliche Verkündigung des Evangeliums. Bei der Regelung von Einzelfragen hält er sich auffällig zurück; er vertraut meist auf die Kompetenz der Ortsgemeinde. Dafür ist er im Grundsätzlichen umso klarer. Das Evangelium ist das »Wort vom Kreuz« (1,18). Wo das Gedächtnis Jesu lebendig bleibt, der gerade um der Schwachen willen gestorben ist (1 Kor 8,11), kann die Kirche als der Leib Christi nur ein Ort sein, an dem die Glaubenden einander in ihrer Schwäche annehmen und im Glauben zu bestärken suchen. Gewiss nimmt Paulus für sich eine große Autorität in Anspruch. Aber es ist eine Autorität, die aus seinem Dienst an seinen Gemeinden resultiert. Die »Stärke« des Apostels besteht letztlich darin, »schwach« zu sein (2 Kor 12,12) – im Einsatz für andere und in der Nachahmung des gekreuzigten Jesus. Damit setzt er Maßstäbe bis heute.

b) Starker Glaube – starkes Wachstum

Der Epheserbrief[58] stammt aus der Paulusschule. Er spiegelt Gemeindeverhältnisse etwa 20 Jahre nach dem Tod des Apostels wider. Nicht mehr die typischen Probleme der Anfangszeit müssen gelöst werden, Folgeprobleme stehen auf der Tagesordnung. Die paulinischen Gemeinden blicken bereits auf eine (kurze) Geschichte zurück. Was gelingen muss, ist der Übergang von der ersten zur zweiten Generation. Das Bild der Kirche ändert sich. Als Fundament erscheinen nun »Apostel und Propheten« (Eph 2,20). Es sind dieselben Gruppen, die auch Paulus an erster Stelle genannt hat (1 Kor 12,28). Aber sie sind nicht mehr Größen lebendiger Gegenwart, sondern lebendiger Vergangenheit. Paulus selbst hatte geschrieben, seine Aufgabe als Apostel bestehe darin, das Fundament zu legen, das Jesus Christus selbst sei (1 Kor 3,10). Im Epheserbrief wird dieser Gründungsvorgang seinerseits als fundamental für die Kirche angesehen. Man weiß sich in der Tradition der »Apostel und Propheten«, d. h. der Gemeindegründer und der ersten Gemeindeleiter. Die Kirche wird nicht neu gegründet; sie wächst auf dem Grund der Apostel und Propheten.

Aber sie wächst doch auch! Die Kirche steht nicht unter Denkmalschutz, sie ist ein Werk, an dem jede Generation weiterbauen muss. Wer diese Aufgabe übernimmt und wie der Bau ausgeführt werden kann, deutet der Epheserbrief etwas später an. Auf den Schultern der »Apostel« und »Propheten« stehen die »Evangelisten«, »Hirten« und »Lehrer« (Eph 4,11). Es sind führende Christen der zweiten Generation. Vielleicht darf man schon vom Umriss erster Ämter sprechen. Ihre genauen Aufgabenbereiche sind allerdings schwer zu beschreiben. Die »Evangelisten« stehen vielleicht in den Fußstapfen der urchristlichen Missionare, die »Hirten« werden die Gemeindeleiter, die »Lehrer« die Katecheten sein. Entscheidend ist zweierlei: Zum einen vermitteln die Amtsträger das apostolische

---

[58] Vgl. als Kommentar Gerhard Sellin, Der Brief an die Epheser (KEK 8), Göttingen 2008.

Evangelium ihren Gemeinden; sie stehen in der Tradition des Paulus, unter dessen Namen ja der Brief verbreitet worden ist. Zum anderen bauen sie ihre Gemeinden auf; ihr erstes pastorales Ziel soll dies sein: dass sie alle Gemeindemitglieder darin unterstützen, im Glauben erwachsen zu werden, mündig und sicher (4,12). Der Epheserbrief weiß (noch): Der »Leib Christi« kann nur von innen wachsen; wenn nicht möglichst viele Christenmenschen ihren Beitrag leisten, gerät die Arbeit am Bauwerk der Kirche ins Stocken. Deshalb muss es das Ziel der verantwortlichen »Evangelisten«, »Hirten« und »Lehrer« sein, bei allen Gemeindemitgliedern einerseits die »Erkenntnis des Sohnes Gottes« (Eph 4,13) und andererseits die wechselseitige Liebe, die Gemeinschaft im Glauben zu fördern (Eph 4,16). Wie Paulus selbst sich mit aller Energie dafür eingesetzt hat, dass die Gemeinden ihre eigenen Glaubensenergien entwickeln können, so bleibt es auch nach dem Epheserbrief die Aufgabe der (nachapostolischen) Gemeindeleiter, im Dienst der ganzen Gemeinde zu stehen: um die Spiritualität, die Intellektualität und die Moralität des Glaubenslebens zu fördern. Als Basis der pastoralen Aufbauarbeit bringt der Epheserbrief erneut die paulinische Charismenlehre zur Geltung – allerdings in modifizierter Gestalt: Die Gemeindeleiter können und müssen damit rechnen, dass allen »Heiligen«, d. h. allen Christen, »Gnade« zuteilgeworden ist, und zwar nach dem einzigen »Maß«, das zählt: »nach dem Maß der Gnade Christi« (Eph 4,7). Das heißt (ähnlich wie nach Röm 12,3.6): Ein und dieselbe Gnade, die es in schlechterdings keiner Weise an Liebe, Zuwendung, Anteilnahme fehlen lässt, konstituiert eine Vielfalt von Berufungen – je nach den Verschiedenheiten der Personen und der Dienste in der Gemeinde. Es entwickelt sich das Modell, das für die »westliche« Kirche prägend werden soll: Gemeindeleitung durch Verkündigung und Lehre – Predigt und Katechese im Interesse der Gemeindebildung.

c) Starker Bischof – starke Lehre

Die Pastoralbriefe, an der Wende vom ersten zum zweiten Jahrhundert geschrieben[59], gehen gegenüber dem Epheserbrief einen großen Schritt weiter. Viele Exegeten meinen, der Schritt führe auf Abwege. Tatsächlich bleibt ein ambivalenter Eindruck. Einerseits wird den Frauen der Mund verboten – mit einer wenig überzeugenden Begründung aus der Geschichte vom Sündenfall (1 Tim 2,13f.). Andererseits erkennt der späte Paulusschüler, dass die Zeit für eine Strukturreform der Kirche reif ist: Die Gemeinden sind größer geworden; die Probleme, die Qualität der Lehre zu sichern, sind eher noch gewachsen. Seine Lösung: Ein Bischof (griechisch: *episkopos*) soll an der Spitze der Stadtgemeinde stehen; er soll das Sagen haben, aber auch verantwortlich sein. Entscheidend ist die richtige Auswahl. Zwei Kriterien legt »Paulus« seinen Musterschülern Timotheus und Titus nahe. Es muss sich um gestandene Männer handeln, die sich in der Welt zurechtfinden und auch von den Heiden anerkannt werden (1 Tim 3,1–7); vor allem aber muss es sich um Christen handeln, die dem paulinischen Evangelium die Treue halten. Sie müssen im Glauben gefestigt sein und zur Glaubensfestigkeit ihrer Gemeinden beitragen. Der Paulus der Pastoralbriefe bringt sein theologisches Grundvertrauen zum Ausdruck, dass der Geist, dem alle Christen die Gnade ihrer Wiedergeburt in der Taufe verdanken (Tit 3,4–7), auch in denen wirksam ist, denen Timotheus und Titus die Hände auflegen, so dass sie nicht im »Geist der Verzagtheit, sondern der Kraft und der Liebe und der Selbstbeherrschung« (2 Tim 1,7) ihr Amt der Verkündigung und Gemeindeleitung ausüben.

Diese Lösung war nicht ohne Gefahren, aber sie war doch zukunftsweisend. Die Pastoralbriefe konzentrieren sich so stark auf die

---

[59] Kommentare: Jürgen Roloff, Der Erste Brief an Timotheus (EKK XV), Zürich – Neukirchen-Vluyn 1998; Alfons Weiser, Der Zweite Brief an Timotheus (EKK XVI/1), Düsseldorf – Neukirchen-Vluyn 2003; Lorenz Oberlinner, Die Pastoralbriefe. Dritte Folge: Kommentar zum Titusbrief (HThK XI/2), Freiburg – Basel – Wien 1996.

Kompetenz der Episkopen und Presbyter, dass die Frage nach der charismatischen Kompetenz aller anderen Gemeindemitglieder offenbleibt. Hier werden enge Grenzen der Ekklesiologie sichtbar, die aber nicht unüberwindlich sind. Die Pastoralbriefe berufen sich auf Paulus und sein Kirchenbild. Was der »Lehrer der Heiden in Glaube und Wahrheit« (1 Tim 2,7) im Ersten Korintherbrief und im Römerbrief über die charismatische Grundstruktur der Kirche, über die konstruktive Mitarbeit aller am Gemeindeaufbau und über die enge Kooperation der verschiedenen Dienste geschrieben hat, wird von den Pastoralbriefen nicht aufgehoben, sondern vorausgesetzt. Ihr episkopales Kirchenmodell funktioniert nur auf echt paulinischer Grundlage: wenn die geistgewirkte Aktivität und Verantwortung aller Glieder am Leib Christi anerkannt und gefördert wird. Umgekehrt aber werden mit den Pastoralbriefen die Umrisse eines kirchlichen Lehr- und Leitungsamtes sichtbar, auf das die Gemeinden angewiesen bleiben: weil sie darauf angewiesen bleiben, dass ihnen das Evangelium als Wort Jesu Christi verkündet wird.

Zur Spiritualität urchristlichen Gemeindelebens, wie es im neutestamentlichen Jahrhundert gewachsen ist und sich verändert hat, gehört beides: vor allem die dankbare Annahme und selbstbewusste Wahrnehmung der Charismen, die den Glaubenden geschenkt sind, dann aber auch die Anerkennung, die Forderung und Förderung derer, denen mit dem Amt die Evangeliumsverkündigung anvertraut ist – wie umgekehrt die Konzentration der berufenen Gemeindeleiter auf die Vermittlung der Frohen Botschaft sowie die Ermutigung und die Förderung anderer Gemeindemitglieder zum Dienst am Wachstum des Leibes Christi.

2. Auf die Kirche achten

Für die katholische Kirche hat das Bischofsamt größte Bedeutung, mindestens in der Theorie, oft auch in der Praxis. Wer bei »katholisch« sofort an den Papst denkt, sollte bedenken, dass der selbst ein Bischof ist: der Bischof von Rom. Das Zweite Vatikanische Konzil hat die gesamte Theologie des kirchlichen Amtes an den Bischöfen festgemacht. Die Priester, die für die allermeisten Menschen das Gesicht der katholischen Kirche sind, werden nur als »Mitarbeiter« der Bischöfe eingeführt. Von den zahlreichen »Laien«, die in der Kirche Dienst tun, ist noch gar keine Rede. Das Konzil sagt: Auf die Bischöfe kommt es an. Sie sollen Hirten und Lehrer sein: überzeugte und überzeugende Boten des Glaubens, die allen Gläubigen den Weg weisen. Sie sollen in ihren Diözesen das Sagen haben, letztlich auch in allen Fragen der Verwaltung, der Finanzen, der Personalführung. Das Kirchenrecht hat es festgeschrieben. Dass Bischöfe heute mit ihren Pfarrern, mit Kaplänen, mit Laien und Gemeinden diskutieren müssen, um Überzeugungsarbeit zu leisten, ist einfach ein Gebot der heutigen Zeit, das alle Führungskräfte beachten müssen, ändert aber nichts am Grundsatz, der dem katholischen und orthodoxen Kirchenbild entspricht.

Diese Theologie des Bischofsamtes stößt auf ein starkes Echo. Die meisten Katholiken wollen einen guten Bischof haben. Warum? Nur weil sie autoritätshörig sind? Oder weil sie dem Amt etwas zutrauen? Wenn es Probleme gibt, wird an Kritik nicht gespart. Das wäre vor einiger Zeit nur hinter vorgehaltener Hand geschehen; heute geschieht es in der Öffentlichkeit. Wer will sich darüber beklagen? Aber selbst wenn es zu Skandalen kommt, an denen es in der Geschichte der Kirche nie gefehlt hat, und ein Bischof gehen muss, will das katholische Kirchenvolk nicht etwa das Amt abschaffen, sondern einen neuen, einen besseren, einen glaubwürdigen Bischof.

Der Bischof besitzt eine Vertrauensposition. Darauf lässt sich bauen. Aber überzogene Ansprüche schaden nur. Wer sich mit den Anfängen des Bischofsamtes beschäftigt, kommt auf den Boden der Tatsachen zurück und hat die Möglichkeit, neu nach den Stärken und Schwächen, den Aufgaben und Grenzen eines Bischofs zu fragen – und Kriterien zu entdecken, wie ein Bischofsstuhl zu besetzen, eine Krise zu meistern, eine Reform zu gestalten ist.

a) Starke Entwicklungen

Die Wurzeln des Bischofsamtes liegen im Neuen Testament.[60] Doch erst am Ende des Urchristentums beginnt es, Profil zu gewinnen – nicht überall, aber in der Paulustradition, besonders in den Pastoralbriefen, die sich an Timotheus und Titus richten. Der Eindruck, den die Schreiben heute hinterlassen, ist – wie wir bereits gesehen haben – zwiespältig. Einerseits wollen sie Frauen aus der kirchlichen Öffentlichkeit zurückdrängen und sie auf den häuslichen Bereich festlegen; das hat den Ruf der Pastoralbriefe bei modernen Zeitgenossen ruiniert. Andererseits nennen sie Kriterien, an die sich alle halten sollen, die Bischof werden oder einen Bischof wählen und einsetzen wollen. Das ist von frappierender Aktualität. Die Kriterien sind von einer Nüchternheit und Klarheit, die an der Zeit ist. Hier verdienen die Pastoralbriefe eine neue Chance.

Nach der Mehrheitsmeinung der Exegese sind die beiden Timotheusbriefe und der Titusbrief um die Wende vom ersten zum zweiten Jahrhundert oder sogar noch etwas später entstanden. Sie ahmen die originalen Paulusbriefe nach, liefern aber keine Kopie, sondern entwickeln die vorgegebenen Formen kreativ weiter. In der Antike war das ein probates Stilmittel; jeder wusste, welches Spiel gespielt wurde: In einer neuen Herausforderung besinnt man sich auf die Anfänge und lässt in der Form eines neu geschriebenen Textes diejenigen sprechen, an denen man sich orientieren will. Die Literaturwissenschaft unterscheidet zwischen historischen und idealen Autoren und Adressaten. Das ist für die Pastoralbriefe wichtig: Sie sind Paulus-, Timotheus- und Titusbriefe, aber nicht in einem historischen, sondern in einem ideellen Sinn.

Die Situation, die sie vor Augen stellen, ist die eines Übergangs. Er ist schwierig, muss aber gelingen. Er ist schwierig, weil es Streit

---

[60] Vgl. Thomas Söding, Das Charisma des Dienens – Die Entwicklung von Ämtern in der frühen Kirche. Bewegung und Gegenbewegung, in: Walter Krieger – Balthasar Sieberer (Hg.), Ämter und Dienste: Entdeckungen – Spannungen – Veränderungen, Linz 2009, 89–144.

gibt: um Paulus und die richtige Theologie, um die moralischen Ansprüche der Kirche und die Fehlbarkeit ihrer Repräsentanten. Er muss gelingen, weil die Kirche sonst keine Zukunft hat. Nach den Pastoralbriefen schreibt Paulus, seinen Tod vor Augen, an Timotheus und Titus, seine Meisterschüler: Er gibt Anweisungen, wie sie die Gemeinden in Kleinasien (der heutigen Türkei) und Kreta (was vielleicht für ganz Griechenland steht) so organisieren, dass sie auch in Zukunft die Herausforderungen meistern können, wenn der Apostel als Ansprechpartner nicht mehr zur Verfügung steht. Die Pastoralbriefe idealisieren den Übergang von Paulus zu seinen Nachfolgern, damit sich die Kirche aller Zeiten an diesem Modell orientiert.

Am wichtigsten ist die Qualität der Lehre. »Gesund« soll sie sein (1 Tim 1,10; 2 Tim 1,13; 4,3; Tit 2,1), »gut« (1 Tim 4,6) und »wahr« (2 Tim 2,15; Tit 1,9). Also ist eine Theologie gefragt, die nicht krank macht, sondern heilt, und die nicht schwach ist, sondern stark. »Gut« ist sie, wenn sie »wahr« ist; »wahr« ist sie, wenn sie Gott und die Menschen verbindet – so wie Jesus es getan hat.

Aber nicht nur die Inhalte müssen stimmen, auch die Strukturen müssen passen und die richtigen Personen gefunden werden. Alles hängt von ihrer Glaubwürdigkeit ab.

b) Große Aufmerksamkeit

In den Briefen an Timotheus und Titus rückt der »Bischof« in eine Schlüsselposition. Das griechische Wort heißt *episkopos*, wörtlich übersetzt: »Aufseher«, neudeutsch: »Supervisor«. Das Wort hat von Haus aus nichts Heiliges an sich; aber es macht in der Kirche eine steile Karriere. »Episkopen« kennt die antike Welt im Vorstand und als Schatzmeister eines Vereins, als Aufpasser in einem Betrieb, als Vorgesetzte einer Behörde. Im Ersten Petrusbrief aber heißt es auf einmal:

> Ihr hattet euch verirrt wie Schafe; jetzt aber seid ihr heimgekehrt zum Hirten und Bischof eurer Seelen. (1 Petr 2,25)

Gemeint ist Jesus Christus. Vielleicht sollte man *episkopos* hier besser mit »Hüter« übersetzen. Aber der christologische Fanfarenstoß ist unüberhörbar (vgl. 1 Petr 5,4).

Der Ton der Pastoralbriefe ist gedämpfter. Aber er kündigt eine stürmische Entwicklung an. Der Philipperbrief, der eine Generation früher geschrieben sein dürfte und zweifellos von Paulus persönlich stammt, redet in der Adresse zusammen mit der Gemeinde auch »Episkopen« und »Diakone« an (Phil 1,1). Die Einheitsübersetzung von 1979 schreibt »Bischöfe«. Das ist merkwürdig. Denn die christliche Gemeinde von Philippi hat damals, etwa fünf Jahre nach ihrer Gründung, wohl kaum mehr als einhundert, zweihundert Mitglieder. Selbst wenn es einige mehr gewesen sein sollten – wie kann es dort »Bischöfe« – im Plural – gegeben haben? Jedenfalls nicht, wenn das Wort dieselbe Bedeutung besitzt wie später in der Kirchengeschichte. Besser wäre eine Übersetzung, die das Funktionale betont: »Aufseher«, vielleicht auch: »Vorsitzende«.

Das wäre im Ersten Timotheusbrief (1 Tim 3,1–7) und im Titusbrief (Tit 1,7) gleichfalls keine falsche Übersetzung. Das Bischofsamt ist ein Dienst. »Dienst« ist auch der einzige neutestamentliche Terminus, der theologisches Gewicht hat (während »Amt«, von Luther aufgebracht, eigentlich aus der Politik kommt und ursprünglich die Nähe zu weltlichen Aufgaben betonen sollte). Weil das Bischofsamt »Dienst« ist, auf Griechisch: Diakonie, ist auch eine Theologie, die bei der Dienst-Leistung ansetzt, nicht unter der Würde eines Bischofs.

Aber gegenüber dem Philipperbrief haben sich die Verhältnisse erheblich verändert. Das Wort ist gleich geblieben; aber seine Bedeutung hat sich gewandelt. Die Entwicklung lässt sich nicht nur an den Pastoralbriefen beobachten. Lukas erzählt in der Apostelgeschichte, Paulus habe am Ende seiner dritten Missionsreise, um sein kommendes Leiden wissend, die Presbyter aus Ephesus nach Milet eingeladen, um sie auf ihre kommenden Aufgaben vorzubereiten (Apg 20,17–38). Aus ihren eigenen Reihen würden Sprecher auftreten, die mit falschen Lehren Verwirrung stiften. Umso wichtiger sei es, dass sie, »vom Heiligen Geist zu Bischöfen bestellt«, sich als »Hirten« bewähren, die »für die Kirche Gottes sorgen« (Apg 20,28).

Der »Episkopos« der Pastoralbriefe ist eine Führungsfigur. Er ist vor allem Seelsorger und Lehrer. Er ist der Leiter der Kirche vor Ort. Er ist der *frontman* der Christen einer Stadt (zu der auch das Umland gehörte). Er hat das Sagen in des Wortes doppelter Bedeutung: Er soll den Mund aufmachen und die »gesunde Lehre« verbreiten; er soll auch die Richtlinienkompetenz haben und die Kirche, freundlich, aber bestimmt, anleiten, den Weg des Glaubens zu finden. Dazu muss er selbst vorangehen: Er muss nach draußen gehen, in die Öffentlichkeit, und der Kirche eine Stimme geben; er muss aber auch nach drinnen gehen, in sein eigenes Leben und mit Gott ins Reine kommen. Das Studium der Heiligen Schrift (1 Tim 4,13), das Beten (1 Tim 2,1f.), der Austausch mit anderen – all das hilft, nicht dirigistisch zu werden, schon gar nicht diktatorisch (1 Tim 5,1), sondern durch gute Lehre, durch kluge Überzeugung, durch Einfühlungsvermögen und Standfestigkeit die Kirche zu leiten.

Man kann an den Pastoralbriefen kritisieren, dass sie zu sehr auf das Amt und zu wenig auf die Gemeinde achten. Aber zu den Charismen hatte sich der Apostel Paulus in seinen Briefen an die Korinther und die Römer, indirekt auch in denen an die Galater, die Thessalonicher und die Philipper eingehend geäußert. Für Paulus ist die Kirche ein lebendiges Ganzes mit vielen verschiedenen Gaben, die alle ihren Beitrag leisten – nicht alle auf die gleiche Weise, nicht alle in derselben Verantwortung, aber alle zusammen. Paulus kann durchaus Unterschiede machen:

> Also hat Gott in der Kirche eingesetzt: 1. Apostel, 2. Propheten, 3. Lehrer. (1 Kor 12,28)

Wenn etwas Hierarchie genannt werden kann, dann das. Aber die ganze Kirche lebt von Kooperation, von wechselseitiger Diakonie, von den vielen, die ihre Stärken einbringen und die der anderen fördern.

Die Pastoralbriefe wollen dieses Bild des Paulus nicht zerstören. Sie haben ja die älteren Paulusbriefe nicht von der Bildfläche verdrängt, sondern auf ihre Weise gewürdigt. Doch sie sehen, dass das paulinische Kirchenmodell weiterentwickelt werden muss. Es braucht neue Konstruktionen, die tragfähig sind, wenn die Zeit sich dehnt und im Interesse des Glaubens festere Strukturen ausgebildet werden müssen.

Einen Zwischenschritt geht der Epheserbrief, der nach herrschender Meinung gleichfalls nicht dem Apostel persönlich, sondern – wenn man einen offenen Begriff wählen darf – einer Art Schule des Paulus zuzuschreiben ist. Paulus hatte in seinem Kirchenbild den Apostel als »Architekten« gesehen, der das Fundament legt, das »kein anderes ist ... als Jesus Christus« (1 Kor 3,11). Der Epheserbrief verschiebt das Bild: Jesus ist der »Eckstein«, an dem alles ausgerichtet wird; aber das »Fundament« sind die »Apostel und Propheten« (Eph 2,20f.), auf denen die Kirche aufbaut. Alle tragen dazu bei, »Evangelisten, Hirten und Lehrer« haben eine besondere Verantwortung (Eph 4,7–13). Die Pastoralbriefe verlängern diese Linie, indem sie den Bischof, aber auch Presbyter und Diakone ins Scheinwerferlicht rücken.

c) Echtes Team

So dezidiert die Pastoralbriefe Position beziehen und Positionen beschreiben – vieles ist unklar und historisch im Fluss: Gab es pro Stadtgemeinde immer nur einen Bischof? Kommt der Bischof aus dem Kreis der Presbyter, der Ältesten? Lassen sich die Aufgaben des Bischofs und des Presbyters ganz genau voneinander trennen? Was dürfen, was sollen die Diakone? Die Exegese, die nicht nur die Texte interpretiert, sondern auch die historischen Verhältnisse erforscht, die sie widerspiegeln, ist bei aller methodischen Selbstkontrolle nicht einfach »objektiv«, sondern höchst engagiert – es kann nicht anders sein. Auf der einen Seite steht das Interesse, die spätere Entwicklung, die zum sakramentalen Weiheamt, zum dreigliedrigen *ordo* mit Bischof, Presbytern und Diakonen geführt hat, dadurch zu legitimieren, dass sie, wenigstens im Kern, auf das Neue Testament zurückgeführt wird. Aber es hilft nichts, spätere Entwicklungen auf das Urchristentum zurückzuprojizieren. Auf der anderen Seite verfolgen viele Exegesen das

Interesse, die Legitimität der katholischen Amtstheologie infrage zu stellen, indem sie die Unterschiede betonen. Doch so wenig die Parole gilt, dass nicht sein kann, was nicht sein darf, so wenig beweist die Offenheit des Neuen Testaments schon ein: »Nichts ist unmöglich«. Man muss argumentieren, kritisieren und reflektieren, was dem Glauben, der Liebe und der Hoffnung dient.

Der »Monepiskopat« (eine Stadt – ein Bischof) hat sich erst deutlich später durchgesetzt. Aber er liegt durchaus in der Perspektive der Pastoralbriefe. Die Briefe an Timotheus und Titus sprechen vom »Bischof« immer im Singular, anders als bei Diakonen und Presbytern. Das kann man auf das Amt und den Typ deuten, aber es ist durchaus naheliegend, beides mit einer Person zu verbinden. Das gilt umso mehr, wenn der Bischof für die Einheit der Kirche steht, die der Leib Christi ist. Das ist das eigentlich theologische Argument. Es wird nicht dadurch geschwächt, dass es nicht explizit im Neuen Testament auftaucht, sondern erst bei paulinisch geprägten Kirchenvätern.

Allerdings ist die Kirche, neutestamentlich betrachtet, in ihrer Einheit kein massiver Block, sondern der vielgliedrige Organismus des Leibes Christi. In den Pastoralbriefen ist davon zwar wenig zu sehen. Aber immerhin wird klar, dass der Bischof nicht isoliert ist, sondern mitten in der Gemeinde steht und eng mit anderen zusammenarbeiten soll, die gleichfalls Verantwortung tragen.

Typisch ist das Gegenüber und Miteinander von Bischof und Diakonen (1 Tim 3,1–13). In Liturgie, in Caritas und Katechese – eigentlich sind die Diakone die klassischen »Mitarbeiter« eines Bischofs.

Keineswegs eindeutig ist das Miteinander von Bischof und Presbytern. Die »Ältesten« kennt man aus der Ordnung von Synagogen. Wird aus ihrem Kreis der Bischof gewählt (1 Tim 5,17)? Bilden sie eine Art geistlichen Rat? Stehen sie den Hausgemeinden einer Stadt vor? Das alles lässt sich in den Pastoralbriefen nur undeutlich erkennen, hat aber Konsequenzen für die Theologie des Amtes und die ökumenische Bedeutung der Exegese.

d) Wahre Begabung

Ein Bischof übt in der Kirche eine wichtige Funktion aus. Aber ein Funktionär ist er nicht. Man könnte von einem »Pastor« sprechen, einem Hirten (vgl. Apg 20,28; Eph 4,11; 1 Petr 5,2). Aber die Pastoralbriefe (obwohl sie so heißen) prägen keine ländlichen, sondern städtische Metaphern. Sie sehen die Kirche nicht als Herde, sondern als Haus (1 Tim 3,15f.). Der Bischof wird als der Herr dieses Hauses gesehen, als Mann des öffentlichen Lebens. Nicht nur in der Kirche, auch auf dem Forum soll er eine gute Figur machen. Niemand braucht einen Marktschreier; aber einen Mann des Wortes braucht die Kirche schon. Der Bischof soll ein »Geistlicher« sein, der sich für Politik interessiert (1 Tim 2,1f.), ein Lehrer, der weiß, wie das Leben spielt (1 Tim 1,18ff.), ein Nachfolger des Apostels, der sich vom großen Vorbild Paulus inspirieren lässt, seine eigene Sprache des Glaubens zu finden (1 Tim 4,6).

So wie der Bischof kein Verwaltungsbeamter ist, wiewohl er viel mit Organisationsfragen zu tun hat, ist auch die Einsetzung des Bischofs kein Verwaltungsakt, obgleich sie gut organisiert sein will. Die Pastoralbriefe sagen: Es braucht eine Liturgie mit Handauflegung und Gebet. Die Handauflegung ist eine sprechende Geste, das Gebet eine stille Bitte. Mit Magie hat das nichts zu tun, mit dem, was man später Sakrament nennt, aber sehr viel.

Die Pastoralbriefe beschreiben allerdings nicht die Liturgie einer bischöflichen Inthronisation. Eine Krönung wäre aberwitzig. Die Riten sind schlicht und bescheiden. Es gibt in den Schreiben auch widersprüchliche Angaben, die nicht ganz leicht auszugleichen sind und vielleicht eher unterschiedliche Traditionen vor Ort als eine einheitliche Praxis widerspiegeln. An einer Stelle haben die Ältesten Timotheus die Hände aufgelegt (1 Tim 4,14), nach einer anderen war es Paulus selbst (2 Tim 1,6). Einmal soll Timotheus anderen – und niemandem vorschnell – die Hände auflegen (1 Tim 5,22); ein andermal wird Titus nur aufgefordert, Presbyter (Älteste) einzusetzen, ohne dass gesagt wird, wie er es tun soll (Tit 1,5). Mal wird betont, dass das Wort von Propheten aus den Gemeinden die entscheidende Rolle spielt (1 Tim 1,18; 4,14); mal wird die Kompetenz des Timotheus und Titus betont, auszuwählen und einzusetzen (1 Tim 5,22; Tit 1,6–9).

Wie auch immer: Die Handauflegung ist keine leere Geste. Verbunden mit Gebet ist sie eine durch und durch religiöse Handlung. Sie bittet um Beistand – im Vertrauen darauf, erhört zu werden. Sie ruft den Geist herab, »nicht einen Geist der Verzagtheit, sondern den Geist der Kraft, der Liebe und der Besonnenheit« (2 Tim 1,7). Sie verleiht ein eigenes »Charisma«, eine spezifische Amtsgnade (1 Tim 4,14). Es ist die Gnade, die Kirche vor Ort in der Kraft des Geistes zu leiten und in der Wahrheit des Evangeliums zu halten. Der Volksmund sagt: Wem Gott ein Amt gibt, dem gibt er auch Verstand. Das Evangelium sagt: Wen Gott in Dienst nimmt, dem schenkt er auch die Gnade.

e) Cooler Typ

Wenn die Aufgabe eines Bischofs so wichtig ist, ist es entscheidend, die richtigen Leute zu finden. Die Pastoralbriefe richten auf die Auswahl große Aufmerksamkeit. Deshalb werden für den Bischof – und ganz ähnlich auch für Diakone (1 Tim 3,8–13) – lange Kriterienkataloge aufgestellt. Sie waren damals aktuell; sie sind es heute wieder. Die nächsten Parallelen fanden sich damals in sogenannten »Amtsspiegeln«: in Auflistungen, welche Qualitätsmerkmale das Führungspersonal in der Politik, bei der Polizei, im Rechtswesen, bei Wirtschaftsunternehmen aufweisen soll. Die nächsten Parallelen würde man wohl auch heute dort finden, wo *head hunter* nicht nur Manager des schnellen Geldes suchen, sondern Menschen, die eine nachhaltige Entwicklung steuern können.

Die Tugenden, die innerhalb der Kirche gefragt waren und sind, waren und sind profan. Viele ältere Exegeten haben sich über die Bürgerlichkeit der Pastoralbriefe mokiert und die Fixierung auf Sekundärtugenden kritisiert. Aber es gibt gar nicht so selten Situationen, in denen alle froh sind, wenn ihr Standard eingehalten wird. Was steht geschrieben?

Im Ersten Timotheusbrief:

¹Wenn einer Bischof werden will, strebt er nach einer guten Aufgabe. ²Der Bischof muss untadelig sein, der Mann nur einer Frau, nüchtern, besonnen, integer, gastfreundlich, lehrbegabt, ³kein Trinker, kein Schläger, sondern gütig, nicht gewalttätig, nicht geldgierig, ⁴ein guter Vorsteher seines eigenen Hauses, ein Erzieher seiner Kinder zu Gehorsam und Anstand (⁵wenn einer seinem eigenen Haus nicht vorzustehen weiß, wie will er dann die Gemeinde Gottes leiten?), ⁶kein Neubekehrter, damit er nicht aufgeblasen dem Gericht des Teufels anheimfällt. ⁷Er muss aber auch einen guten Ruf bei den Außenstehenden haben, damit er nicht beschimpft wird und in eine Falle des Teufels tappt. (1 Tim 3,1–7)

Im Titusbrief:

⁷Der Bischof soll untadelig sein als Hausverwalter Gottes, nicht eigensinnig, nicht jähzornig, kein Säufer, kein Schläger, kein Wucherer, ⁸sondern gastfreundlich, gütig, besonnen, gerecht, fromm und beherrscht. (Tit 1,7f.)

Verblüffend ist die Nüchternheit der Kriterien. Sie schließt sofort alle religiösen Spinner, alle spirituellen Hochseilartisten, alle exaltierten Showmänner aus, aber auch alle verknöcherten Bürokraten, alle dogmatischen Betonmischer, alle Scheuklappenträger. Für Sektierer und Zeloten ist an der Spitze der Kirche kein Platz. Fürstlicher Prunk lässt sich mit dem Bischofsbild der Pastoralbriefe nicht vereinbaren. Bodenständig sollen die Bischöfe sein, lebensklug und erfahren. Sie sollen keinen Konvertiteneifer an den Tag legen, sondern mit dem christlichen Glauben seit längerem vertraut sein. Sie sollen Tugenden an den Tag legen, die in der Antike höchstes Ansehen genossen haben, aber weder spezifisch jüdisch noch spezifisch christlich sind. Gastfreundschaft ist am wichtigsten; dass sie nur Glaubensgenossen gewährt werden soll, wird mit keiner Silbe gesagt.

Auch dass man ein guter Familienvater sein und seine Kinder gut erzogen haben soll, bevor man für das Bischofsamt in Frage kommt, gehört zum traditionellen Pflichtenkodex der Zeit. Aufhorchen lässt: »Mann nur einer Frau« – Monotheismus und Monogamie gehören schon bei Jesus zusammen. Besonderer Wert wird auf die Lebensführung, auf die ethischen Einstellungen und moralischen Haltungen gelegt: Besonnenheit, Güte, Gerechtigkeit, Selbstbeherrschung – das alles sind allgemeinmenschliche Tugenden, nicht spezifisch christliche. Die Frömmigkeit wird erwähnt, und damit kommt Gott ins Spiel. Aber kultivierte und praktizierte Religiosität gehört in der Antike einfach dazu, wenn man ein öffentliches Amt übernehmen will. Dass hier in den Pastoralbriefen eine spezifisch christliche, jüdisch fundierte Frömmigkeit gemeint ist, muss und kann man vom Kontext her erschließen. Allgemein verbreitet ist das Urteil, dass Verantwortung für andere derjenige am besten übernehmen kann, der sein Verhältnis zu Gott geklärt hat. Für einen Bischof sollte das selbstverständlich sein; es ist aber wohl nicht überflüssig, es eigens zu erwähnen, zumal wenn jemand unbedingt in der Kirche Karriere machen will.

Ein Abstinenzgebot kennen die Paulusbriefe nicht; sie wollen keine puritanischen Bischöfe. Schließlich wird die Eucharistie mit Brot und Wein gefeiert. Aber der Zusammenhang von Alkoholismus und Gewalt steht ihnen vor Augen: Kein Säufer, kein Schläger! Die Friedfertigkeit sollte selbstverständlich sein, auch wenn die Antike durchaus rüde Erziehungsmethoden kennt (Spr 3,12: »Wen der Herr liebt, züchtigt er – wie ein Vater seinen Sohn«; vgl. Hebr 12,7). Das Wort Gottes darf nicht eingeprügelt werden. Und Alkohol? In Maßen! Es gilt das Gebot der Nüchternheit, aber auch der Wachsamkeit. »Trink nicht nur Wasser!«, so der Rat an Timotheus (1 Tim 5,23). Ein wenig Wein nützt der Gesundheit.

Zur Nüchternheit, die aus den Kriterienkatalogen für einen Bischof und für Diakone spricht, gab es zur Zeit der Pastoralbriefe allen Anlass. Denn viele besonders Ambitionierte hatten sich einer »sogenannten Gnosis« verschrieben (1 Tim 6,20), einer Art christlicher Esoterik, und wollten durch exzessive Engelverehrung, durch die Verbannung der Sexualität aus dem Leben, durch religiös begründete Abstinenz eine höhere Stufe des Glaubens erklimmen. Davon hält der Verfasser der Pastoralbriefe, der im Namen des Paulus schreibt, rein gar nichts. Eine positive Schöpfungstheologie muss getrieben werden, sonst kann man auch nicht vernünftig von Erlösung sprechen. Mit Leibfeindlichkeit hat der christliche Glaube nichts zu tun. Man darf seinen Schutzengel haben – aber der Glaube wäre voller Angst, der nicht darauf baute, dass Gott durch Jesus Christus ein für alle Mal alles zur Rettung der Menschen getan und dass die Glaubenden in Christus »nichts von der Liebe Gottes scheiden« kann (Röm 8,39).

f) Gutes Modell

Zur Nüchternheit bei der Auswahl von Bischöfen gibt es auch heute allen Grund. Es brauchen keine Heiligen zu sein; aber sie müssen in ihrem Verhalten ethischen Maßstäben genügen, die allgemein gültig sind. Das allein reicht nicht aus: Theologische Bildung und geistliches Leben gehören dazu. Aber ohne die moralischen Grundstandards geht es nicht an. Das war nie strittig und ist es auch heute nicht. Haben die Pastoralbriefe darüber hinaus Bedeutung?

Ordinatio sacerdotalis, ein Lehrschreiben Johannes Pauls II. aus dem Jahr 1994, wonach nur Männer zu Priestern geweiht werden können, geht auf die Pastoralbriefe gar nicht ein. Diese kennen wahrscheinlich Frauen als Diakone (1 Tim 3,11) – so wie Paulus auch (Röm 16,1f.). Aber sie wollen, dass Frauen in der Kirche nicht öffentlich lehren (1 Tim 2,8–15). Gott sei Dank hat sich die Kirche daran nicht gehalten. Dass es gegenwärtig heißt, nur Diakone und Priester dürften während der Eucharistiefeier die Homilie halten, darf den Blick nicht trüben. Innerhalb und außerhalb der Kirchengebäude, innerhalb und außerhalb von Liturgien haben immer wieder auch Frauen ihre Stimme erhoben: Katharina von Siena und Teresa von Ávila, Edith Stein und Hildegard von Bingen sind nur einige der Zeuginnen. Äbtissinnen und Gemeindeschwestern, in jüngerer Zeit auch Katechetinnen, Lehrerinnen und Pastoralreferentinnen – wer wollte ernsthaft auf ihr Wort verzichten? Die Pastoralbriefe können kein Sprechverbot rechtfertigen. Ihre frauenfeindliche Begründung, Eva sei nach Adam erschaffen worden (1 Tim 2,13), habe aber als erste gesündigt, wird in keinem einzigen offiziellen Lehrdokument der katholischen Kirche zitiert.

Aber auch bei den Kriterien gilt: Die Kirche hat sich nie sklavisch an die Vorschriften der Pastoralbriefe gehalten – zu Recht. Die Checklisten für Bischöfe, Presbyter und Diakone sind höchst zeitbedingt. Sie sind nicht in Stein gemeißelt, sondern sollen zu ihrer Zeit und in ihrem Umfeld für eine Bestenauslese sorgen. Die Kirche hat sich immer die Freiheit genommen, neue Regeln zu finden, die in die Zeit und zum Amt passen. Die Vorstellungen, wer ein guter Bischof werden kann und wie ein guter Bischof leben soll, haben sich geändert und werden sich weiter ändern.

Kein Konvertit? Ambrosius, eine der ganz großen Bischofsgestalten, wird von Mailands Christenvolk 374 zum Bischof erwählt, obwohl er noch gar nicht getauft war. John Henry Newman wurde 1847 bereits zwei Jahre nach seiner Konversion zum Priester geweiht. Augustinus hat seine bewegte sexuelle Vergangenheit in seinen *Confessiones* (Bekenntnisse) nicht verschwiegen: zwar nicht zur Mutter seines Kindes, aber wenigstens zu seinem Sohn gestanden – man stelle sich vor, wie man sich gegenwärtig die Mäuler über einen Bischof mit einer derartigen Vergangenheit zerreißen würde. Augustinus würde heute an jedem Gutachten der römischen Bischofskongregation scheitern.

Ein guter Ehemann und Vater? In der Orthodoxie dürfen zwar Priester (vor der Weihe) heiraten; es werden aber nur Mönche, die ehelos leben, zu Bischöfen gekürt. In der katholischen Kirche gilt der Zölibat sogar für alle Priester. Ganz wenige Ausnahmen bestätigen die Regel: Evangelische Pfarrer, die verheiratet sind und nach ihrer Konversion katholische Priester werden, geben selbstverständlich ihre Ehe nicht auf. In katholischen Diözesen, die nicht römisch, sondern uniert sind, gibt es im Regelfall verheiratete Priester, darunter gegenwärtig einen, der Mitglied der Internationalen Theologenkommission im Vatikan ist. Allein diese Ausnahmen zeigen, dass von einem Dogma keine Rede sein kann – abgesehen davon, dass man explizit den Pastoralbriefen widerspräche. Aber umgekehrt kann auch niemand mit Berufung auf die Pastoralbriefe die römische Koppelung zwischen Zölibat und Priestertum ablehnen. Der Zölibat ist ein Zeichen der Nachfolge Jesu. Ist es nicht sinnvoll, das Priesteramt mit diesem Zeichen zu versehen? Die Diskussion darf nicht auf Zweckmäßigkeit reduziert werden. Sie muss Teil einer Diskussion über die Erneuerung der Kirche, über das Miteinander von Bischöfen und Priestern, von Klerikern und Laien sein. Nur dann ist sie fruchtbar.

Die Debatte hat begonnen. Aber sie steht schon wieder in der Gefahr, sich auf Verfahrensfragen zu fokussieren. Tatsächlich haben die Pastoralbriefe aber in all ihren Grenzen ein Potential, das kirchenrechtlich nicht ausgeschöpft ist. Ohne dass jemand in seiner Umgebung auch von den Nichtchristen, jedenfalls den verständigen unter ihnen, anerkannt ist, kann er kein Bischof werden. Ein Bischof, der keinen guten Leumund hat, ist untragbar. Ein Bischof wird in sein Amt durch Handauflegung und Gebet eingesetzt, wobei einmal die Ältesten im Blick stehen, einmal Timotheus, dem seinerseits der Apostel Paulus die Hände unter Gebet aufgelegt hat. Aber der Bischof muss auch von den Gemeinden akzeptiert werden, für die er wirkt. Fehlte die Zustimmung, wäre er fehl am Platz. Die Gemeinden sind nach den Pastoralbriefen an der Wahl beteiligt. Allerdings nicht per Mehrheitsentscheidung nach einem Wahlkampf, sondern durch ein qualifiziertes Zeugnis des Heiligen Geistes aus dem Mund von Gemeindevertretern. Die Pastoralbriefe sprechen von Worten der Prophetie – und haben nicht vergessen, dass Propheten die Zeugen des Glaubens sind, amtlich gebunden oder nicht, die erkennen, was die Stunde geschlagen hat, und in der Lage sind, die Zeichen der Zeit zu deuten und auch einen Menschen gut zu beurteilen.

Die Pastoralbriefe diskutieren die Auswahlkriterien für die Wahl eines Bischofs als Typfrage. Nüchtern und geistvoll zu sein, glaubensfest und friedfertig – wer Bischof werden will oder werden soll, muss das zusammenbringen. Er darf auf den Heiligen Geist setzen, der seine Kirche leitet, und auf die Gebete der Gläubigen. Er muss aber auch an sich arbeiten, um den Erwartungen gerecht zu werden. Es ist eine theologische Leistung der Pastoralbriefe, einen solchen Typ Bischof gebildet zu haben. Die Kirche kann von ihm nur profitieren. Kein Wunder, dass die Alte Kirche hier Maß genommen hat.

Auch die Ökumene kann von den Pastoralbriefen und ihrem Bild der Bischöfe profitieren. Wenn die Katholiken vom kirchlichen Dienst, der ihnen so wichtig ist, auf die Weise sprechen wollen, wie es dem Maßstab der Heiligen Schrift entspricht, müssen sie anerkennen, dass zwischen »Bischof« und »Presbyter« nicht so scharf unterschieden werden kann, wie es die gegenreformatorische Theologie versucht hat. Das schafft Spielraum für die Bewertung der Entwicklungen in der Reformation, die – jedenfalls in Deutschland – nicht evangelische Bischöfe, wohl aber Pfarrer aufweisen konnte. Die »apostolische Sukzession«, die zur Debatte steht, ist die lebendige Tradition des Glaubens, die Sache aller Gläubigen und deshalb der Dienst derer ist, die zur öffentlichen Verkündigung des Glaubens und zur Spendung der Sakramente berufen und bestimmt, beauftragt und bevollmächtigt sind. Der Bischof ist nach den Pastoralbriefen derjenige, der dafür vor Ort die Gesamtverantwortung trägt und der – so ist man von den Pastoralbriefen zu glauben eingeladen – kraft Handauflegung und Gebet die nötige Gnade erhält, diesen Dienst zu leisten. Wenn aber das, was der Sache nach des Bischofs ist, in bestimmten Situationen und Konstellationen dem Worte nach auch von Presbytern geleistet wird, kann nicht von einem Mangel oder Fehlen des Amtes gesprochen werden.

Die Evangelischen sind gefragt, ob sie wirklich die gegenwärtig von vielen vertretene These aufrechterhalten wollen, dass schon in der Taufe alle Möglichkeiten gegeben sind, das Bischofsamt in der Kirche auszuüben, und dass allein Gründe der guten Ordnung dazu führen, dass nur einzelne durch die Ordination berechtigt werden, diese Möglichkeit auch wahrzunehmen. In den Pastoralbriefen steht es anders. Wenn deren Position im Kern nicht übernommen wird, steht es schlecht um die theologische Anerkennung der Ämter und damit der evangelischen Kirchen.

Die Konfessionen müssen die Fixierung auf eine mechanische Sicht der Handauflegung und der Kette ihrer Abfolgen aufgeben. Sonst geht es immer nur um die Kritik an den anderen, nicht der eigenen Position. Von der Kollegialität der Bischöfe, in der sich die von Paulus betonte Gemeinschaft der Apostel (Gal 2,1–10) darstellt, wäre keine Rede mehr.

Beide Seiten müssen sich bewegen. Die Pastoralbriefe geben dazu starke Anstöße. Sie diskutieren nicht den *worst case,* dass ein Bischof sein Amt aufgeben muss, weil er den Ansprüchen, die es stellt, nicht genügt – und wie das geht. Aber sie setzen darauf, dass es gute Bischöfe geben kann und geben wird und dass sie ihren

Dienst für die Kirche leisten, wenn man kritisch genug bei der Auswahl der Bewerber ist.

3. In Rom und aller Welt

Dass das Papstamt ein Petrusamt ist, scheint evident.[61] Aber: »Peter und Paul« wird in der katholischen Kirche am gleichen Tag gefeiert. Der 29. Juni ist dem Gedächtnis beider Märtyrer-Apostel gewidmet. Beide haben ihre Gräber vor den Toren Roms gefunden. St. Peter im Vatikan und St. Paul vor den Mauern markieren die Orte. Weil die Lebenswege dieser beiden Apostelfürsten in der Ewigen Stadt endeten, hat sie sich seit alter Zeit in der Pflicht gesehen, die Fahne des katholischen Glaubens zu hissen, und den Anspruch erhoben, die erste Stadt in der Kirche zu sein. Wegen »Peter und Paul« kommt der Papst aus Rom: Er ist der Bischof dieser Stadt. Er steht in der Nachfolge der Apostel.

Deshalb wäre es zu wenig, wollte der katholische Papst sich nur auf Petrus beziehen. Man stelle sich vor, wo die Kirche ohne Paulus, den Apostel der Völker, den Theologen der Freiheit, den Lehrer des Glaubens, der Liebe und der Hoffnung, geblieben wäre! So provinziell wäre ohne Paulus auch der Petrusdienst. Aber kann sich der Papst auf diesen Paulus berufen? Was muss sich dann ändern: bei ihm, seinem Amt und in der römisch-katholischen Kirche? Im christlichen Altertum hat Rom beide Apostel gerne in großer Harmonie vorgestellt. Auf dem Petersplatz stehen monumentale Statuen von Petrus und von Paulus. Aber es ist nicht einfach, beide zu feiern. Es wird kritisch. Man muss zurückgehen an die Anfänge der Kirche und mitten hinein in die spannende Geschichte zwischen dem einen, dem Fischer vom See Gennesaret, der zum Menschen-

---

[61] Zu Petrus vgl. Christfried Böttrich, Petrus – Fischer, Fels und Funktionär, Leipzig 2001; Joachim Gnilka, Petrus und Rom. Das Petrusbild in den ersten zwei Jahrhunderten, Freiburg – Basel – Wien 2002; Jürgen Becker, Simon Petrus im Urchristentum, Neukirchen-Vluyn 2009.

fischer geworden ist, und dem anderen, dem pharisäischen Intellektuellen, der die Weisheit des Kreuzes erkannt hat. Petrus und Paulus hätten unterschiedlicher nicht sein können. Zwischen beiden hat es gekracht. Aber sie konnten miteinander. Die Kirche braucht beide. Sonst hätte sie sich nicht entwickelt.

a) Der erste Apostel – und der letzte

Simon Petrus ist der erste der Apostel. Zwar ist er nach dem Vierten Evangelium erst durch seinen Bruder Andreas, den zuvor der Täufer Johannes zu Jesus gebracht hatte, in die Nachfolge geführt worden (Joh 1,35–42). Deshalb schickt der Papst – so er nicht selbst dort ist – Jahr für Jahr seinen Delegaten zum Ökumenischen Patriarchen nach Konstantinopel, heute Istanbul, wenn die orthodoxe Kirche das Andreasfest feiert. Nach dem Johannesevangelium war es auch nicht Petrus, sondern Maria Magdalena, die Jesus zuerst im Morgenlicht der Auferstehung gesehen hat (Joh 20,1–18). Aber nach Markus, Matthäus und Lukas ist Petrus der erste Nachfolger Jesu (Mk 1,16–20 par.; Lk 5,1–11) und auch der erste Zeuge der Auferstehung (Mk 16,6f. parr.; Lk 24,34). Jede Liste der Zwölf Apostel führt sein Name an (Mk 3,16–18 parr.; Apg 1,13). Nur er ist »Petrus«, auf Aramäisch: »Kephas«, der »Fels« oder »Stein«. Nach dem Matthäusevangelium sagt Jesus – in der Kuppel des Petersdomes steht es in zweieinhalb Meter großen goldenen Lettern – zu Simon: »Du bist Petrus, der Fels, und auf diesen Felsen werde ich meine Kirche bauen.« (Mt 16,18) Die historisch-kritische Exegese urteilt zwar, dass dies kein O-Ton Jesu sei, sondern ein Wort, das man ihm nach Ostern in den Mund gelegt habe. Doch der Petrusname selbst geht zweifellos auf Jesus zurück. Was soll er aber im Kern anderes bedeuten, als dass Simon der Fels der Jüngerschaft ist?

Petrus ist der erste Apostel – und Paulus der letzte. So schreibt Paulus es selbst den Korinthern. Kephas ist auch für Paulus der Erste der Zwölf (1 Kor 15,5). Er ist der einzige Apostel, mit dem er Kontakt sucht (Gal 1,17). Petrus-Kephas hat schon für den Glauben eingestanden (Apg 2–6), als Saulus-Paulus noch die Kirche verfolgt hat (Apg 9; Gal 1,13–15). »Ich bin nicht wert, Apostel genannt zu werden«, schreibt Paulus deshalb (1 Kor 15,9). Aber er schreibt auch: »Durch Gottes Gnade bin ich, was ich bin« (1 Kor 15,10), weil ihm »als letztem von allen« der auferweckte Christus erschienen ist, um ihn zu berufen und zu senden (1 Kor 15,8).

Wenn Petrus der erste und Paulus der letzte Apostel ist – wessen Position ist dann privilegierter? Man braucht nur an Jesu Wort, dass die Letzten die Ersten und die Ersten die Letzten sein werden (Mk 10,31 u.ö.), zu denken, um die paulinische Dialektik zu erkennen. Sosehr die Reihe der Apostel schon abgeschlossen war – er ist der »Apostel der Ausnahme« (Erik Peterson). So viele schon vor ihm berufen waren – nach ihm kommt keiner mehr. Sosehr Paulus als Apostel umstritten war – mit Berufung auf seinen Herrn Jesus Christus hat er anderen, die sich auch Apostel nannten, das Recht bestritten, wahre Apostel zu sein, wenn sie die Freiheit des Glaubens und die Wahrheit des Evangeliums verletzt haben.

Zwischen Petrus und Paulus baut sich ein Spannungsbogen auf, ohne den es die »eine, heilige, katholische und apostolische Kirche« nicht gäbe. Es ist ein Bogen, unter dem für viele Platz ist. Aber herrschte nicht starke Spannung, gäbe es den Bogen nicht. Was ist erstaunlicher? Dass einer wie Simon Petrus oder dass einer wie Saulus-Paulus Apostel Jesu Christi hat werden können? Der eine hat Jesus mitten in Galiläa, der andere hat ihn vor Damaskus kennengelernt. Der eine ist Jesus auf seinem Weg nach Jerusalem gefolgt, wo er sterben sollte; der andere hat ihn von Jerusalem aus verfolgt, obwohl – oder weil – er schon gestorben war. Der eine hat sich schwergetan, hinaus in die Welt zu gehen; der andere hat sich schwergetan, wenn andere nicht so schnell unterwegs waren wie er.

Warum braucht Paulus Petrus? Weil die Kirche nicht vor Damaskus, sondern in Galiläa angefangen hat. Warum braucht Petrus Paulus? Weil die Kirche nicht nur in Jerusalem bleiben konnte, sondern bis nach Rom und ans Ende der Welt gelangen musste. Die Kirche braucht die Petrusgeschichten, weil sie die Erinnerungen an Jesus braucht; sie braucht aber auch die Paulusgeschichten, weil sie die Kraft des Neuanfangs braucht und den Geist der Reform.

b) Der starke Glaube – und der schwache

Petrus und Paulus sind Männer des Glaubens. Nach der Apostelgeschichte war es Petrus, der, als es kritisch wurde, eine Lanze für Paulus und die Heidenmission gebrochen hat, indem er an seine eigenen Erfahrungen anknüpft und die befreiende Kraft des Glaubens betont:

> Gott hat längst die Entscheidung für euch gefällt: Die Heiden sollten durch meinen Mund das Wort des Evangeliums hören und glauben. Gott, der die Herzen kennt, ist Zeuge; denn er hat ihnen denselben Geist gegeben wie uns. Er hat keinen Unterschied zwischen uns und ihnen gemacht, weil es der Glaube ist, der ihre Herzen reinigt. (Apg 15,7–9)

Paulus seinerseits erinnert die Korinther mit dem Urbekenntnis zu Jesu Tod und Auferweckung, das der Erscheinung vor Kephas und den Zwölfen eingedenk ist, an das Evangelium, das er ihnen gebracht hat:

> Ich erinnere euch an das Evangelium, das ich euch verkündigt habe und das ihr angenommen habt. In ihm steht ihr fest und werdet gerettet, wenn ihr an dem Wort festhaltet, das euch verkündet wurde. Oder seid ihr etwa umsonst zum Glauben gekommen? (1 Kor 15,1f.)

Im selben Brief mahnt er die Gemeinde:

> Steht fest im Glauben. (1 Kor 16,13)

Im Ersten Petrusbrief liest man:

> Euer Glaube soll sich bewähren! (1 Petr 1,7)

Die Übereinstimmung ist groß. Zwar ist es Mehrheitsmeinung, dass der Erste Petrusbrief nicht vom Apostel selbst geschrieben worden ist, sondern allenfalls indirekt mit ihm in Verbindung steht; auch wird damit gerechnet, dass Lukas als Autor der Apostelgeschichte seinen Petrus in einem paulinischen Sinn reden lässt. Aber dass der Glaube zählt und dass er möglichst stark sein muss, haben Petrus wie Paulus propagiert. Das Petrusamt steht im Dienst des Glaubens der Kirche; es ist nicht nur ein Petrus-, sondern auch ein Paulusdienst, weil der Völkerapostel wie kein anderer das Was und das Wie des Glaubens, sein Woher und Wozu reflektiert hat.

Allerdings sind beide, Petrus wie Paulus, im Glauben nicht nur stark, sondern auch ausgesprochen schwach gewesen. Beide haben ihre dunklen Punkte. Der eine, Paulus, ist aus Fanatismus zum Christenverfolger geworden, bevor er der Gewalt abgeschworen hat (Gal 1,13–16). Der andere, Petrus, hat dreimal Nein zu Jesus gesagt, als es darauf angekommen wäre, sich zu ihm zu bekennen: in der Stunde der Not (Mk 14,66–72 parr.; Joh 18,12.25–27). Schon dass er sich unmittelbar nach seinem Messiasbekenntnis Jesus in den Weg stellen will, als er merkt, dass jener den Kreuzweg gehen will (Mk 8,31f. parr.), zeigt sein tiefes Glaubensproblem: Er kann Gott und das Leid nur als Gegensatz ansehen; er will, dass Christus ein Gewinner und kein Verlierer ist. Er akzeptiert nur eine Christologie der Stärke, nicht aber der Schwäche. Das ist gerade die Kehrseite des paulinischen Glaubensproblems vor Damaskus: Er sieht im Gekreuzigten nur den Verfluchten (Dtn 21,23), nicht aber, wie nach seiner Bekehrung, den Gesegneten, der durch seinen Stellvertretertod Segen spendet (Gal 3,13f.).

Paulus hat diese seine Glaubensprobleme in seinen Briefen intensiv aufgearbeitet. Es wäre ihm nicht möglich gewesen, sie zu verdrängen, weil seine Gegner ihn immer wieder mit der Nase auf sie gestoßen haben. Er hat aber auch einen Zugang gefunden, diese Probleme zu lösen. Dieser Zugang ist der, den Jesus Christus selbst ihm eröffnet hat. Es ist ein Zugang des Glaubens. Am auferstandenen Gekreuzigten hat Paulus erkannt: »Gekreuzigt aus Schwäche, lebt er aus Gottes Kraft.« (2 Kor 13,4) Deshalb erkennt er als Prinzip der Gnade: »Kraft wird in Schwäche vollendet.« (2 Kor 12,9) Und sagt von sich selbst: »Wenn ich schwach bin, bin ich stark.« (2 Kor 12,10) Ob er sich selbst immer daran gehalten hat, ist die Frage. Aber die Stärke der Kreuzestheologie ist gerade die Schwäche, die Gott für die Menschen hat: Er liebt sie. Das macht die Sendung Jesu aus; das prägt auch die Sendung des Apostels. Paulus hat erkannt, dass ein starker Glaube schwach sein muss und ein schwacher Glaube stark ist. Ein besseres Mittel gegen Fundamentalismus gibt es nicht.

Im Ersten Petrusbrief liest man hingegen von der Verleugnung Christi rein gar nichts. Das macht das Schreiben nicht stärker, sondern schwächer. Allerdings haben die Evangelien das Versagen des

Petrus im Gedächtnis behalten. Paulus scheint davon zu wissen: »Was immer mit ihnen früher war«, schreibt er in vielsagendem Schweigen mit Blick auf Petrus, Jakobus und Johannes, »kümmert mich nicht« (Gal 2,6). Aber Paulus weiß auch, dass Gottes Gnade größer ist als die Schuld der Menschen. So hat auch das Nein des Petrus zu Jesus nicht das Nein Jesu zu ihm ausgelöst, sondern ein neues Ja. Nach einer lukanischen Sondertradition hat Jesus vor der Ansage, dass Petrus ihn verleugnen werde, bevor der Hahn kräht, ihm auf den Kopf zugesagt:

> Simon, Simon, siehe, der Satan hat euch wie Weizen zu sieben begehrt. Ich aber habe für dich gebetet, dass dein Glaube nicht erlischt. Wenn du dich dann aber bekehrt haben wirst, stärke deine Brüder. (Lk 22,31f.)

Nur der letzte Satz gehört im Petersdom zu dem langen Schriftband mit Petrustexten, das ein Stockwerk unter der Kuppel durch den gesamten Innenraum läuft. Um an den Hahnenschrei erinnert zu werden, muss man aus der Kirche herausgehen zur Jubiläumspforte für das Heilige Jahr, die Johannes Paul II. hat errichten lassen. Aber ohne die Erinnerung an die Petrusverleugnung – was ist dann der Petrusdienst wert? Joseph Ratzinger, als er noch nicht zum Papst gewählt worden war, hat das Problem erkannt und so zu lösen versucht, »dass das Papsttum durch eine nicht aus ihm selbst stammende Kraft Fundament der Kirche bleibt und dass zugleich einzelne Päpste aus dem Eigenen ihres Menschseins heraus immer wieder zum Skandalon werden, weil sie Christus vorangehen, nicht nachfolgen wollen.«[62]

Von diesem Schatten des Petrus und des Papsttums ist viel zu wenig die Rede. Von der Schwäche des Petrus und des Petrusdienstes zu reden, würde aber nicht nur den Kritikern den Wind aus den Segeln nehmen, sondern auch ein starkes Zeichen des Glaubens setzen.

Johannes Paul II. war nicht in dem Moment ganz stark, als er den südamerikanischen Befreiungstheologen die Leviten gelesen,

---

[62] Joseph Ratzinger, Zur Gemeinschaft berufen. Kirche heute verstehen, Freiburg – Basel – Wien 1991, 57.

sondern als er, ein gebrechlicher Pilger, in die Klagemauer am Tempel von Jerusalem einen Gebetszettel gesteckt hat, dessen Inhalt eigentlich nur ihn und Gott etwas hätte angehen sollen. Benedikt XVI. war stark, als er seine Schwäche zugegeben und seinen Rücktritt angekündigt hat. Das Leitwort des Papsttums hat Paulus geprägt: »Wir verkünden nicht uns selbst, sondern Jesus Christus als den Herrn, uns selbst aber als eure Diener um Jesu willen.« (2 Kor 4,5)

c) Die große Kirche – und die kleine

Auf dem Papier ist die Sache klar: Die katholische Kirche ist die große Kirche, die orthodoxen und die evangelischen Kirchen sind kleine Kirchen. Aber Papier ist geduldig. Wenn der letzte Apostel wichtiger als der erste sein kann und der schwache Glaube der starke ist: was ist dann eine große und was eine kleine Kirche? An Petrus und Paulus kann man Maß nehmen. Beide sind Männer der Kirche. Aber beide haben eine ganz unterschiedliche Rolle gespielt. Paulus hätte die Kirche nie zusammenhalten können; er hat sie vorangetrieben. Petrus hatte nie die Energie des Paulus; aber er ist der Hirte, der die Herde Christi weiden soll (Joh 21,15–17) – wenngleich ein Hirte, der selbst in die Irre gegangen war und erst von Jesus wieder auf den rechten Weg gebracht werden musste.

Beide, Petrus und Paulus, haben zusammengestanden, als es ernst wurde: beim Apostelkonzil. Jakobus, Petrus und Johannes, die »Säulen« der Urkirche, erkennen Paulus als gleichberechtigten Apostel an: »da sie die Gnade erkannten, die mir gegeben war«, schreibt Paulus, dem das »Evangelium« für die Heiden wie Petrus das für die Juden »anvertraut war« (Gal 2,8f.). Es kommt zum Handschlag, der die Gemeinschaft der Apostel und dadurch die Einheit der Kirche besiegelt.

Aber beide, Petrus und Paulus, sind auch in Streit geraten. Antiochia, die zwischenzeitliche Heimatgemeinde des Paulus (Apg 13f.), ist der Schauplatz des Konflikts. Paulus wirft Petrus vor, ein Heuchler zu sein, weil er zwar – theoretisch – wisse, dass nur der Glaube rechtfertigt, aus Angst aber – praktisch – die Heidenchristen zwinge, jüdisch zu leben (Gal 2,11–16). Es geht um die Tischgemeinschaft und damit auch um die Eucharistiegemeinschaft der frühen Kirche. Petrus hat sie, als er nach Antiochia kam, zuerst übernommen, aber dann – nach einer Intervention von Abgesandten des Jakobus – verlassen.

Dass Apostel überhaupt miteinander streiten können, ist eine Vorstellung, die die Theologen der Alten Kirche so irritierte, dass sie an ein Scheingefecht gedacht haben, das von Petrus und Paulus gewissermaßen zu Trainingszwecken inszeniert worden sei: um der Kirche zu zeigen, dass auch Petrus etwas lernen kann. Erst Augustinus hat Klartext geredet. Paulus hatte Recht; Petrus musste klein beigeben.

So oder so: Der antiochenische Konflikt ist ein Lehrstück bis heute. Nach dem Galaterbrief des Paulus hängt die Einheit der Kirche, die in der Einheit der Eucharistie begründet ist, an zwei Angelpunkten: an der Anerkennung der apostolischen Sendung und an der gemeinsamen Überzeugung von der Rechtfertigung »nicht durch Werke des Gesetzes, sondern durch den Glauben an Jesus Christus« (Gal 2,16).

Die Orthodoxie wird von der römisch-katholischen Kirche im Vollsinn als Kirche anerkannt, auch wenn sie den Petrusprimat Roms nicht anerkennt. Es hieße, mit zweierlei Maß zu messen, wollte man von den Evangelischen mehr als von den Orthodoxen verlangen. Aber mit beiden, Orthodoxen wie Protestanten, muss man schon darüber sprechen, ob es nicht eines Petrusdienstes um der Einheit der Kirche willen bedarf. Wie der dann aussieht, ist die Masterfrage.

Damals, in Antiochia, hat es eine Versöhnung gegeben, in der die Einheit der Kirche gewachsen ist, weil Paulus seinen Petrus gefunden hat und Petrus seinen Paulus.

Aber später, in Wittenberg und Worms und Rom und Trient? Martin Luther war ein Paulus, der keinen Petrus gefunden hat. Vielleicht hat er am Ende auch keinen mehr gesucht. Auf jeden Fall waren die Päpste jener Zeit nicht Petrus genug, um das Paulinische im Lutherischen zu erkennen.

Ohne das Feuer des Paulus wird es schwer sein, die Fackel des Evangeliums in Deutschland wieder zum Leuchten zu bringen. Der Papst muss aber auch Petrus sein: nicht nur der starke Kritiker, der zwischen Wahr und Falsch in Sachen Theologie und Kirche unterscheidet, sondern auch der Erste, der sich öffentlich kritisieren lässt und dadurch eine Lehre erteilt, dass er eine Lehre annimmt, und die Hand ausstreckt, wenn er die Gnade Gottes erkannt hat, die bei denen wirksam ist, die gleichfalls getauft sind und im Abendmahl Eucharistie feiern. Nur dann kann die Kirche wieder groß werden, weil sie nur dann erkennt, wie klein sie ist.

VI. Eucharistie

Die Kirche feiert Eucharistie – nicht mit allen, aber für alle.[63] Das ist das »Geheimnis des Glaubens«. Wenn es in der Ökumene an einer Stelle richtig rumort, dann in der Frage der Abendmahlsgemeinschaft. Der Streit dreht sich aber weniger um die Heiligkeit der Eucharistie, um die Schönheit der Liturgie und um die Begegnung mit Gott als um die Anerkennung anderer, um Offenheit und Gastfreundschaft. Muss beides in einem Gegensatz zueinander stehen? Das Neue Testament setzt anders an: bei der Wahrheit des Glaubens, der Strahlkraft des Sakraments und der Universalität des Heilswillens Gottes.

1. Das kostbare Mahl

»In der Nacht, da er verraten wurde« – das Hochgebet der Eucharistie erinnert mit knappen Worten (vgl. 1 Kor 11,23) an die Leidensgeschichte Jesu. Die Erinnerung ist hart. Sie wird allzu oft verdrängt. Aber sie tut not. In dem Moment, in dem der Gottesdienst nach gut katholischem Verständnis seinem Höhepunkt entgegenstrebt, der »Wandlung«, werden alle, die ihn feiern, Priester wie Gemeinde, hart auf den Boden der Tatsachen gestoßen. Jesus hat das Letzte Abendmahl in der Nacht vor seinem Leiden gefeiert. Er selbst hat seinen Tod vorausgesehen; er weiß, was auf ihn zukommt. Seine Jünger, die mit ihm essen, wollen dieses Ende nicht wahrhaben. Mehr noch: »Einer der Zwölf«, wie es in geradezu penetranten Wiederholungen bei den Evangelisten heißt, hat ihn ausgeliefert. Dieser eine, Judas, ist im Laufe der Jahrzehnte und Jahrhunderte des christlichen Gedächtnisses an die Passion geradezu verteufelt wor-

---

[63] Zum Hintergrund vgl. Thomas Söding (Hg.), Eucharistie – Positionen katholischer Theologie, Regensburg 2002.

den.[64] Sicher hat er beim Tod Jesu Schuld auf sich geladen – aus welchen Motiven und unter welchen Umständen auch immer. Aber alle Evangelien halten fest: er gehörte dazu; er war Mitglied im engsten Kreis um Jesus; und er war dabei, als Jesus die Jünger um sich versammelt hat, um ein letztes Mal gemeinsam mit ihnen zu essen. Als Jesus prophezeit: »Einer von euch wird mich verraten und ausliefern, einer von denen, die zusammen mit mir essen« (Mk 14,18), wissen nicht etwa alle, es komme nur dieser eine, Judas Iskariot, in Betracht. Vielmehr fragen alle: »Doch nicht etwa ich?« (Mk 14,19) Vielleicht spricht aus ihrer Frage nur der Schrecken über die schockierende Prophetie Jesu. Vielleicht ist es aber mehr: Jenseits ihrer oft zur Schau gestellten Glaubenssicherheit wissen sie, ohne es sich einzugestehen, im Grunde ihres Herzens nur allzu genau, dass sie alle zu dem fähig wären, was Judas tun wird.

a) Gemeinschaft mit Sündern

Der Lauf der Geschichte gibt der unbewussten Einsicht der Jünger Recht. Die Evangelisten haben die Pointe lange vorbereitet: Da Jesus verhaftet wird, »verließen ihn alle« seine Mahlgenossen (Mk 14,50), und Petrus, der noch auf dem Weg vom Abendmahlssaal nach Gethsemane ehrlichen Herzens beteuert: »Und wenn ich mit dir sterben müsste – ich werde dich nie verleugnen« (Mk 14,31), wird im Hof des Hohenpriesters fluchen: »Ich kenne diesen Menschen nicht!« (Mk 14,71) Der Grund für dieses Versagen ist nicht eigentlich eine bestimmte Charakterschwäche, sondern ein tiefes Glaubensproblem, hinter dem die Gottesfrage steckt. Es wird schon sichtbar, als sich Petrus als Sprecher der Jünger erstmalig zu dem Bekenntnis durchringt: »Du bist der Messias!« (Mk 8,27) Denn sofort darauf meint er, Jesus entschieden widersprechen zu müssen, da dieser, der Menschensohn, von der Notwendigkeit seines Leidens – und dann erst von seiner Auferstehung – spricht (Mk 8,31). Petrus und die anderen Jünger scheitern daran, dass sie Jesus zu ei-

---

[64] Vgl. Martin Meiser, Judas Iskariot. Einer von uns, Leipzig 2004.

nem Messias nach ihrem eigenen Bilde formen wollen, sei er nun ein siegreicher Krieger, ein wunderbarer Therapeut, ein sanfter Revolutionär, ein heiliger Priester oder ein faszinierender Lehrer. Nur eines halten sie für vollkommen unglaubwürdig: dass *im Tod* Jesu alles Leben verheißen sein soll und dass der Christus den Weg der Niedrigkeit und Demütigung bis ans Kreuz geht (vgl. Phil 2,6–11). Sie können es nicht fassen, dass Jesus bis zur letzten Konsequenz derjenige sein und bleiben wird, als der er sich in der Bergpredigt selbst vorgestellt hat; sie können nicht glauben, dass Gott genau so ist, wie Jesus ihn in der Seligpreisung der Armen, im Gebot der Feindesliebe und im Vaterunser gezeigt hat. Aber nur dann, wenn Jesus die Wahrheit gesagt hat, kann gelten, dass Gott Liebe ist (1 Joh 4,8.16) und dass er die Menschen, die sich zu seinen Feinden gemacht haben (vgl. Röm 5), rein aus Gnade und Barmherzigkeit erlöst.

Die Erinnerung an Judas, an Petrus und alle anderen Jünger, die geflohen sind, gehört ins Zentrum der Eucharistie. Es spricht für die Ehrlichkeit der Evangelienüberlieferung, dass im Rückblick nichts geschönt wird: nicht die Angst Jesu, nicht sein Wunsch, vor dem kommenden Leiden verschont zu werden, nicht sein Ringen um die Erkenntnis und Erfüllung des Willens Gottes (Mk 14,35f.), auch nicht das Versagen derer, die er auserwählt hatte, dass sie »mit ihm« seien (Mk 3,13f.). Mit ihnen feiert Jesus das Abendmahl, so erzählen es alle Evangelien, in dem prophetischen Wissen, dass sie ihn im Stich lassen werden, da es auf ihre Kreuzesnachfolge (Mk 8,34) angekommen wäre. Sie sind nicht die Heroen des Glaubens, als die sie später gerne ausgegeben worden sind. Sie sind wankelmütig, unsicher und schwach; sie sind, wie Matthäus immer wieder betont, »kleingläubig«. Vor allem sind sie Menschen, derer Jesus sich angenommen und die er in seinen Dienst genommen hat und von denen er sich nicht abwendet, obgleich sie sich von ihm abwenden werden. Hier liegt der Kern des Evangeliums.

b) Vergebung der Schuld

Die Tatsache, dass Jesus sein letztes Mahl mit den Versagern feiert, die seine Jünger sind, verbindet es mit zahlreichen Gastmählern, die er zeit seines Lebens mit notorischen Sündern, gar mit Prostituierten und Zöllnern gefeiert hat, mit reichen Männern und armen Frauen, mit denen keiner öffentlich etwas zu tun haben wollte, die Jesus aber für den Glauben an das Evangelium zu gewinnen trachtete. Diese Gastmähler waren prophetische Zeichenhandlungen. Sie wirkten Vergebung, Reinigung und Heilung, weil Jesus sie im Vorgriff auf das Gastmahl der Vollendung gefeiert und den Segen der Gottesherrschaft durch sie reichlich ausgeteilt hat.

Dies kulminiert im Letzten Abendmahl. Jesus feiert es mit seinen Jüngern, die ihrerseits der Vergebung bedürftig sind: er feiert es, *weil* sie – wie alle anderen Menschen auch – der Vergebung bedürftig sind; durch ihre Schuld hätten sie sich aus dem Reich Gottes ausgeschlossen, wenn Jesus es ihnen nicht dennoch aufgeschlossen hätte, indem er ihre Schuld getragen, vergeben und überwunden hat. Die Urkirche, die nach Jesu Tod und Auferstehung Eucharistie feiert, erkennt sich wieder in diesen Jüngern, die Jesus in Anbetracht ihrer Schuld dennoch einlädt, um ihnen sein Brot zu brechen und seinen Wein auszuschenken. Die Kirche kann nur deshalb Eucharistie feiern, weil Jesus sich seiner sündigen Jünger angenommen hat und sich der Gläubigen immer neu annimmt. Das eucharistische Hochgebet greift die Sondertradition des Matthäus auf, der eigens daran erinnert, dass Jesu Tod »zur Vergebung der Sünden« (Mt 26,26) geschehen sei. Daraus hat die kirchliche Tradition seit frühester Zeit die Glaubensüberzeugung abgeleitet, dass durch die Feier der Eucharistie, in der Jesus Christus selbst sein Letztes Abendmahl vergegenwärtigt, Sündenvergebung geschieht. Die unausgesprochene Voraussetzung: Nach wie vor ist die Eucharistie eine Feier derer, die zwar durch die Taufe als Kinder Gottes bejaht und durch die Gemeinschaft mit Jesus Christus für das ewige Leben bestimmt sind, die aber dennoch bekennen müssen, dass sie gesündigt haben in Gedanken,

Worten und Werken – und dies auch eingestehen können, weil sie darauf vertrauen dürfen, dass Gott ihnen ihre Sünden vergibt. Deshalb kann auch die Erinnerung an den Verrat eines der Zwölf nicht zu düsteren Unheilsprophetien über den Verrat an Jesus in der Kirche heute Anlass geben, sondern ist Grund zur selbstkritischen Hoffnung, dass es ein Jenseits menschlicher Schuld und Schwäche gibt, für das Brot und Wein stehen, die Gaben der Schöpfung, die Jesus zu Zeichen des ewigen Heils macht.

Wer also Eucharistie feiert, bekennt, dass er – wie die Zwölf – ein Sünder ist; und mehr noch bekennt er, dass er sich von Jesus geliebt weiß – wie alle anderen auch, ob sie Eucharistie feiern oder nicht.

c) Der Eine, die Zwölf und die Vielen

Jesus feiert das Letzte Abendmahl mit seinen Jüngern nicht, weil sie schwerere oder geringere Schuld als andere auf sich geladen hätten, sondern weil sie seine Jünger sind. Genauer noch heißt es bei Markus, Matthäus und Lukas, dass Jesus mit den »Zwölf« gefeiert habe. Jesus, der Eine, ist der Gastgeber, die »Zwölf« sind seine Gäste. Jesus feiert aber das Gastmahl mit den Zwölfen für die »Vielen«.

Das Letzte Abendmahl ist keine öffentliche Großveranstaltung, wie es wohl manche der früheren Gastmähler Jesu und – nach den Evangelien – die wunderbaren Speisungen gewesen sind. Das Letzte Abendmahl feiert Jesus im kleinen Kreis. Die anderen sind nicht ausgeschlossen, sondern eingeschlossen: Jesus deutet den Wein als sein Blut, »vergossen für Viele« (Mk 14,24). Aber der Weg in den Abendmahlssaal ist der Weg der Nachfolge, den nicht alle, sondern erst einige wenige gegangen sind. Die Gleichnisse Jesu, seine Machttaten und Streitgespräche sind für ein großes Publikum gedacht, für Schaulustige und Interessierte, Neugierige und Skeptische, Offene und Verschlossene. Die Feier des letzten Gastmahles setzt das Vertrauen der Freunde Jesu voraus, weil Jesus hier sein Innerstes preisgibt und weil das Geschenk seines Lebens so kostbar ist, dass es in der Gemeinschaft derer angenommen und geschützt werden muss, deren Fleisch zwar schwach, deren Geist aber willig ist (Mk 14,38).

In den Abendmahlssaal gelangt man nur auf dem Weg der Umkehr und des Glaubens und der Nachfolge, weil man nur so in die einzigartige Nähe Jesu gelangt, die er selbst herstellt, indem er sagt: »Dies ist mein Leib ... Dies ist mein Blut.« (Mk 14,22ff.) Was Jesus jetzt, in der Stunde des Abschieds und der wahren Verheißung, zu sagen und zu geben hat, ist ein Wort und eine Gabe für das Heil aller Welt – aber nur, weil das Wort kein Allerweltswort, sondern das Wort Gottes und die Gabe keine Allerweltsgabe, sondern die Gabe Gottes ist. Die einzigartige Kostbarkeit dieses Geheimnisses kommt in der einzigartigen Beziehung zwischen Jesus und den Zwölfen zum Ausdruck, mit denen er das Letzte Abendmahl feiert.

Die Zwölf bilden den engsten Kreis derer, die Jesus in seine Nachfolge berufen hat (Mk 3,13–19 parr.), damit nicht nur ihnen, sondern durch ihre Verkündigung auch möglichst vielen anderen aufgehe, dass Gott durch Jesus ihr Retter ist. Mit der Berufung der Zwölf ruft Jesus die Erinnerung an Israel wach, so wie Gott es als Zwölfstämmevolk am Anfang erschaffen hat, und blickt voller Hoffnung auf die verheißene Vollendung, in der wieder das ganze Volk Gottes im Reich Gottes neu erschaffen sein wird. (Dass es nur Männer sind, hängt ausschließlich von dieser Zeichenfunktion ab.) Mit der Berufung der Zwölf macht Jesus klar, dass *ganz* Israel zu seinem Heil der nahekommenden Gottesherrschaft bedarf, dass aber auch *alle* Israeliten für die Rettung bestimmt sind. Niemand ist aufgrund seines Berufes, seines Geschlechts, seiner Krankheit, Schwäche und Schuld aus dem Volk Gottes ausgeschlossen.

d) »Tut dies zu meinem Gedächtnis!«

Dass Jesus mit den Zwölfen Mahl feiert (Mk 14,17), zeigt, wie wichtig sie ihm sind: »Ihr aber seid die, die mit mir ausgehalten haben in meinen Versuchungen« (Lk 22,18), sagt Jesus nach einer lukanischen Sondertradition, die an die lange Geschichte der Weg- und Lebensgemeinschaft vor dem Letzten Abendmahl mit ihren vielen Anfechtungen und Prüfungen, Fragen und Zweifeln erinnert, aber auch an die gemeinsamen Erfahrungen von Erfolg und Glück, von Freude und Hoffnung, die auf den Wegen der Nachfolge zu sammeln waren.

Dass Jesus mit den Zwölfen Mahl feiert, zeigt aber auch, wie wichtig ihm die anderen sind, die nicht im Saal mit ihm feiern. Denn es bleibt ja dabei, dass die Zwölf ein Zeichen dafür sind, dass nicht nur wenige, sondern viele, nämlich alle Menschen in Israel und damit indirekt auch alle aus den Völkern für das ewige Leben bestimmt sind. So bleibt eine entscheidende Frage: Wie werden »die Vielen«, *für* die Jesus das Mahl feiert, zu solchen, *mit* denen er es feiert? Die Antwort der Urgemeinde ist klar: durch Mission, durch Diakonie und attraktive Präsenz vor Ort. Wer zum Glauben kommt und sich taufen lässt und dem Evangelium Jesu treu bleibt, ist eingeladen, das »Brot des Segens« mit zu essen und den »Kelch des Segens« mit zu trinken (1 Kor 10,16f.).

»Tut dies zu meinem Gedächtnis!« – die lukanische und paulinische Variante der Abendmahlstradition (Lk 22,19; 1 Kor 11,24f.) enthält die ausdrückliche Aufforderung, immer wieder das zu tun, was Jesus selbst getan hat. Es ist eine Aufforderung, die an die Adresse der Zwölf gerichtet ist. Sie richtet sich an die Zwölf *als* Stammväter des neuen Gottesvolkes, das Jesus sammelt. Die Eucharistiefeier der Kirche ist bleibend dadurch geprägt. Das Mahl des Herrn setzt die Berufung und die Nachfolge der Zwölf voraus – und dass weiter getan wird, was Jesus den Zwölfen und durch diese dem ganzen Volk Gottes aufgetragen hat. Die Zwölf öffnen, ihrer Berufung gemäß, die Feier der Eucharistie dem ganzen Gottesvolk; das ganze Gottesvolk ist in der Feier der Eucharistie auf die Zwölf zurückverwiesen. Die Zwölf sind nicht die Herren des nachösterlichen Mahles; sie bleiben die begnadigten Sünder und die bevollmächtigten Diener Jesu Christi. Dies bestimmt bleibend die Struktur der Eucharistiefeier. Sie wird nur dann im Sinne Jesu gefeiert, wenn sie in der geschichtlichen Verbindung mit den Zwölfen gefeiert wird, die Jesus gerade deshalb ausgewählt hat, damit die Universalität seines Heilstodes auch im Gedächtnis seines Abendmahles wahrgenommen wird. Für »die Vielen« wird Eucharistie also gerade nicht dann gefeiert, wenn sie irgendwo und irgendwie, überall und von allen gefeiert wird. Sie muss vielmehr in der Wirkungsgeschichte Jesu stehen, an deren Anfang die Zwölf stehen. Da der Sinn der Heilsuniversalität gerade darin besteht, dass Gemeinschaft mit Jesus und durch Jesus Gemeinschaft mit Gott gestiftet wird, müssen es auch die von Jesus gewiesenen Wege der Nachfolge sein, auf denen die Eucharistiefeier Station macht, Atem holen lässt und neue Kraft gibt. Aus genau diesem Grund hält die Kirche, ob evangelisch, ob orthodox, ob katholisch, es für notwendig, dass die Feier der Eucharistie in der apostolischen Sukzession geschieht (wie unterschiedlich auch immer deren genaues Verständnis ist).

Freilich müssen dann auch die »Vielen« in der Feier des eucharistischen Gottesdienstes so präsent sein, wie sie Jesus am Herzen gelegen haben, da er für sie gestorben ist. Das hat erhebliche Konsequenzen für die Frage, was und wie im Gottesdienst gebetet wird: nicht gegen sie, sondern für sie. Zum einen legt schon der Apostel Paulus größten Wert auf die Verständlichkeit und Verbindlichkeit, die Eindeutigkeit und Konstruktivität der Gebete (1 Kor 14,22–25). Zum anderen kann der Gottesdienst nicht dazu da sein, sich von den anderen abzugrenzen, sondern er muss dazu dienen, sich ihnen zu öffnen. *Für* sie zu beten, heißt, ihnen im Angesicht Gottes zu wünschen, dass sich ihnen in ihrem Leben Gott so zeigt, wie er wirklich ist. Wenn dies bei ihnen zur Folge hat, dass sie den einen Gott auf dieselbe Weise wie die Christenmenschen in der Nachfolge Jesu verehren – umso besser.

Wer also Eucharistie feiert, bekennt sich zu Jesus – und kann sich im Gottesdienst nur dann ehrlichen Herzens zu ihm bekennen, wenn er sich auch in seinem ganzen Leben zu Jesus bekennt. Wer Eucharistie feiert, bekennt gleichzeitig, dass er zur Gemeinschaft der Kirche gehört, deren von Jesus berufene Stammväter die Zwölf sind. Wer Eucharistie feiert, bekennt sich zur Weggemeinschaft mit den Juden, die nicht Eucharistie feiern, die aber das Volk des Bundes bilden, den Jesus durch seinen Tod neu gestiftet weiß. Wer Eucharistie feiert, bekennt auch, sie »für die Vielen« zu feiern, so wie Jesus für sie gestorben ist.

e) Der Herr als Gast

Die Kirche feiert das Mahl des Herrn. Jesus war, ist und bleibt der Gastgeber. Er lädt ein, er gibt Brot und Wein als Speise und Trank. Freilich ist er in der Nacht seines kommenden Todes selbst ein Gast. Er selbst hat ja gar keinen eigenen Besitz. Er feiert das Mahl im Haus eines Jerusalemer Juden, bei dem er sich selbst eingeladen hat. Dessen Name bleibt ungenannt. Die beiden Abgesandten Jesu sollen ihn daran erkennen (Mk 14,13), dass er auf der Straße einen Wasserkrug trägt (was eigentlich Frauenarbeit war). War er ein Jerusalemer Anhänger Jesu (von denen es doch einige gegeben hat)? Jedenfalls soll er mit der Frage des »Lehrers« angesprochen werden: »Wo ist der Raum, in dem ich mit meinen Jüngern das Paschalamm essen kann?« (Mk 14,14), und der Raum soll schon bereitet sein.

Viele halten die Erzählung von der »wunderbaren« Auffindung des Abendmahlssaales für legendarisch. Markus (und mehr noch Matthäus) erzählt sie aber so, dass zwar die Voraussicht Jesu deutlich wird, aber nichts Mirakulöses sich ereignet. Entscheidend ist: Am Ende des Lebensweges Jesu wiederholt sich ein Charakteristikum seiner öffentlichen Verkündigung. Die Aussendungsreden (Mk 6,8–13 parr.) unterstreichen nicht nur die Armut Jesu und seiner Jünger; sie setzen auch auf die Tugend der Gastfreundschaft. Sie ist die Brücke, um in die Häuser und Herzen derjenigen zu gelangen, denen das Evangelium verkündigt werden soll. Sie macht abhängig und schafft Verbindungen: nicht über das schlechte Gewissen, das den Hörern der Botschaft gemacht wird, sondern über das Gute, das sie tun können.

An diese Praxis knüpft Jesus beim Letzten Abendmahl an. Es steht in der Kontinuität seines ganzen Lebens, dass er sich in die Abhängigkeit der Menschen gibt, zu denen er gesandt war. Dies setzt sich bis heute fort. Wie sehr die Eucharistie missbraucht werden kann auch von denen, die sie im Namen Jesu feiern, ist eine traurige Geschichte, von der schon Paulus ein Lied zu singen weiß (1 Kor 11,17–34). Wie sehr sie aber im Geist Jesu gefeiert werden kann, auch das belegt die Geschichte der Kirche. »Komm, Herr Jesus, sei unser Gast«: das ist eine Bitte an den, der selbst zu seinem Mahl einlädt, und ein Versprechen, ihm die Häuser und die Herzen zu öffnen.[65]

2. An der Quelle des Lebens

Das katholische Herz schlägt in der Eucharistie. Fragt man nach dem typisch Katholischen, lautet die Antwort fast immer: die Messe. Fragt man nach den ganz tiefen Prägungen der Katholiken, hört man meistens: die Erste Heilige Kommunion, die eigene oder die der Kinder; die Feier der Osternacht, die erste oder die letzte; die Liturgie des Sonntags, die feierliche oder die schlichte; vielleicht eine ganz besondere Eucharistiefeier in der Schule, im Krankenhaus, im Zeltlager, als Abschluss einer Wallfahrt. Gewiss: Der Gottesdienst wäre ein bloßes Lippenbekenntnis, wenn es nur ihn gäbe. Die »Messe« heißt so, weil die Gemeinde am Ende ausgesendet wird: »Ite, missa est« – »Gehet hin in Frieden«; alle sind gesandt, Frieden zu stiften. Aber wenn eine Friedensaktion wirklich einmal stattgefunden hat und erfolgreich war oder gescheitert ist, drängt es religiös sensible Katholiken, die Heilige Messe zu feiern, sei es als Ausdruck ihrer großen Dankbarkeit, sei es, um Trost zu finden.

Aber das ist nur die eine Seite der Medaille. Auf der anderen Seite stehen der zurückgehende Besuch der Sonntagsmesse, der Priestermangel, der Schwund des Glaubenswissens, vielleicht auch ein mangelnder Sinn für die Kostbarkeit der Eucharistie. Lange Wege müssen heute gegangen werden, um Kinder zur Eucharistie zu führen. Und sehr schnell brechen sehr viele dieser Wege wieder ab. Und was ist mit konfessionsverschiedenen Ehen? Mit wiederverheirateten Geschiedenen? Mit eucharistischer »Gastfreundschaft«? Die pastoralen Probleme sind groß. Wie können sie gelöst werden? Einige wenige, die sich immer lautstark zu Wort melden, machen

---

[65] Vgl. zu diesem Motiv Gerhard Hotze, Jesus als Gast. Studien zu einem christologischen Leitmotiv im Lukasevangelium (FzB 111), Würzburg 2007.

das Zweite Vatikanische Konzil mit seiner Liturgiereform, die angeblich nicht bei der Tradition geblieben sei, für die gegenwärtigen Probleme verantwortlich. Anderen ist die Reform nicht weit genug gegangen. Es herrscht viel Frustration – und immer noch werden schöne, würdige, innige und mitreißende Eucharistiegottesdienste gefeiert.

a) Eine Vision

In den letzten Jahren seines Pontifikats hat sich Johannes Paul II. immer stärker den zentralen Themen des Christentums zugewandt. Der politisch sensible Papst hat gesehen, dass es im Zeitalter der Globalisierung auf das unterscheidend, besser: das entscheidend Christliche ankommt. Wofür steht die Kirche inmitten aller Religionen dieser Welt? Was hat sie den Menschen dieser Welt zu geben? Was können Menschen nur in ihr finden?

In diesen Jahren ist Johannes Paul II. auch in der Öffentlichkeit nichts wichtiger gewesen, als das, was ihm, dem polnischen Priester, von Anfang an persönlich am wichtigsten gewesen ist: die Eucharistie. 2003 hat er die Enzyklika *Ecclesia de Eucharistia*[66] veröffentlicht. Er wollte darin nicht im Stil eines Katechismus alles zusammenstellen, was die Kirche über die Eucharistie lehrt; der Papst, von seiner Krankheit schon schwer gezeichnet, meditierte vielmehr darüber, dass die »Kirche aus der Eucharistie« lebt. Eines seiner letzten Schreiben, *Mane nobiscum, Domine* – »Bleibe bei uns, Herr«[67], wie die Emmausjünger sagen –, ist gleichfalls der Eucharistie gewidmet. Kurz vor seinem Tod veröffentlicht, ist es geradezu sein Vermächtnis geworden. Seine Idee war es auch, die Bischöfe aus aller Welt zusammenzurufen und nach ihren Erfahrungen mit der Eucharistie zu fragen.

Nach seinem Tod hat Benedikt XVI., der als Präfekt der Glaubenskongregation den gesamten Prozess intensiv begleitet hatte,

---

[66] Verlautbarungen des Apostolischen Stuhles 159, Bonn 2003.
[67] Verlautbarungen des Apostolischen Stuhles 167, Bonn 2004.

nicht gezögert, dem Wunsch seines Vorgängers zu folgen. Im Oktober 2005 fand eine Synode zur Eucharistie in Rom statt. Inzwischen sind ihr weitere Synoden zum »Wort Gottes« und zur »Neuevangelisierung« gefolgt. Eine nächste zu den brennenden Problemen von Ehe und Familie ist für 2014 angekündigt.

Ungefähr 250 Bischöfe aus der ganzen Welt haben an der Eucharistie-Synode teilgenommen. Der Weltjugendtag in Köln hatte mit seinen Akzenten eucharistischer Frömmigkeit einen tiefen Eindruck hinterlassen. Es wurde in der Synodenaula viel gesprochen, viel diskutiert, viel gebetet. Am Ende wurden dem Papst 50 »Vorschläge« unterbreitet: ein bunter Strauß an grundsätzlichen Erwägungen und praktischen Einzelvorschlägen, an konkreten Erfahrungen und interessanten Ideen. Der Papst hat sich mit diesen »Vorschlägen« intensiv auseinandergesetzt und ein »nachsynodales Schreiben« aufgesetzt, das den Ertrag der synodalen Diskussionen festhält und deren Gedanken weiterführt.

b) Sakrament der Liebe

Sacramentum caritatis hat Benedikt XVI. das Schreiben betitelt: »Sakrament der Liebe«[68]. Der Titel knüpft an seine erste Enzyklika an, *Deus Caritas est* – »Gott ist Liebe«[69]. Dort hatte er bereits vom Geheimnis der Eucharistie als dem Geheimnis des Glaubens und der Liebe gehandelt. Jetzt zieht er diese theologische Linie weiter aus. 152 Seiten ist der Synodentext stark. In drei großen Kapiteln wird vorgestellt: »die Eucharistie, ein Geheimnis, an das man glaubt«, »ein Geheimnis, das man feiert«, »ein Geheimnis, das man lebt«.

Das, was den Synodenvätern wirklich wichtig war, rückt das Schreiben ins Zentrum. Und am wichtigsten war ihnen: den Sinn für das Heilige zu schärfen. Spiritualität ist ein Megathema der Mo-

---

[68] Verlautbarungen des Apostolischen Stuhles 177, Bonn 2007.
[69] Benedikt XVI., Gott ist die Liebe. Die Enzyklika *Deus caritas est*. Ökumenisch kommentiert von Wolfgang Huber, Metropolit Augoustinos Labardakis, Karl Kardinal Lehmann, Freiburg – Basel – Wien 2006.

derne. Die Kirche hat das Original: in der Eucharistie. Dann aber muss sie auch gut gefeiert werden. Der »ars celebrandi«, der Kunst zu zelebrieren, sind viele Seiten gewidmet. Man möchte als einfaches Gemeindemitglied tatsächlich wünschen, dass sich möglichst viele Priester diese Ausführungen zu Herzen nehmen: Sie sollen die Schatztruhe der Liturgie öffnen und die Gemeinden an den Reichtümern teilhaben lassen, aber nicht einem Drang zur Selbstdarstellung nachgeben.

Freilich sind es nicht liturgische Neuerungen, auf die Benedikt XVI. gesetzt hat. Zwar solle in Ruhe überlegt werden, ob der Friedensgruß nicht besser vor die Gabenbereitung gehöre, weil Jesus nach der Bergpredigt sagt, man solle sich erst versöhnen, bevor man das Opfer darbringe. Aber das sind Details, die wenig über das Ganze sagen. Im Ganzen setzt der Papst auf Kontinuität. Das nachsynodale Schreiben steht mit beiden Füßen auf dem Boden des Zweiten Vatikanischen Konzils und der von ihm angestoßenen erneuerten Liturgie. Für die gegenwärtig in einigen Medien erhobene Forderung, man solle zur lateinischen Messe zurückkehren, lässt der Papst keinen Raum. Sicher – wer wünscht sich nicht ab und an ein richtiges lateinisches Hochamt? Und gregorianischen Gesang? Der Papst wirbt dafür. Aber die Schriftlesungen müssen in der Muttersprache erfolgen. Sie sollen möglichst gut vorgetragen werden, von ausgebildeten, in der Schrift bewanderten Lektoren. Auf gute Predigten kommt es an, und auf aktive Laien, die nicht nur stumm dabeisitzen, sondern auf ihre Weise die Eucharistie mitfeiern.

Nach der Synode gab es allerdings die Konzessionsentscheidung an die Traditionalisten, dass sie die tridentinische Messe als »außerordentliche Form« des lateinischen Ritus feiern dürfen[70] – unter zwei Auflagen: dass nicht die Gültigkeit der nachkonziliaren Liturgie bezweifelt würde und dass die antijüdische Karfreitagsbitte »für die ungläubigen Juden« verändert würde.[71] Aber dieses Zuge-

---

[70] Eine vergleichende Einführung gibt Helmut Hoping, Mein Leib, für euch gegeben. Geschichte und Theologie der Liturgie, Freiburg – Basel – Wien 2011.
[71] Über die neue Formulierung gab es dann neuen Streit; vgl. Walter Homolka –

ständnis – das von vielen Bischöfen (ohne dass sie auf Widerspruch gestoßen wären) gefordert worden war – ist nicht Ausdruck eines theologischen Revanchismus, sondern zeigt im Gegenteil, dass die katholische Kirche sicher genug auf dem Boden des Zweiten Vatikanischen Konzils steht, um den »Schwachen« im Glauben eine Brücke zu bauen.

b) Qualität der Liturgie

Benedikt XVI. setzt auf liturgische Qualität. Er ist davon überzeugt, dass sich auf lange Sicht durchsetzen wird, was tief in der Tradition verwurzelt ist, mag es auch kurzfristige Verständnisschwierigkeiten geben. Die Synode glaubte nicht, dass in Reformen des Kirchenrechts das Heil zu finden sei. Über den Zölibat ist diskutiert worden; aber eine Mehrheit unter den Bischöfen, die Verpflichtung der lateinischen Priester zur Ehelosigkeit zu lockern, war nirgends zu erkennen. Das Schreiben bekräftigt die Bedeutung des ehelosen Lebens in der Nachfolge Christi. Bezeichnend ist, dass im direkt darauffolgenden Paragraphen vom Priestermangel gesprochen wird, der vielerorts beklagt wird und in Deutschland noch lange nicht so schlimm ist wie anderswo. Auch hier setzt das Schreiben auf Qualität: genaue Prüfung, gute Ausbildung der Kandidaten, keine Zulassung ungeeigneter Männer. Stark ist der – nicht unbekannte – Appell an die Familien, die Jugendlichen nicht von der Radikalität der Jesusnachfolge abzuschrecken. Weil die Ehe so wichtig sei, könne man wiederverheiratete Geschiedene nicht zu den Sakramenten zulassen. Und man solle sich freuen, wenn Nichtkatholiken die Messe mitfeiern – kommunizieren könnten sie aber nur in wenigen Ausnahmefällen.

Also Stillstand? Keineswegs! Der Weg führt nach innen, ins Geheimnis des Glaubens hinein. Den Schlüssel zur Lösung der Probleme sieht Benedikt XVI. darin, dass den Katholiken, den Bischöfen

---

Erich Zenger (Hg.), » … damit sie Jesus Christus erkennen«. Die neue Karfreitagsfürbitte für die Juden (Theologie kontrovers), Freiburg – Basel – Wien 2008.

und Priestern zuerst, selbst wieder aufgeht, was sie an der Eucharistie haben. Das Schreiben ist Ausdruck der Liebe zur Eucharistie. Seine Theologie ist vom großen Atem der Tradition beseelt. Das ist die Stärke des Schreibens. »Jede große Reform ist in irgendeiner Weise verbunden mit der Wiederentdeckung des Glaubens an die eucharistische Gegenwart des Herrn inmitten seines Volkes.« (6)

3. Für alle

Seitdem es eine offizielle deutsche Fassung des eucharistischen Hochgebetes gibt, lauten die Wandlungsworte des Priesters über den Kelch: »... mein Blut, das für euch und für alle vergossen wird zur Vergebung der Sünden«. Das frisch gedruckte *Gotteslob* hat es nun anders: »für euch und für viele« soll es bald heißen. Benedikt XVI. hat diese Reform in einem langen, leidenschaftlichen, immer neu argumentativ ansetzenden Brief den deutschen Bischöfen aufgegeben.

Die Veränderung birgt Zündstoff. Feiert die Kirche die Eucharistie nicht mehr für alle Menschen? Zieht sie sich auf den Kreis der Rechtgläubigen zurück? Oder wird sie theologisch anspruchsvoller? Setzt sie wie die evangelische Kirche weniger auf den universalen Heilswillen Gottes und mehr auf den rechtfertigenden Glauben des einzelnen?

a) Streit um die Wandlungsworte

Die Traditionalisten sind nicht davor zurückgeschreckt, die Gültigkeit der nachkonziliaren Liturgie zu bezweifeln. Sie behaupten, die Wendung »für alle« – die auch im Italienischen, Englischen, Spanischen und Portugiesischen, also fast auf der ganzen katholischen Welt, verwendet wird und nun überall revidiert worden ist oder werden soll – sei eine Häresie. Diese Behauptung ist selbst eine Häresie. Auch Benedikt XVI. hat noch einmal klargestellt, dass an der Gültigkeit der nachkonziliaren Liturgie mit der Formel »für alle«

keinerlei Zweifel erlaubt sei. Und ebenso deutlich heißt es, selbstverständlich halte die Kirche an dem Glauben fest, dass Jesu Tod und Auferweckung das Heil Gottes nicht nur einigen wenigen, auch nicht nur ziemlich vielen, sondern allen Menschen, ja der ganzen Schöpfung eröffnet und genau so in der Eucharistie gefeiert wird.

Für die Vorschrift, gleichwohl das »für alle« in »für viele« zu verändern, werden zwei andere Gründe geltend gemacht: erstens die höhere Wörtlichkeit der Übersetzung sowohl gegenüber den biblischen Quellentexten als auch gegenüber der römischen Liturgie *(pro multis);* und zweitens die größere Einheitlichkeit des Hochgebetes in den verschiedenen Landessprachen, die nur durch eine genauere Orientierung am lateinischen Original zu erreichen sei. In einem früheren Schreiben aus Rom war noch ein drittes Argument angeführt worden: Es gelte das Missverständnis zu vermeiden, dass es eine Art Heilsautomatismus gäbe.

Das dritte Argument ist das schwächste. Man hätte besser von vornherein ganz darauf verzichtet. Denn wer »für alle« Eucharistie feiert, orientiert sich nicht an Origenes oder seinen Schülern mit seiner »Allversöhnungslehre« (der im Kern vorgeworfen worden ist, nicht konsequent genug die schöpferische Neuheit des Heilsgeschehens in Christus gedacht zu haben), sondern an zentralen Texten des Neuen Testaments mit ihrer Verkündigung der Heilsuniversalität Jesu Christi. Wer darauf beharrte, Jesus habe sein Leben *nicht* für alle, sondern nur für viele dargebracht, müsste erklären, ob er den »Rest« abschreiben und für ihn mit anderen Rettergestalten rechnen wolle. Gewiss muss das Heil angenommen werden, um wirksam werden zu können. Deshalb ist der Glaube gefragt. Aber Jesus hat sich gerade für die Sünder hingegeben, die wegen ihrer Hartherzigkeit und ihres Unglaubens auf die Liebe Gottes angewiesen sind.

Stärker sind die beiden anderen Argumente. Dass es beim Hochgebet und besonders bei den Einsetzungsworten einen weltweit möglichst einheitlichen Text gibt, ist sicher wünschenswert. Denn jede Gemeinde feiert Eucharistie in der Gemeinschaft der ganzen Kirche. Über alle Sprachgrenzen hinweg muss in aller Vielfalt der

Kulturen gerade hier die Einheit im »Geheimnis des Glaubens« zum Ausdruck kommen. Aber ebenso gut hätte man dann weltweit im Sinne des »für alle« vereinheitlichen können.

b) Liturgie und Bibel

Es bleibt also das Argument der Wörtlichkeit. Das *pro multis* der lateinischen Messe würde in jeder Lateinstunde nur mit »für viele« wiedergegeben. »Für alle« hieße *pro omnibus;* das findet sich in keiner römischen Liturgiequelle beim eucharistischen Hochgebet. Wohl aber betet die Kirche am Gründonnerstag: »Am Abend, bevor er für unser Heil und das Heil aller Menschen *(omniumque)* das Leiden auf sich nahm ...« Diese Wendung wird – Gott sei Dank – nicht revidiert.

Wie steht es dann aber um die Wörtlichkeit der Übersetzung? Wenn zwei dasselbe sagen, ist es noch lange nicht dasselbe. Wörter, die im Lexikon als exakte Übersetzung angeführt werden, haben nicht automatisch dieselbe Bedeutung. »Für dich«, »für mich«, »für euch«, »für uns«, »für alle« – bei diesen Wendungen sind die Unterschiede gering. Anders ist es bei »für viele«. Sind damit »einige«, »zahlreiche«, »etliche« oder »die meisten« gemeint? Steht »jede Menge« oder eine unüberschaubar große Fülle vor Augen? Im Deutschen ist »viele« der Gegensatz zu »wenige«. Aber wer »viele« sagt, meint auch: nicht alle. Deshalb muss im Deutschen die Veränderung von »für alle« zu »für viele« als Einschränkung empfunden werden. Das ist nicht in allen Sprachen so. Es ist von Rom wohl auch nicht so gemeint. Aber alle Zeitungen haben es so gesehen, und die Gläubigen werden es so hören. »Für die Vielen«, wie es der *Schott* in einer vorläufigen Version hatte, könnte vielleicht ein Ausweg sein, ist aber kein gutes Deutsch, sondern Fachsprache von exegetisch gebildeten Theologen und entspricht nicht dem griechischen Text der Abendmahlsüberlieferung, der keinen Artikel kennt.

Also ist – bei allem Respekt vor dem lateinischen Text, der selbst eine Übersetzung ist – der Bezug aufs Biblische entscheidend. Was aber steht dort? Das eucharistische Hochgebet ist kein direktes Zitat aus der Bibel (und war es, wenn die Quellen nicht trügen, nie). Es nimmt verschiedene Motive der neutestamentlichen Abendmahlsberichte auf und verbindet sie zu einem stimmigen Ganzen. Die Geschichte des Hochgebetes und seines Bezuges zur Heiligen Schrift zu schreiben, ist Sache des Liturgiehistorikers. Die Eucharistiegebete aller Kirchen gehen relativ frei mit den Evangelientexten um. Das irritiert viele, ist aber kein Zeichen von Willkür. Erstens mögen in die eucharistischen Gebete Traditionen eingeflossen sein, die ebenso alt sind wie die der Evangelien; zweitens sind die Evangelientexte keine liturgischen Formulare, sondern erzählende Erinnerung an das Letzte Abendmahl Jesu. Auch Paulus stellt seine Herrenmahlsüberlieferung unter das Vorzeichen einer kurzen Erzählung: »In der Nacht, da er verraten wurde ...« (1 Kor 11,23–25)

Die neutestamentlichen Abendmahlstexte stimmen zwar im Wesentlichen überein: in zwei Gesten und zwei Worten. Jesus gibt Brot und Wein; und er identifiziert sich mit diesen Gaben der Schöpfung, so dass sie zu Gaben des ewigen Lebens werden, weil er selbst die lebendige Gabe Gottes ist. Aber die neutestamentlichen Berichte zeigen auch nicht unerhebliche Unterschiede. Ob sich diese Abweichungen durch verschiedene Erinnerungen oder gezielte Veränderungen erklären, bleibe dahingestellt. Beim Brotwort haben Markus (14,22) und Matthäus (26,26) nur: »Das ist mein Leib« (im Sinne von: Das bin ich). Paulus aber zitiert die Tradition: »mein Leib für euch« (1 Kor 11,23); Lukas hat es noch ausführlicher: »mein Leib, für euch gegeben«. Diese Fassung nimmt das Hochgebet auf: »Das ist mein Leib, der für euch hingegeben wird«. Das »für euch« ist schon im Gestus des Gebens angelegt; also ist bei Paulus und Lukas ausgeführt, was in der markinischen und matthäischen Kurzform angelegt ist.

c) Für euch

Noch größer sind die Unterschiede beim Becherwort. Nach Markus und Matthäus steht das »Blut des Bundes« vor Augen, das Mose nach Ex 24 geopfert hat, um den Sinaibund zu besiegeln. Nach Paulus und Lukas hingegen wird die Erinnerung an die Vision des Neuen Bundes beim Propheten Jeremia (31,31–34) lebendig. Das eucharistische Hochgebet sieht darin keine Alternative, sondern verbindet beide Motive. Nach Lukas (22,20) wiederholt Jesus das »für euch«, während bei Paulus nur vom »Neuen Bund in meinem Blut« die Rede ist. Der Neue Bund schafft Raum für das von Gott erneuerte Israel, das Volk Gottes, dem das Gesetz ins Herz geschrieben wird und dem die Völker, wie Jesus verkündet, eingegliedert werden.

Beim neutestamentlichen »für euch« ist die Gemeinde, die gerade Gottesdienst feiert, unmittelbar angesprochen; sie wird in den Horizont des Neuen Bundes gerückt. Der direkte Zuspruch ist wichtig. Denn jede Gemeinde ist ganz Kirche. Wo immer Eucharistie gefeiert wird, im Petersdom oder unter freiem Himmel, im Gefängnis oder in der Palastkapelle, von einem heiligen oder einem sündigen Priester – immer ist es das eine Brot, der eine Kelch Jesu (1 Kor 10,16f.), immer ist es der ganze Christus, immer die volle Gnade.

Freilich schließt dieses »für euch« niemanden aus. Es ist weder exklusiv noch inklusiv, sondern ganz und gar positiv gemeint. Es grenzt niemanden aus und vereinnahmt niemanden. Sondern es spricht diejenigen an, die Eucharistie feiern. Die ersten, denen das »für euch« gilt, sind nach Lukas die Apostel. Jesus feiert das Letzte Abendmahl mit den Zwölfen; denn sie sind die Repräsentanten des ganzen Gottesvolkes, das überhaupt erst noch aus dem Volk Israel und aus allen Völkern der Erde gesammelt sein will. Bei Paulus kann man schon im Ausschnitt sehen, wie ernst die frühe Kirche diese Universalität genommen hat. Denn diejenigen, die nach dem Ersten Korintherbrief vom »für euch« unmittelbar angesprochen werden, sind Starke und Schwache, Reiche und Arme, Männer und Frauen, Juden und Griechen, Sklaven und Freie: »Alle sind wir in den einen Leib getauft und mit dem einen Geist getränkt.« (1 Kor 12,13) Die Kirche aus allen Völkern ist die Keimzelle der erlösten Welt. Jede Eucharistie feiert nicht nur das Geschenk der eigenen Erlösung, sondern die Hoffnung auf die Vollendung des Heils für alle Welt, wenn Gott »alles in allem« sein wird (1 Kor 15,28).

Im paulinischen und lukanischen »für euch« ist also immer ein »für alle« angelegt. Das »für euch« gilt aber keinem Kollektiv, sondern der Gemeinschaft freier Christenmenschen. Deshalb konkretisiert sich das »für euch« im »für dich« (vgl. Mk 5,19 parr.; Lk 22,32) und das »für uns« im »für mich«. Der Apostel Paulus formuliert es in denkbar größter Dichte: »Ich lebe, aber nicht mehr lebe ich, sondern in mir lebt Christus, der mich geliebt und sich für mich hingegeben hat.« (Gal 2,20)

d) Für viele: für alle

Während Lukas und Paulus in der Abendmahlstradition »für euch« schreiben, steht beim Becherwort des Markus und Matthäus – alle Kommentare übersetzen so – »das ist mein Blut, vergossen für viele« (griechisch: *hypér pollôn*). Matthäus ergänzt noch: »zur Vergebung der Sünden«. Diese Version hat eine enge Parallele. Auf dem Weg nach Jerusalem sagt Jesus (nach Mk 10,45): »Der Menschensohn ist nicht gekommen, um bedient zu werden, sondern um zu dienen und sein Leben hinzugeben als Lösegeld für viele *(anti pollôn)*«. Das eucharistische Hochgebet kombiniert die lukanische und paulinische mit der markinischen und matthäischen Version und hat (bislang) dafür im Deutschen die Formel gefunden: »für euch und für alle«. Hier soll es jetzt laut römischer Anweisung heißen: »für euch und für viele«. In seinem Schreiben argumentiert Benedikt XVI., es sei zwar sachlich richtig, »für alle« zu denken, aber liturgisch geboten, »für viele« zu sprechen.

Dass »für alle« sachlich richtig ist, ergibt sich aus der Sprache des Neuen Testaments und dem Sinn der Eucharistie. Die Meinungen der Exegeten gehen auseinander; aber es wird schwerfallen, die

Wendung ohne einen Bezug zu Jes 53, zum Vierten Lied vom Gottesknecht, zu verstehen,. Dort heißt es: »Mein Knecht, der gerechte, macht die Vielen gerecht ... Er trug die Sünden von vielen und trat für die Schuldigen ein.« (Jes 53,12) Wie schwer es ist, die Identität des Gottesknechtes, damit aber auch die der »Vielen« zu bestimmen, hat schon der äthiopische Kämmerer erkannt und deshalb Philippus gefragt (Apg 8,34). Auch die heutige Exegese rätselt. Eines ist auf jeden Fall klar: Die Pointe des Wortes »viele« besteht nicht darin, dass es nicht »alle« seien, die vom Dienst des Knechtes profitieren, sondern nur »viele«; die Pointe besteht vielmehr darin, dass all diejenigen, die das Lied singen, die Schuld am Leiden des Gerechten nicht auf einige wenige abwälzen, sondern sich selbst einbeziehen und alle, die sie vor Augen haben. Die »Vielen« sind »wir« alle; und »wir«, die Täter, die zu Nutznießern werden, sind nicht wenige, sondern »viele«.

Joachim Jeremias hat im *Theologischen Wörterbuch zum Neuen Testament* geschrieben, im Hebräischen, Aramäischen und Bibelgriechischen habe das Wort »viele« *(rabbim)* nicht exkludierende, sondern inkludierende, also nicht ausschließende, sondern einschließende Bedeutung. Gemeint seien: »die nicht zu zählenden Vielen, die große Schar, alle«[72]. Zwar gebe es das hebräische Wort *kol* in der Bedeutung »alle«, aber die Grenzen zu »viele« *(rabbim)* seien fließend; *kol* habe eher ein Kollektiv, eine Gesamtheit vor Augen und könne keinen Plural bilden, während *rabbim* gewählt werde, wenn eine – beschränkte oder unbeschränkte – Vielzahl von Einzelnen gemeint sei. Dem stimmt das *Theologische Wörterbuch zum Alten Testament*[73] ausdrücklich zu. Auch wenn das *Exegetische Wörterbuch zum Neuen Testament*[74] skeptisch bleibt: Entscheidend ist in Jes 53 die Fülle. Das will auch die griechische Übersetzung einfangen, wenn sie *polloi* schreibt. Löst man das Wort von seinem ursprünglichen Kontext, gewinnt es einen Bedeutungsunterschied zu »alle«, der ur-

---

[72] Joachim Jeremias, Art. polloi, in: ThWNT VI (1959) 536–545: 536.
[73] ThWAT IV (1982) 145; VII (1993) 315.319.
[74] Gottfried Nebe, Art. polys, in: EWNT III (1983) 313–319: 316.

sprünglich nicht gemeint ist. Diskutieren lässt sich bei der Auslegung von Jes 53 nur, ob lediglich alle Israeliten, also das ganze Gottesvolk, vor Augen stehen oder auch die Völker einbezogen werden.

In diesen Dimensionen muss auch das »für viele« in der matthäischen und markinischen Abendmahlsüberlieferung gedeutet werden. Man kann überlegen, ob Jesus und seine Jünger vielleicht ursprünglich »nur« an ganz Israel und nicht auch schon an die Heiden gedacht haben. Aber man kann aus dem Wort »viele« eines sicher nicht heraushören: dass es irgendeinen Vorbehalt gegenüber der Unbedingtheit der Lebenshingabe Jesu ausdrücken soll; irgendeine Skepsis, dass Gott nicht alle Menschen, denen er das irdische Leben geschenkt hat, auch zum ewigen Leben führen könnte; irgendeine Einschränkung, dass es für andere noch andere Retter als Jesus geben würde. Im Gegenteil: Die Fülle des Heils, die unbeschränkte Weite des Gottesbundes, die Schrankenlosigkeit der Liebe Jesu sollen zum Ausdruck kommen.

Das Neue Testament scheut sich deshalb auch nicht, bei der Verkündigung des Evangeliums mit deutlicher Betonung »für alle« zu sagen. Alle Menschen sind der Erlösung bedürftig; alle sind aber auch vom Lichtstrahl der Gnade Gottes erfasst. Paulus schreibt, das Kreuz vor Augen:

> Die Liebe Christi drängt uns zu urteilen: Einer ist für alle gestorben. (2 Kor 5,14)

Der Erste Timotheusbrief denkt an den Zusammenhang zwischen der Einzigkeit Gottes und der Unbegrenztheit der Erlösung:

> Einer ist Gott, einer auch Mittler zwischen Gott und den Menschen, der Mensch Jesus Christus, der sich selbst als Lösegeld für alle gegeben hat, ein Zeugnis zur rechten Zeit. (1 Tim 2,5f.; vgl. Hebr 2,9)

Dieses Geheimnis des Glaubens wird in der Eucharistie gefeiert.

Paulus, dem niemand so schnell unpräzises Denken nachsagen wird, schreibt in Röm 5,12:

> Wie durch einen Menschen die Sünde in die Welt gekommen ist und durch die Sünde der Tod, so ist der Tod zu allen *(pantes)* Menschen gekommen.

Genau denselben Gedanken aufgreifend und weiterführend, formuliert er aber in Röm 5,15:

> Wenn durch die Übertretung des einen die vielen *(polloi)* gestorben sind, um wie viel mehr ist die Gnade Gottes und die Gabe in der Gnade des einen Menschen Jesus Christus für die vielen *(polloi)* übergeflossen.

Und in Röm 5,18 heißt es wieder: »Wie es durch die Übertretung des einen zur Verurteilung für alle *(pantes)* gekommen ist, so durch die Gerechtigkeit des einen zur Rechtfertigung des Lebens für alle *(pantes)* Menschen.« In Vers 19 wird dann erneut mit »viele« formuliert. Paulus hat aber nicht jeweils andere Personen vor Augen; er drückt sich auch nicht schlecht aus; er spricht nur die Sprache der Bibel: Immer geht es um Adam und Christus, immer um all die vielen Menschen, die je gelebt haben und leben werden, immer um den unerschöpflichen Überfluss der Gnade. Freilich wird eingewendet, dass Paulus in den Versen 15 und 19 *polloi* mit dem direkten Artikel verwende, was zugegebenermaßen näher bei »alle« *(pantes)* läge, während in der Abendmahlsüberlieferung kein Artikel stehe. Aber dieser Einwand zeigt nur, wie nahe auch im biblischen Griechisch die Worte einander kommen.

Besonders klar wird die Universalität der Eucharistie im Johannesevangelium. Die Brotrede, die Jesus nach seinem Speisungswunder in der Synagoge von Kafarnaum hält, hat von Anfang an einen eucharistischen Klang, wiewohl zunächst die Person Jesu selbst im Vordergrund steht. Vom neuen Manna heißt es:

> Es ist Gottes Brot, das vom Himmel kommt und der Welt das Leben gibt. (Joh 6,33)

Die Welt aber, deren »Retter« Jesus nach Joh 4,42 ist, ist die geschaffene und gefallene Welt; die Menschen, die auf ihr leben und denen Gottes Liebe gilt, sind gerade diejenigen, die mehr als das Licht die Finsternis lieben (Joh 1,5). Später, da die Brotrede gezielt auf die Eucharistie zuläuft (sekundär oder nicht), bleibt dieser universale, ja kosmische Horizont geöffnet:

> Ich bin das lebendige Brot, das vom Himmel herabgekommen ist. Wer von diesem Brot isst, wird leben in Ewigkeit. Und das Brot, das ich geben werde, ist mein Fleisch für das Leben der Welt. (Joh 6,51)

»Für alle« ist deshalb die sachlich richtige Wiedergabe des biblischen Textes im Kontext des Hochgebetes. Denn sie entspricht am besten dem Sinn der Eucharistie. Wenn demnächst »für viele« gebetet wird, muss erklärt werden, dass damit keine Sinnverschiebung, sondern nur eine größere Nähe zum biblischen Wortlaut der Abendmahlstradition intendiert ist. Jene, die zum Gastmahl der ewigen Herrlichkeit geladen sind, sind nicht wenige, sondern unendlich viele, nämlich alle. Wen Gott dann in seinem Reich willkommen heißen wird – wer will das wissen? Dass es alle seien, die eingeladen sind – wer wollte das nicht hoffen? Und wer wollte nicht in dieser Hoffnung Eucharistie feiern? Die Veränderung von »für alle« in »für viele« lässt sich nur damit rechtfertigen, dass in der Eucharistie »für viele« die Bedeutung »für alle« hat.

VII. Spiritualität

Die Kirche ist ein spiritueller Ort; zu ihm kann man aufbrechen; an ihm kann man innehalten. Denn in der Kirche wird gelehrt, gefeiert und gebetet. Sie ist eine Schule des Hörens und eine Schule des Redens.

1. Aufbrechen & Innehalten

Der neutestamentliche Hebräerbrief schildert das Leben als einen langen Weg. Vorbild ist Abraham.

> Voller Glauben gehorchte Abraham, als er gerufen wurde, auszuziehen an den Ort, den er zum Erbe nehmen sollte,
> und er zog aus, ohne zu wissen, wohin er käme.
> Voller Glauben siedelte er im Land der Verheißung;
> als Fremder lebte er in Zelten mit Isaak und Jakob,
> den Miterben derselben Verheißung. (Hebr 11,8f.)

Die Geschichte Abrahams ist eine große Geschichte nicht nur Israels und der Kirche, sondern der Menschheit. Abraham, der leibliche Stammvater der Juden wie der Araber und (nach Paulus) der geistliche Stammvater aller Menschen, die Gott segnet, ist ein Mensch mit Migrationshintergrund. Er stammt aus einem fernen Land, dem heutigen Irak. Er hat dieses Land verlassen, um sich in einem anderen anzusiedeln – nicht weil die Not ihn getrieben hätte, sondern weil Gott ihn gerufen hat. Er lebt dort an den Rändern der größeren Städte, in den Zwischenräumen der Kultur Kanaans. Er wohnt in Zelten. Das ist eine primitive Lebensform. Aber der Hebräerbrief rühmt sie. Im Blick auf Abrahams und Saras Kinder heißt es:

> Voll Glauben sind sie alle gestorben;
> sie haben die Verheißung nicht erlangt,
> aber sie haben sie in der Ferne gesehen und gegrüßt und bekannt,
> dass sie Fremde und Gäste sind auf der Erde. (Hebr 11,13)

Das Land der Verheißung, zu dem Abraham aufgebrochen ist, ist ein Ruhepol – aber keine Endstation. Das Land Israel ist eine Heimat – aber nicht für immer. Das Leben als Migrant, in Zelten, wird zum Zeichen einer noch größeren Hoffnung als der, irgendwo auf Erden zu Hause zu sein. Dass sich für Abraham, Isaak und Jakob zeit ihres Lebens die Verheißung nicht erfüllt hat, ist kein Grund zu bitterer Enttäuschung, sondern Bestandteil sinnvollen Lebens. Die Verheißung führt auf den Weg, zum Aufbruch, zum Innehalten, zum Weitergehen. Abraham ist aus Ur in Chaldäa aufgebrochen und lebt als Fremder in Zelten, weil er der Verheißung des ewigen Lebens glaubt. Sie macht das irdische Leben nicht schlecht, ordnet es aber in einen größeren Horizont ein: den des lebendigen Gottes. Der Gott Israels ist nicht an einen festen Ort gebunden. Wer an den Herrn glaubt, kann aufbrechen zu neuen Ufern. Aber wer sich im Glauben festmacht, ist kein Getriebener, sondern ein Gehaltener. Das gibt Kraft zum Aufbruch, zum Innehalten – und zu neuen Wegen.

a) Wanderlieder

Im *Gotteslob* steht das Lied (GL 505):

> Wir sind nur Gast auf Erden
> und wandern ohne Ruh'
> mit mancherlei Beschwerden
> der ewigen Heimat zu.

Dieser Gesang, 1935 geschrieben, ist vom Hebräerbrief beeinflusst. Aber es gibt bessere Lieder, auch von seinem Dichter Georg Thurmair. Nicht »mancherlei Beschwerden« sind es nach dem Neuen Testament, die zum »Wandern ohne Ruh'« führen, das auch gar kein Wandern »ohne Ruh'« ist, sondern eine größere Verheißung, die den Weg des Lebens besser erkennen lässt: als einen Weg, der nicht schon das Ziel ist, sondern ein Übergang, der zum Ziel führt, das verlockender ist als der Weg, so schwer und interessant, so lang und steinig, so abwechslungsreich und herausfordernd er auch ist.

Allerdings erinnert das *Gotteslob* daran, dass es Wanderlieder mit ganz unterschiedlichen Melodien gibt. Nicht alle klingen so fröhlich und frech, selbstbewusst und heiter wie das schwedische Studentenlied vom Anfang des 20. Jahrhunderts:

> Im Frühtau zu Berge wir geh'n, fallera.
> Es grünen die Wälder, die Höh'n, fallera.
> Wir wandern ohne Sorgen
> singend in den Morgen,
> noch ehe im Tale die Hähne kräh'n.

Es gibt die romantischen Wanderlieder, die der Suche nach der blauen Blume gewidmet sind. Und es gibt die Nachtlieder, von denen der unglückliche Friedrich Nietzsche eines mit dem Titel »Vereinsamt« geschrieben hat. Es endet:

> Die Welt – ein Tor
> Zu tausend Wüsten stumm und kalt!
> Wer das verlor,
> Was du verlorst, macht nirgends halt.
> Nun stehst du bleich,
> Zur Winter-Wanderschaft verflucht,
> Dem Rauche gleich,
> Der stets nach kältern Himmeln sucht.
> Flieg, Vogel, schnarr
> Dein Lied im Wüstenvogel-Ton! –
> Versteck, du Narr,
> Dein blutend Herz in Eis und Hohn!
> Die Krähen schrein
> Und ziehen schwirren Flugs zur Stadt:
> Bald wird es schnein. –
> Weh dem, der keine Heimat hat.

Spiritualität

Wer unterwegs sein muss und keine Heimat hat, dessen allegorisches Vogelbild ist nicht der Adler, der stolz in den Lüften seine Kreise zieht, sondern die Nebelkrähe, die es krächzend in die Städte zieht.

Gibt es für solche Wanderer eine Heimat? Sind die, die eine Heimat haben, bereit aufzubrechen?

Das Gotteslob hat dem Wanderliederbuch eines Arztes ein Gedicht entnommen, das die Sehnsucht weckt. Das Buch ist der *Cherubinische Wandersmann* des Johann Scheffel, der sich nach seiner Konversion zum katholischen Glauben in seinen Maximen, Reflexionen und Betrachtungen »Angelus Silesius« nannte, Engel – oder Bote – für Schlesien. 1657, keine zehn Jahre nach dem Westfälischen Frieden, dichtete er:

> Morgenstern der finstern Nacht,
> der die Welt voll Freude macht,
> Jesu mein, komm herein,
> leucht in meines Herzens Schrein.
> Schau, dein Himmel ist in mir,
> er begehrt dich, deine Zier.
> Säume nicht, o mein Licht,
> komm, komm, eh der Tag anbricht.

Das Hoffnungsvolle dieses Liedes ist die Umkehrung der Bewegungsrichtung: Nicht wie ich in den Himmel komme, sondern wie der Himmel zu mir kommt, verrät mir der Priester-Poet aus der Barockzeit. Gott selbst ist im Aufbruch – zu mir. Er selbst hält inne – bei mir. Das reißt mich fort – zu ihm, den ich in mir finde, im Nächsten, im Du.

b) Zuwendung

Johannes der Täufer, der an der Schwelle zum Neuen Testament steht, hat einen festen Ort: in der Wüste, am Jordan. Zu ihm müssen die Menschen kommen, aus Jerusalem und Judäa und Galiläa. Sie müssen aufbrechen aus ihrem gewohnten Leben. Sie müssen zurück in die Wüste, sie müssen über den Jordan gehen, ans jenseitige Ufer. Sie müssen zeichenhaft die Landnahme revidieren. Sie werden neu das Land in Besitz nehmen – aber nicht ohne vorher von Johannes getauft zu worden zu sein. Die Taufe im Jordan ist ein symbolischer Tod und eine symbolische Auferstehung. Das Untertauchen und Auftauchen versinnbildlicht es. Johannes ist ein Gerichtsprediger. Er spricht vom heiligen Zorn Gottes über die sündigen Menschen, gerade die im Gottesvolk Israel. Aber er predigt nicht die Vernichtung, sondern die Vergebung – selbst wenn nur mit Wasser getauft wird. Wer aufbricht und in die Wüste geht, zu Johannes dem Täufer, hat damit anerkannt, dass er nicht so weiterleben kann wie bisher. Er hat aber auch die Chance ergriffen, ganz neu anzufangen, weil Gott einen Propheten wie Johannes geschickt hat.

Jesus selbst hat sich von Johannes taufen lassen. Die Evangelien sagen: nicht weil er der Vergebung der Sünden bedurft hätte oder sich über seinen weiteren Lebensweg noch nicht ganz im Klaren gewesen wäre, sondern um sich auf die Seite der Menschen zu stellen, die ihre Sünden bekennen und auf den »Stärkeren« hoffen, der mit dem Heiligen Geist taufen wird, um das ewige Leben zu schenken.

In seiner Verkündigung aber geht Jesus ganz anders vor als Johannes der Täufer. Er markiert keinen festen Ort, zu dem die Menschen aufbrechen müssen, um in Kontakt mit dem Heiligen zu kommen; er macht sich selbst auf den Weg zu den Menschen, um sie an den Orten ihres Lebens aufzusuchen und ihnen Gott zu bringen, wo sie es am wenigsten erwartet hätten. Jesus ist der Gute Hirte, der den Schafen nachgeht, wenn sie sich verirrt haben, um sie zu retten (Lk 15; Joh 10). Im Haus des Oberzöllners Zachäus sagt er nach dem Lukasevangelium:

> Der Menschensohn ist gekommen, um zu suchen und zu retten, die verloren sind. (Lk 19,10)

Die ständige Bewegung im Raum entspricht der Grundbotschaft Jesu. Johannes fordert dazu auf, Gott in seinem Zorn, Jesus dazu, Gott in seiner Liebe Recht zu geben. Wie schwer das fallen kann, sieht man am älteren Bruder des verlorenen Sohnes im Gleichnis Jesu, der das Fest des Findens, der Auferstehung von den Toten, nicht mitfeiern will. Wie beglückend es ist, verkünden die Seligpreisungen der Armen, der Hungernden und Weinenden.

Jesus bricht auf, um die Menschen zu finden, die Gott sucht – auch wenn diese Menschen vielleicht schon längst die Suche nach Gott aufgegeben haben. Von Jesus heißt es aber auch gar nicht so selten, dass er innegehalten habe. Von ihm selbst berichtet Markus gleich zu Anfang seines öffentlichen Wirkens:

> Früh am Morgen, als es noch dunkel war, stand Jesus auf und ging hinaus und kam an einen einsamen Ort, um dort zu beten. (Mk 1,35)

Benedikt XVI. hat in seinem Jesusbuch an diese Momente des Innehaltens erinnert und geschrieben, von ihnen her erschließe sich die Geschichte Jesu, denn in den einsamen Gebetsnächten sei er ganz nah bei seinem Vater, von dem er gesandt sei.[75] Jesus hat aber auch seine Jünger in diese Ruhezonen eingeladen. Mitten in ihrer harten Arbeit – gerade sind sie von der selbstständigen Verkündigung zurückgekehrt – lädt er sie ein:

> Kommt, ihr ganz allein, an einen einsamen Ort und ruht ein wenig aus.

Der Evangelist kommentiert:

> Denn es waren so viele, die kamen und gingen, sie hatten kaum noch Zeit zum Essen. (Mk 6,31)

Die Ruhezonen, die Jesus aufsucht und seinen Jüngern einräumt, sind nicht nur Orte für Verschnaufpausen. Sie liegen an den Kraftquellen des Glaubensweges. Sie führen zu einem neuen Aufbruch: zu einer neuen Zuwendung zu den Menschen. So setzt Markus seine Notiz vom einsamen Gebet Jesu fort:

> Und Simon verfolgte ihn und die mit ihm waren, und als sie ihn fanden, sprachen sie zu ihm: »Alle suchen dich«. Doch er sagt ihnen: »Lass uns anderswo hingehen, in die benachbarten Städte, dass ich auch dort predige, denn dazu bin ich aufgebrochen«. (Mk 1,36–38)

---

[75] Joseph Ratzinger / Benedikt XVI., Jesus von Nazareth. Erster Teil: Von der Taufe im Jordan bis zur Verklärung, Freiburg – Basel – Wien 2010, 32.

c) Aufbrüche

Es macht einen großen Unterschied, ob man aufbrechen darf oder aufbrechen muss. Ob man neue Länder, neue Sitten erkunden möchte oder ob man vertrieben wird. Ob man eine neue Aufgabe übernimmt oder sich aus dem Staube macht. Aufbrüche können Wunden reißen, und sie können helfen, Wunden zu heilen. Aufzubrechen ist eine Kunst, eine Lebenskunst. Diese Kunst kann man lernen. Wer sie beherrscht, lebt besser, glaubt tiefer, hofft mehr.

Ist das Leben ein Gefängnis? Dann dürfte ich nicht aufbrechen, ich müsste ausbrechen – und würde doch wieder eingefangen: von meinen gesellschaftlichen Rollen, von meinen psychischen Zwängen, von meiner Endlichkeit, meiner Schwäche, meiner Angst vor dem Tod. Wenn aber das ganze Leben ein Totenhaus ist – nicht nur meines, auch das aller anderen Menschen: weshalb gibt es dann überhaupt Leben? Nur, um uns Menschen zu demütigen? Nur, damit die Götter ihren Spott mit uns treiben? Das Gefängnis des Lebens schnürt die Luft zum Atmen ab. Das Gefängnis ist ein stummer Schrei nach Freiheit – ein stummer Schrei, aber ein Schrei nach Freiheit.

Ist das Leben eine letzte Gelegenheit? Dann muss ich immer wieder neu aufbrechen – ich könnte ja etwas verpassen. Dann kann ich immer neue Erfahrungen machen – wer rastet, der rostet. Aber ich müsste immer unter Vorbehalt leben. Ich sage: Ja, und denke: Ich kann auch anders. Ich sage: Nein, und ich denke: Vielleicht aber doch. Wer als Vollbürger der Erlebniswelt gelten will, darf nie ganz zu Hause sein, nie ganz bei sich, nie ganz beim Andern. Wie soll dann Liebe möglich sein? Ein Kind zu sein, gewesen zu sein, und ein Kind zu bekommen – das ist etwas Definitives. Wer das nicht unbedingt bejaht, steuert auf eine Katastrophe zu. Alles hat seine Zeit. Diese Zeit will genutzt sein. Die Gelegenheit, die genutzt wird, steigert das Leben. Die Gelegenheit, die ungenutzt verstreicht, kommt so schnell nicht wieder.

Ist das Leben egal? Keiner hat mich gefragt, ob ich auf die Welt kommen möchte. Vermutlich wird mich auch keiner fragen, wenn es ans Ende geht. Ich nehme mit, was ich kriegen kann – und wenn es nicht klappt, dann ist es auch egal. Aber wie soll sich dann Leben entwickeln? Wie soll es möglich sein, sich für etwas Kleines oder Großes einzusetzen, für Etwas oder für Jemanden? Wer das für unmöglich hält oder für unsinnig, der lebt am Leben vorbei. Dass jemand lebt, ist das Dementi der Parole, dass und wie man lebe, sei egal. Dieses Dementi mag selbst dementiert werden, es bleibt ein Widerspruch zum Nihilismus.

Ist das Leben gut? So sagt es die Bibel auf ihren ersten Seiten, in der Schöpfungsgeschichte. Und immer wieder heißt es: »Gott sah, dass es gut war!« Weil es gut ist, dass es die Welt und die Menschen und das Leben gibt, kann es Aufbrüche geben, die nicht im Ungewissen enden, nicht in einem Labyrinth von Irrwegen, sondern ins Weite und Offene, zu neuen Begegnungen, neuen Entdeckungen und neuen Erfahrungen führen.

> Aufbrechen zu müssen – in der Hoffnung, ankommen zu können.
> Aufbrechen zu dürfen – in der Hoffnung, ankommen zu werden.
> Aufbrechen zu können – in der Hoffnung, ankommen zu sollen.
> Gott bricht auf zu uns.
> Er wird unsere Fesseln lösen
> und uns mitnehmen
> auf der Fahrt unseres Lebens
> ins Leiden hinein
> und über den Tod hinaus,
> bis wir dort ankommen, wo wir immer schon sein wollten,
> was kein Auge gesehen und kein Ohr gehört hat,
> was aber Gott denen bereitet, die ihn lieben.

d) Zwischenhalte

Es macht einen großen Unterschied, ob man ausspannt oder festgehalten wird. Ob man vor Erschöpfung nicht mehr kann oder die Muße pflegt. Ob man sich sammeln will oder einfach zu faul ist weiterzumachen. Innezuhalten ist eine Kunst, eine Lebenskunst. Diese Kunst kann man lernen. Wer sie beherrscht, lebt besser, glaubt tiefer, hofft mehr.

Ist das Leben ein Gefängnis? Dann säße ich fest. Müsste an meinen Ketten reißen. Und mich vielleicht damit trösten, dass die Gedanken frei sind. Doch was hülfe das? Wäre meine Gedankenfreiheit mehr als ein Selbstbetrug? »Die Gedanken sind frei« zu denken, gar zu singen, wäre immer noch ein Protest, der Gehör verdient – von wem?

Ist das Leben eine letzte Gelegenheit? Dann müsste ich raffen, klammern, bunkern. Und immer mehr haben wollen. Jeder Aufenthalt wäre nur ein Zwischenstopp. Jeder Halt eine kleine Katastrophe. Und ich müsste mich immer gegen das Vergehen wehren – wenn ich mich nicht selbst verlieren wollte.

Ist das Leben egal? Dann gäbe es keinen Unterschied zwischen Aufbruch und Innehalten. Keinen Rhythmus des Lebens. Keine Umkehr, keine Zuwendung, keine Begegnung.

Ist das Leben gut? »Siehe, ich mache alles neu«, heißt es auf der letzten Seite der Bibel. Die Spannung zwischen der guten Schöpfung und der besseren Vollendung lässt mich aufatmen. Ich verpasse nichts, wenn ich innehalte, wo es Zeit ist. Ich kann glauben, dass das Leben unendlich wichtig und dennoch vorläufig ist. Das Beste kommt noch. Innehalten heißt: das Leben zu bejahen, wie es jetzt ist – in der Hoffnung auf mehr. Aufbrechen heißt: das Leben zu bejahen, wie es kommt – in der Hoffnung auf Gott, der aufbricht, um innezuhalten bei uns.

Innehalten zu müssen – in der Hoffnung, bleiben zu können.
Innehalten zu dürfen – in der Hoffnung, bleiben zu werden.
Innehalten zu können – in der Hoffnung, bleiben zu sollen.
Gott hält inne – für uns.
Er lässt uns leben – für ihn.
Er kommt zu uns und bleibt bei uns
alle Zeit und Ewigkeit,
damit wir schauen, was wir glauben,
und sehen, was wir hoffen.

2. Beten & mehr

Durch die Jahrhunderte hindurch hat das Bild, das Lukas von der Urgemeinde gemalt hat, immer wieder die Gedanken der engagierten, reformorientierten und traditionsbewussten Christen inspiriert. Ein erstes Summarium urgemeindlichen Lebens in Jerusalem leitet der Evangelist mit einem Kernsatz ein, der vier Wesenselemente des Kircheseins verbindet (Apg 2,42):

> Sie verharrten bei der Lehre der Apostel
> und der Gemeinschaft,
> beim Brechen des Brotes
> und bei den Gebeten.

Dieses kleine Gesamtbild wirkt auf den ersten Blick vielleicht allzu harmonisch. Von Konflikten, von enttäuschten Hoffnungen, von Lauheit und Übereifer ist keine Rede. Lukas wird in seiner Apostelgeschichte später all dies ansprechen. Aber am Anfang will er vor Augen stellen, was die Gemeinde Jesu Christi auszeichnet. Er entwirft nicht so sehr ein Idealbild, dem es nachzueifern gälte, als vielmehr ein Urbild, das die Kirche zeigt, wie der Geist Gottes sie erschaffen hat. Apg 2,42 gehört zur Schlusssequenz des Pfingsttages. Derselbe Geist, der die Jünger, Petrus an der Spitze, zum Sprechen bringt (Apg 2,1–36), lässt in Jerusalem durch Umkehr und Taufe (2,37–41) eine erste Christengemeinde entstehen, deren authentisches Glaubensleben das Summarium festhält.

Was die christliche Gemeinde von einem Verein und einem Interessenverband unterscheidet, ist nach Apg 2,42 der Gottesdienst in Verbindung mit dem Dienst am Nächsten. Dass die Kirche für die Menschen im Dienst Gottes steht, ist ihre Existenzberechtigung und ihre Sendung, heute und zukünftig nicht anders als in der Vergangenheit. Die Sehnsucht nach einem lebendigen Gottesdienst ist groß; in Zeiten religiöser Obdachlosigkeit wächst der Hunger nach einer Spiritualität, die vom Geheimnis Gottes lebt und das Angesicht des Nächsten sucht. Eine Liturgie ist gefragt, die eine verständliche und verbindliche Zeichensprache des Glaubens spricht; gefragt ist aber auch ein Gemeindeleben, das sich nicht in der Liturgie erschöpft, sondern dem lebendigen Gott im Alltag *und* am Feiertag dient, innerhalb *und* außerhalb der Kirchenmauern, in der Sozialarbeit *und* in der Verkündigung des Evangeliums, im Gebet *und* in solidarischer Zeitgenossenschaft. Wie wird es möglich, den Glauben auf diese Weise zu leben?

a) Die »Lehre der Apostel«

Die Gemeinden zur Zeit des Lukas haben keinen unmittelbaren Zugang mehr zu Jesus. Der Evangelist schreibt für Christen der dritten Generation; die »Augenzeugen« (Lk 1,2) sind inzwischen gestorben; nach den Aposteln und Zeugen der Urgemeinde haben Presbyter und Episkopen die Kirchenleitung übernommen (Apg 20,17–35). Der Glaube aber lebt von der frischen Erinnerung an den Mann aus Nazareth, an seine Taufe, seine Verkündigung und seine Wunder, vor allem an sein Leiden, seinen Tod und seine Auferstehung. Dazu bedarf es einer ununterbrochenen Kette von Tradenten, die über die Generationengrenzen hinweg, durch Zeit und Raum hindurch miteinander im Gespräch sind und immer wieder neu ins Gedächtnis rufen, was über Jesus zu sagen ist. Am Beginn dieser Kette stehen die »Apostel«. Deshalb stellt Lukas das »Bleiben bei der Lehre der Apostel« an den Anfang seines Summariums.

(1) Das Bild des Lukas

Die »Apostel« sind für ihn diejenigen, die (idealtypisch) »in der ganzen Zeit, da der Herr Jesus unter uns aus und ein ging«, alles Wichtige gesehen haben, »von der Taufe des Johannes angefangen bis zu dem Tage, da er von uns hinaufgenommen wurde« (Apg 1,21f.). Deshalb haben allein sie die Möglichkeit, nicht nur einige wenige Eindrücke von Jesus wiederzugeben, sondern ein Gesamtbild vor Augen zu stellen. Das ist die Basis für das »Buch« (Apg 1,1) des Evangelisten Lukas (Lk 1,1–4). Weil die Apostel als »Diener des Wortes« (Apg 1,2) ihre einmalige Chance der Traditionsbildung genutzt haben, ist die Kirche aller Zeiten dankbar auf ihr Zeugnis von Jesus angewiesen.

Was sie von Jesus erzählt und verkündet haben, ist zur Zeit des Lukas, gegen Ende des ersten Jahrhunderts, schon »Lehre« geworden (Lk 1,4): nicht mehr nur spontane Eingebung oder unmittelbare Anrede, sondern reflektierte Erfahrung, differenziertes Wissen und erprobtes Bekenntnis. Zur »Lehre« verdichtet sich das Glaubenszeugnis in den langen Lernprozessen des Glaubens, die alle Apostel mitsamt ihren Gemeinden durchlaufen haben; als »Lehre« eignet es sich für die Weitergabe des Glaubens, für die Grundlage der Predigt und für die Verteidigung des Evangeliums.

Die Apostelgeschichte demonstriert an den Beispielen des Petrus und Paulus, wie diese Lehre für den Aufbau der Gemeinde und im persönlichen Glaubensgespräch fruchtbar werden kann: wie es gelingt, ein hohes Reflexionsniveau zu halten und gleichzeitig weite Zugänge zum Evangelium zu öffnen, den *genius loci* anzusprechen und gerade darin dem Geist Gottes Worte zu verleihen, unangenehme Wahrheiten nicht zu verschweigen, aber nicht in Glaubenshärte zu verfallen, sondern alles daran zu setzen, die Faszination des Glaubens zu vermitteln. Ob Petrus vor dem Hohen Rat (Apg 4,6–12) oder Paulus auf dem Areopag (Apg 17,22–31) spricht – Lukas zeigt, dass der Geist Gottes das rechte Wort zur rechten Zeit eingibt, um selbst durch Widerstände hindurch das Evangelium ins Gespräch zu bringen. Darin hat Lukas die Zeugen der Anfangszeit als vorbildlich gesehen; sie sind es bis heute geblieben.

(2) Heutige Perspektiven

Die Katechese macht eine schwierige Gratwanderung zwischen Klarheit und Offenheit, Verbindlichkeit und Verständlichkeit, zwischen der Nähe zu den Problemen der Menschen und der Nähe zum Geheimnis des Glaubens. Das »Bleiben« bei der »apostolischen Lehre« stößt heute auf viele Vorbehalte: innerhalb und außerhalb der Kirche. Innerhalb der Kirche, weil man den Druck des Dogmatismus fürchtet, Misstrauen gegenüber Gedankenfreiheit, eine rückwärtsgewandte Vision, die sich die Zukunft verbaut; außerhalb der Kirche, weil man den Anspruch verbindlicher Wahrheit bezweifelt und auf Innovationen fixiert ist. Nur wenn diese Einwände ernst genommen werden, ist eine konstruktive Auseinandersetzung mit der Moderne möglich: das Aufgeben falscher Selbstverständlichkeiten, die Immunisierung gegen den Fundamentalismus, die Anerkennung der Wahrheit in anderen Religionen und Sinnsystemen, das Aufbrechen traditionalistischer Verkrustungen.

Andererseits verlangen jene Tendenzen präzise Kritik. Nur wenn die Kirche sich auf das apostolische Fundament in seiner ganzen Breite bezieht, findet sie den Königsweg zwischen Fundamentalismus und Relativismus. Sie pflegt das kollektive Gedächtnis[76], das ihre Identität ausmacht; sie orientiert sich am Kanon, der ihrer Praxis und Lehre das Maß setzt; sie überwindet die Angst, nur durch die Herabsetzung der anderen die eigene Stärke zur Geltung zu bringen, sie findet heraus aus dem Dschungel der »Vielmeinerei« und erarbeitet sich die Einheit, die in der Vielfalt, und die Vielfalt, die in der Einheit der biblischen Gottesrede liegt.

In einer Kultur des Neosynkretismus wird nur eine profilierte Gottesrede gehört werden, die nicht von allem und jedem, sondern immer wieder vom Einen und Einzigen handelt: wie Jesus ihn zur Sprache gebracht hat; und in einer Kultur multimedialer Vernetzung wird nur eine einladende Gottesrede verstanden werden, die alle Möglichkeiten intelligenter und sensitiver Kommunikation nutzt, um den Horizont biblischer Glaubenserfahrungen zu eröffnen.

Auf der Suche nach dieser profilierten Lehre gibt es intelligente Gegner und überraschende Bundesgenossen. Beide sind zu achten. Von beiden kann die Theologie nur lernen – nicht zuletzt, wenn sie sich in einer Person vereinigen. Der Gießener Philosoph *Odo Marquard* macht sich einerseits den Standpunkt derer zu eigen, die eine metaphysisch-religiöse Gewaltenteilung fordern und im (biblischen

---

[76] Vgl. Jan Assmann, Das kulturelle Gedächtnis. Schrift, Erinnerung und Identität in frühen Hochkulturen, München 1992.

oder philosophischen) Monotheismus eine imperialistische Tendenz wittern, die allzu häufig in Aggressionen umschlägt.[77] Andererseits weiß er um die sinnstiftende Bedeutung von Traditionen[78] und um die befreiende Kraft von Klarheit. Weder eine selektive Wahrnehmung noch ein Ausspielen der einen Position gegen die andere ist der Theologie dienlich. Entscheidend ist zweierlei: die selbstkritische Aufarbeitung der Kirchen- und Theologiegeschichte, in der es allzu häufig so scheinen musste, als ob die »Legitimität der Neuzeit« an der Befreiung vom christlichen Absolutheitsanspruch hänge[79], und die selbstbewusste Vermittlung des riesigen Schatzes an Glaubenswissen und Lebenserfahrung, der in der Heiligen Schrift und der kirchlichen Tradition aufbewahrt ist.

b) Die »Gemeinschaft«

Die kleine Notiz vom Leben der Urgemeinde in Apg 2,42 folgt unmittelbar auf die Erzählung vom Geburtstag der Kirche am ersten Pfingstfest. Die Gemeinschaft des Glaubens, die als Kirche zusammenkommt, bildet sich im Gefolge dieses Tages und bleibt für alle Zeit von ihm bestimmt. In der Mitte der Kirchengemeinschaft stehen die Zwölf Apostel, aber auch »die Frauen und Maria, die Mutter Jesu, und seine Brüder« (Apg 1,14) mitsamt »etwa einhundertundzwanzig Brüdern« (Apg 1,15), worunter wohl alle Jüngerinnen und Jünger Jesu zu verstehen sind, die nach Jerusalem gefunden haben. Diese Menschen bilden deshalb die »Mitte« der Kirche, weil sie Jesus schon zu Lebzeiten gefolgt und von Jesus nach der Katastrophe des Karfreitags im Zuge des Ostergeschehens neu gesammelt

---

[77] Odo Marquard, Lob des Polytheismus. Über Monomythie und Polymythie, in: ders., Abschied vom Prinzipiellen (1981) (RUB 7724), Stuttgart 1991, 91–116: 100.
[78] Odo Marquard, Der Philosoph als Schriftsteller, in: Hermann Fechtrup – Friedbert Schulze – Thomas Sternberg (Hg.), Sprache und Philosophie, Münster 1996, 9–22.
[79] Hans Blumenberg, Die Legitimität der Neuzeit, 3 Bde., Frankfurt/Main 1966, bes. Bd. 1: Säkularisierung und Selbstbehauptung; ders., Arbeit am Mythos, Frankfurt/Main 1979, 239–290, bes. 241.

worden sind. Sie personifizieren die Kontinuität zwischen dem vorösterlichen und dem nachösterlichen Evangelium; sie haben aber auch die eschatologische Wende der Auferstehung Jesu am eigenen Leib erfahren. Vor dem Pfingstfest sind sie alle »an einem Ort beisammen« (Apg 2,1) – nicht etwa »aus Furcht vor den Juden«, wie es häufig von Johannes herkommend (20,19) in den Text hineingelesen wird, sondern gemäß der Weisung Jesu (Apg 1,4): Der Sendung geht die Sammlung des Jüngerkreises voraus; die Aktion wurzelt in der Kontemplation, die Öffnung für die Welt folgt aus der Konzentration auf das Wort Jesu.

(1) Das Bild des Lukas

Das Wunder des Geistes, der über die versammelte Kerngemeinde hereinbricht, macht die Mauern des Hauses, in dem die Jünger sich aufhalten, durchlässig und lässt eine erste Gemeinde von Zuhörern entstehen (Apg 2,1–11): Es sind Juden aus aller Herren Länder, die in Jerusalem wohnen. Als Juden repräsentieren sie den Mutterboden des christlichen Glaubens; ihre Herkunft aus der ganzen Ökumene zeichnet den weltweiten Umkreis der Mission vor, der nach Jesu Wort in genau abgemessenen Etappen – »in Jerusalem und in ganz Judäa und in Samaria und bis an die Grenzen der Welt« (Apg 1,8) – abgeschritten werden soll. Die Kirche ist keine Sekte, sondern vom Ursprung her als Kirche für alle Menschen aus allen Völkern und Nationen angelegt.

Wie die Urgemeinde dem lukanischen Bild zufolge ihre Glaubensgemeinschaft gelebt hat, fasziniert seit jeher (Apg 4,32):

> Keiner nannte etwas von seinem Besitz sein Eigen, sondern sie hatten alles gemeinsam.

Wie diese Gütergemeinschaft freilich zu verstehen ist, muss geklärt werden. Allzu sehr beherrschen romantisierende, bisweilen auch verbal-radikale Vorstellungen das Feld. Von »Liebeskommunismus«, vom Verbot des Privateigentums, von ökonomischer Anarchie kann im Ernst keine Rede sein. Die Pointe liegt vielmehr in der großherzigen Bereitschaft, den eigenen Besitz anderen Gemeindemitgliedern zur Verfügung zu stellen, »so wie sie es nötig hatten« (Apg 2,45; 4,35), dann aber auch tatsächlich nicht zu zögern, sondern wirklich zu teilen.

Lukas denkt sich die Urgemeinde keineswegs uniform. In seinem Evangelium hat er erzählt, wie vielfältig die Beziehungen zu Jesus und die Bindungen an ihn sind. Es gibt nicht nur die »Nachfolge der Zwölf«, die (idealtypisch) immer mit Jesus zusammengewesen sind, »angefangen von der Taufe im Jordan bis zu seiner Himmelfahrt« (Apg 1,22), sondern auch die »Nachfolge der Siebzig« (vgl. Lk 10,1–9), die für eine gewisse Zeit die Heimatlosigkeit des Wanderpredigers Jesus auf seinen weiten Wegen zu den Kindern Israels geteilt haben, und die »Nachfolge der Vier- und Fünftausend«, die sich von Jesus beschenken und begeistern lassen, aber nicht ständig mit ihm zusammen sind, sondern zu Hause, im Beruf, in der Nachbarschaft und ihren Freundeskreisen den Glauben an das Evangelium leben.

So erzählt auch die Apostelgeschichte, dass die Urgemeinde bunt zusammengesetzt war. Es gab Männer und Frauen, arme Witwen und reiche Grundbesitzer, »Hebräer« und »Hellenisten«, d. h. auf der einen Seite palästinische, aramäischsprachige und auf der anderen Seite hellenistische, griechischsprachige Judenchristen aus der Diaspora. Die Zwölf, die schon von Anfang bei Jesus gewesen sind, gehören zur Urgemeinde, die Frauen, die ihm schon in Galiläa nachgefolgt waren, aber auch die Mutter und die Brüder Jesu (Apg 1,14) und dann die in Tausenden zu zählenden Neubekehrten, die auf die Predigt des Petrus und anderer Urchristen hin an das Evangelium glauben (2,41; 4,4; vgl. 5,14).

(2) Heutige Perspektiven

Die Glaubensgemeinschaft der Urgemeinde war Lebensgemeinschaft; Diakonie und Caritas waren die große Stärke – und müssen es heute wieder werden. Wenn man die Gütergemeinschaft der Urgemeinde nicht idealisiert, sondern realistisch einschätzt, wird viel deutlicher, dass sie heutige Gemeinden nicht schlichtweg überfordert, sondern an wesentliche Aufgaben heranführt – innerhalb und außerhalb der Kirchenkreise. Die soziale Frage wird neu gestellt: als Frage nach der Partizipation der Besitzlosen, der Jugendlichen, der Schwachen und Behinderten am Arbeitsleben, nach der Förderung familiärer Erziehungs- und Pflegearbeit, nach dem Schutz der Ungeborenen und der Alten, auch der Behinderten und der Sterbenden sowie nach unbürokratischer Hilfe in der Not. Welche Antwort die Gemeinden geben – wenn sie nicht nur in Worten, sondern in Taten besteht, ist sie Gottesdienst im elementaren Sinn. Umgekehrt muss die diakonische Praxis in spiritueller gründen, sonst können die Menschen, denen die Werke der Barmherzigkeit erwiesen werden, nicht im Letzten als sie selbst, nämlich als Gottes Geschöpfe, geliebt werden, und die Gemeinschaft, die entsteht, ist letztlich funktionalistisch bestimmt oder utopistisch als Verwirklichung eines Ideals, nicht aber pneumatisch als Wirkung des Schöpfergeistes, den Gott zur Rettung der Menschen wirksam werden lässt.

Außerhalb der Kirchenmauern sind die Erwartungen groß. Wie groß sie sind, spiegelt sich selbst noch einmal wider in der scharfen Kritik eines Heinrich Böll am katholischen »Klüngel«[80] oder im Spott eines Hans Magnus Enzensberger über die »pastorale« Tendenz, alles abzusegnen, was der Kirche über den Weg läuft[81], oder in der subtilen Ironie einer Gabriele Wohmann an dem »Schönen Gehege«, in dem sich die Gleichgesinnten einrichten und abschließen.[82] Wie groß die Enttäuschungen sein können, ergibt sich aber auch aus westlichen und östlichen Stimmen, die von der kirchlichen Gemeinschaft viel, vielleicht allzu viel erwarten. Botho Strauß

---

[80] Am eindrucksvollsten geschieht dies nicht in seinen theoretischen Schriften, sondern in seinen Romanen; vgl. Heinrich Böll, Und sagte kein einziges Wort, Köln 1955; ders., Billard um halb zehn, Köln 1959; ders., Ansichten eines Clowns, Köln 1963; ders., Gruppenbild mit Dame, Köln 1971.
[81] Hans Magnus Enzensberger, Leichter als Luft. Moralische Gedichte, Frankfurt/Main 1999, z. B. »Besuch« (S. 120f.).
[82] Gabriele Wohmann, Schönes Gehege, Darmstadt – Neuwied 1975.

meditiert über »Vielfalt« und »Einheit« im Blick auf die modernen Zeitgenossen, denen die Pluralität über alles geht[83]:

»Vielfalt statt Einfalt!« Mit solchem Spruch wollen sie den Papst vermahnen. Der Letzte auf dieser Erde, der dazu berufen ist, das Heil nicht von Reformen zu erwarten. Diese Leute ahnen offenbar nicht, wie nötig die Entfaltung des Pluralen der einen Instanz bedarf, die es ausschließt. Sie wissen nichts von Einheit, die längst verlorenging, aus dieser Welt fast spurlos verschwand – und wie viel Kraft und Gewissen sie erfordert, im Gegensatz zum raschen Zapping durch die nahverwandten Meinungen. Wie kann man für das Viele sein, wenn man das Eine noch nie erfahren hat? In dessen Namen doch der Gläubige seine Religionszugehörigkeit begründet.«

Jene Einheit, die in der katholischen Kirche bis in die jüngste Vergangenheit zu erleben war, kann aber nicht nur bei der Orientierung helfen, sondern auch einengen, die Kehle zuschnüren, Leben zerstören. Während Günter de Bruyn von einem unaufgeregten, gelassenen, moderat engagierten, nüchternen Katholizismus in der Berliner Diaspora erzählt[84], werden in Martin Walsers autobiographisch gefärbtem Roman *Ein springender Brunnen* aus derselben Zeit die Beklemmungen spürbar, die eine kirchliche Sakramentenkatechese in der Fixierung auf das Sechste Gebot ausgelöst hat[85], obgleich damals gleichfalls im süddeutschen Raum Joseph Ratzinger eine so tiefe katholische Marien- und Sakramentenfrömmigkeit mit der Muttermilch aufgesogen hat, dass sie ihn bis heute trägt.[86]

Eine rückwärtsgewandte Pastoral hat ebenso wenig eine Zukunft wie eine geschichtslose, eine uniformistisch ausgerichtete ebenso wenig wie eine pluralistische, die keine Identität vermittelt. Die Gemeinschaft der Kirche muss, wenn sie dem Evangelischen treu bleiben will, schon im genauen Sinn des Wortes katholisch sein: einig

---

[83] Botho Strauß, Die Fehler des Kopisten, München 1997, 110.
[84] Günter de Bruyn, Zwischenbilanz. Eine Jugend in Berlin, Frankfurt/Main 1992.
[85] Martin Walser, Ein springender Brunnen. Roman, Frankfurt/Main 1998.
[86] Joseph Ratzinger, Salz der Erde. Christentum und katholische Kirche an der Jahrtausendwende. Ein Gespräch mit Peter Seewald, Stuttgart 1996, 43–62.

im Grundverständnis des Glaubens, reich in seinen Ausdrucksformen, vielfältig in seinen lokalen Verwurzelungen, offen für seine weltweite Präsenz, konzentriert auf seine Wahrheit.

Freilich ist mit idealen Vorstellungen wenig gewonnen. Die Kirche unserer Tage und unserer Breitengrade lebt in einer pluralistischen, multikulturellen, individualisierten, segmentierten Gesellschaft. Die modernen Zeitgenossen tun sich mit Verbindlichkeit und langfristigen Engagements schwer. Die Kirchen bleiben von diesem Trend nicht unberührt. Ihn nur zu kritisieren oder umstandslos gutzuheißen, ist gleichermaßen problematisch. Die Gemeinden werden neue Formen »projektorientierten« Christentums kennenlernen: starkes Engagement für befristete Zeit ohne Einwilligung in die langfristigen Verbindlichkeiten traditionellen Christseins, wie sie dem umfassenden Anspruch des Evangeliums eher entsprechen, allerdings auch in die Gefahr falscher Plausibilitäten geraten. Mütter, die sich in der Sakramentenkatechese engagieren, ohne selbst eine ausgereifte Sakramentenpraxis zu haben oder zu entwickeln, Väter, die bei der Verschönerung der Kirchenanlagen und der Planung von Wallfahrten beherzt Hand anlegen, ohne sonderlich begeistert vom regelmäßigen Kirchgang zu sein, Jugendliche, die liturgische Nächte hingebungsvoll vorbereiten und mitfeiern, ohne zur sonntäglichen Kerngemeinde zu gehören – sie alle gehören nicht zu den »Mitläufern« und »Randständigen«, sondern sind in vielen Gemeinden das Salz in der Suppe. Gleichzeitig bilden sich allerorts »Neue Geistliche Gemeinschaften« von Laien und Priestern, Männern und Frauen, Jugendlichen und Erwachsenen, denen der Alltagstrott des Christentums nicht reicht, die mehr wollen: mehr spirituelle Erfahrung, mehr menschliche Nähe, mehr freundschaftliche, brüderliche, geschwisterliche Gemeinschaft.

Dies alles findet gleichzeitig statt – zweifellos eine tiefe Krise und eine große Chance. Die Zahl der persönlich Engagierten steigt und die Zahl der regelmäßigen Kirchgänger sinkt; die Zahl der Kirchenfeinde nimmt ab und die Zahl der Desinteressierten nimmt zu. Wer früher in die innere Emigration flüchtete, tritt heute aus der Kirche aus; wer früher einfach nur mitmachte, wird heute vor die Entscheidung gestellt. Alles findet gleichzeitig statt und führt erneut zu der Frage, wie heute jene Gemeinschaft gelebt werden kann, die Lukas im Sinn hat.

Zwei Antworten zeichnen sich ab. Auch die Volkskirche hat immer von qualifizierten Minderheiten gelebt. Nicht anders ist es in der Gegenwart. Die Vielfalt der engagierten Gruppen wird steigen, ob sie spirituell oder diakonisch, politisch oder ökologisch, katechetisch oder psychologisch, sach- oder erlebnisorientiert ausgerichtet sind – Sauerteig werden sie sein, wenn sie ihre ureigenen Charismen pflegen *und* ihren Dienst am Ganzen des Leibes Christi leisten.

Aber auch die »etablierten« Pfarrgemeinden gewinnen unter veränderten Rahmenbedingungen neues Gewicht. Mit den Gottesdiensten, die immer zu bestimmten Zeiten gefeiert werden, mit den diakonischen Diensten, die auf Dauer angelegt sind, mit den katechetischen Programmen, die durch theologische Kompetenz und gesamtkirchliche Vernetzung gekennzeichnet sind, bilden sie das Rückgrat der Kirche. Sie werden zunehmend Gemeinschaft von Gemeinschaften sein, aber eben darin ihren neuen Ort finden – als Ort der Kommunikation, als Ort der Anbahnung von Kontakten, als Ort der öffentlichen Glaubensverantwortung.

c) Das Brotbrechen

Die Feier des Gottesdienstes ist seit Anbeginn der Kirche im Kern die Feier der Eucharistie. Die Gemeinde kann in der Regel überhaupt nur einmal in der Woche zusammenkommen: am »Tag des Herrn«, zum Gedächtnis des Leidens und Sterbens Jesu (vgl. 1 Kor 11,23–25). Diese Zusammenkunft freilich ist vieles zugleich: Sie gibt Gelegenheit zum Gespräch und zur Pflege der Gemeinschaft beim gemeinsamen Essen und Trinken; sie wird zum Medium der Diakonie, weil die mitgebrachten Speisen geteilt werden; sie ist der Ort der Verkündigung, der Katechese, der Prophetie; am Schluss steht die »Eucharistie«. All dies nennt Paulus »Mahl des Herrn« (1 Kor 11,20), weil der Auferstandene inmitten der Seinen gegenwärtig ist und mit seinem Geist ihren Gottesdienst erfüllt.

(1) Das Bild des Lukas

Wenn Lukas in aller Kürze nur vom »Brotbrechen« redet, erinnert er an die entscheidenden Gesten und Worte des Abendmahles: an das Brot, das elementare Lebensmittel, aber sicher auch an den Wein, das Symbol festlicher Freude; an das Austeilen, das Essen und Trinken, die sinnenfälligen Zeichen der Gemeinschaft mit Jesus Christus; vor allem an die Worte Jesu: »Das ist mein Leib, für euch gegeben« (Lk 22,19), und: »Dieser Kelch ist der Neue Bund in meinem Blut, für euch vergossen.« (Lk 22,20) Die Gesten und Worte fassen in einzigartiger Dichte zusammen, was Jesu Leben ausmacht und deshalb auch seinen Tod bestimmt: dass er ganz und gar, bis hin zu seinem stellvertretenden Sterben, »für« die Menschen ist, obgleich sie Sünder sind, und dass dieses »Für« darauf abzielt, ihnen das ewige Leben im Reich Gottes zu schenken, das allein Gottes neuschöpferischer Gnade verdankt werden kann. Jesus tritt für diese Hoffnung ein; im Vertrauen auf die Gültigkeit der Verheißung, die in seinem Sterben liegt, brechen die ersten Christen »in ihren Häusern das Brot« (Apg 2,46).

Die Schlichtheit und die Intensität dieses Zeichens hat die Menschen der Antike tief beeindruckt: keine bombastische Liturgie, kein heiliges Schauspiel, aber auch kein leerer Ritus, sondern eine Danksagung, die vom Geschehen in der Paschanacht Jesu erzählt; ein Mahl, das Gemeinschaft begründet durch die Anteilgabe an Jesu Liebe zu Gott und zu den Menschen (1 Kor 10,16f.); und ein Opfer, das in der Vergegenwärtigung der Lebenshingabe Jesu als Grund aller Hoffnung besteht.

Lukas hat den inneren Zusammenhang von Eucharistie und Diakonie herausgearbeitet. Seinem Paschamahlbericht (Lk 22,14–20) folgen die Ankündigung des Verrats (Lk 22,21ff.) und ein langes Tischgespräch Jesu mit seinen Jüngern (Lk 22,24–38). Es ist von zwei Leitmotiven bestimmt: dem Versagen der Jünger Jesu in der Stunde der Passion und dem radikalen Dienst, den Jesus ihnen leistet, zuletzt durch sein Sterben. Lukas denunziert Petrus und die Zwölf nicht, er glorifiziert sie aber auch nicht. Es ist ein historisches

Faktum mit weitreichenden Konsequenzen, dass Petrus Jesus »dreimal verleugnen wird, ehe der Hahn kräht« (Lk 22,34). Aber dieses paradigmatische Versagen ist für Jesus kein Grund, um sich von Simon abzuwenden, vielmehr ist es ein exemplarischer Grund, warum er für seine Jünger »sein Blut vergießt« (Lk 22,20). Wenn er sich nach Lukas als derjenige zu erkennen gibt, der »unter euch der Diener« ist (Lk 22,27), bringt er damit zum Ausdruck, dass die Hingabe seines Lebens reine Proexistenz ist, darauf ausgerichtet, dass ihnen der Zugang zum Reich Gottes geöffnet wird und sie schon gegenwärtig dessen Nähe heilsam erfahren, *weil* sie, auf sich gestellt, der Macht der Todes und der Sünde verfielen.

Die Gemeinschaft, mit der Jesus das Letzte Abendmahl feiert, ist eine Gemeinschaft der Sünder. Sie sind um ihres Heils willen darauf angewiesen, dass Jesus so sehr ihr Diener wird, dass er »für« sie stirbt: nicht nur ihretwegen, sondern an ihrer Stelle und, worauf letztlich alles ankommt, ihnen zugute. Jesus rechnet den Jüngern an, dass sie »mit« ihm »ausgehalten haben in meinen Versuchungen« (Lk 22,18). Diese Ausdauer ist nicht die Voraussetzung ihrer Anteilgabe am eschatologischen Heil; dass Jesus dessen gedenkt, ist vielmehr Ausdruck seiner eigenen Teilhabe am menschlichen Leben und seiner Aufmerksamkeit für ihre Bereitschaft zur Nachfolge. Die Gemeinschaft, die Jesus durch sein Sterben stiftet, die Gemeinschaft des Neuen Bundes (Lk 22,20), ist stark genug, Schuld und Versagen der Jünger zu überwinden – kraft der Hingabe Jesu. Davon ist und bleibt die Kirche geprägt. Die Feier der Eucharistie gibt ihr Anteil am Dienst Jesu zum Heil der Welt. Indem sie selbst die Nachfolge dessen sucht, der aller Diener geworden ist, und darin zum Dienst in der Welt und an der Welt geführt wird, gibt sie weiter, was sie selbst empfangen hat; und indem sie Eucharistie feiert, bekennt sie inmitten der menschlichen Leidensgeschichte ihre eigene Schuld, um Dank zu sagen für die je größere Macht der Liebe Gottes, die den Namen Jesu trägt.

(2) Heutige Perspektiven

Die Rückbesinnung auf die einfachen Gesten und Worte der Eucharistie wird im Zentrum einer erneuerten Eucharistiepraxis der Gemeinden stehen müssen. Nachdem das Zweite Vatikanische Konzil den »Tisch des Wortes« reich gedeckt hat, ist es an der Zeit, mit großer Aufmerksamkeit und Sorgfalt, aber auch voller Vertrauen in die Ausdruckskraft der Liturgie die Darbringung der Gaben von Brot und Wein, das Nacherzählen der Abendmahlsüberlieferung und die Kommunion zu gestalten. Routine ist tödlich; die Liturgie jeden Sonntag neu zu erfinden, endet schnell in Sackgassen; ob der Priester das Hochgebet wirklich betet oder nur aufsagt, ob die Kommunionhelfer glauben, dass sie tatsächlich den »Leib Christi« austeilen, ob der Gemeinde Zeit zum Beten und Hören gegeben wird – all dies wird heute viel aufmerksamer registriert als früher. Katholische Gemeinden können (inzwischen) von evangelischen Gemeinden, die Abendmahlsgottesdienste feiern, viel lernen: wie sehr der Laienkelch zum vollen Zeichen der Eucharistie gehört, wie viel intensiver das gemeinsame Kommunizieren kleiner Gruppen um den Altar ist als das Schlangestehen vor den Austeilern oder das Gedränge vor der Kommunionbank; wie angemessen es auch ist, eine falsche Selbstverständlichkeit des Kommunionempfangs in Frage zu stellen. Das Ergebnis wird keine neue Skrupulosität, sondern vielleicht eine neue Dankbarkeit sein, zum »Tisch des Herrn« (1 Kor 10,21) treten zu dürfen, und eine neue Freiheit, die Gnade Gottes anzunehmen.

Die Liturgiereform des Zweiten Vatikanischen Konzils hat mit ihrem Ideal einer *actuosa participatio,* einer aktiven Teilnahme aller Gläubigen am Gottesdienst, die Impulse der Liturgischen Bewegung aufgenommen und eine Wende zu einem besseren Verständnis und zu einer tieferen Verwurzelung des Gottesdienstes in der feiernden Gemeinde eingeleitet. Hinter die Einführung der Landessprache, die Aufwertung des Lektorenamtes, die Akklamationen der Ekklesia zur Schriftlesung, die dialogischen Gebetselemente zurückzufallen, wäre fatal. Aber der Hang zur Pädagogisierung der Liturgie, der immer eine Versuchung der lateinischen Kirche gewesen ist, beschwört die Gefahr der Banalisierung herauf. Der offenkundig gerade bei Pfarrern tiefsitzende Verdacht, die Zeichensprache der Liturgie sei unverständlich und müsse mühsam erklärt werden, ist offenkundig falsch, wie gerade die Ausschlachtung sakramentaler Gesten und Riten aus kommerziellen Interessen und kulturellem Instinkt in Werbung und Film demonstriert. Wo liturgischer Analphabetismus sich ausbreitet, darf nicht die Auflockerung (angeblich oder tatsächlich) erstarrter Gottesdienstformen das Ziel sein, sondern elementare Mystagogie.

Die Aufmerksamkeit für das eucharistische Geschehen wächst, wo man sich vom Zwang des Funktionalismus befreit. Ein wichtiger Zeuge ist Peter Handke. In seinem *Märchen aus den neuen Zeiten* heißt es[87]:

»In diesem Jahr 1997 machte ich es mir zur Regel, möglichst keine Meßfeier zu versäumen; die fand ohnedies nur zweimal im Monat statt, der Priester war auch noch zuständig für eine andere Gemeinde in den Seine-Höhen. Ich wurde an jedem Sonntagmorgen ungeduldig, dorthin zu kommen, fürchtete, zu spät zu sein für das ›Kyrie eleison!‹, ging im Laufschritt ... Was mich, den Soundso aus dem slowenischen Dorf Rinkolach in der Jaunfeldebene betraf, so musste der Meßgang sein! Hier in der Allerweltsbucht an jedem zweiten Sonntag zusammen mit ein paar anderen das Slawische zu hören, das war dabei nicht die Hauptsache. Aber es öffnete mich erst einmal, nein, riß mich auf. So hoch auch die Töne wurden, so tief wirkte auf mich der Klang. Keine Kindheit brachte er mir zurück, sondern der Mensch wurde ich mit ihm, der ich bin, oft zittrig, doch nicht wehrlos ... Und vor allem sah Gregor Keuschnig durch die Zeremonie das, was er für sich allein tat, gegründet und gelichtet, wenigstens für eine kurze Strecke seines Heimwegs zum Weitertun. Und nur zu bald drängte es ihn schon, sich dort in der Kirche wieder den Frieden holenzugehen ... Wie langweilten und ärgerten mich manchmal die

---

[87] Mein Jahr in der Niemandsbucht. Märchen aus den Neuen Zeiten, Frankfurt/Main 1996, 965.967ff.

Heiden, von denen ich dann draußen bald wieder selbst einer war. Obwohl ich bei den slawischen Wörtern des Vaterunser so anders aufhorchte als bei den romanischen, war das noch immer, zusammen mit dem Glaubensbekenntnis, die einzige Stelle der Liturgie, wobei ich mich ausgeschlossen fühlte. Auch fehlte mir, aus meinen gewohnten katholischen Messen, jener Augenblick, da der Priester ausrief: ›Sursum corda! Erhebt die Herzen!‹ (Oder habe ich das bis jetzt nur überhört?) Und seltsam hat es mich angemutet, dass der Ostkirchenpriester, zur Fleisch-und-Blut-Werdung des Brots und des Weins, damit diese vollzogen sei, noch ausdrücklich die entsprechenden Beschwörungsworte aussprach, während im katholischen Ritus zur Verwandlung die reine Erzählung ausreichte: ›Am Abend, bevor Jesus gekreuzigt wurde, nahm er das Brot …‹: Dieses Verwandeln allein durch Erzählen blieb mir näher.«

Ob der Schluss die eucharistische Theologie exakt trifft, sei dahingestellt. Den entscheidenden Eindruck hinterlässt im Roman nicht die Predigt, sondern die Liturgie – mit wenigen schlichten Gesten und wenigen schlichten Worten, die aber höchst bedeutungsvoll sind, weil – so die Wahrnehmung des Dichters – durch das Erzählen eine Verwandlung geschieht, nämlich – so die Deutung des Theologen – die Wandlung von Brot und Wein in den Leib und das Blut Christi dadurch, dass Jesus selbst sich kraft des Geistes in der Heilsbedeutung seines Todes vergegenwärtigt, wo seines Leidens und Sterbens eucharistisch gedacht wird. Die Gefahr einer neuen Ästhetisierung mag naheliegen[88]; ihr zu begegnen, setzt voraus, die Erzählung ernst zu nehmen, die eine kurzgefasste Pas-

---

[88] Sie ist unübersehbar im grandiosen Buch von George Steiner, Real presences, London 1989. Besonders gilt dies für das Nachwort der deutschen Ausgabe (Von realer Gegenwart. Hat unser Sprechen Inhalt?, München 1990) von Botho Strauß, Der Aufstand gegen die sekundäre Welt. Bemerkungen zu einer Ästhetik der Anwesenheit (ebd. 303–320). Ästhetische Erfahrung mit theologischen Kategorien zu begreifen, ist auch für die Theologie inspirierend, wenn ihr der Sinn für die Wirklichkeit der *symbola* abhandengekommen sein sollte. Aber Transsubstantiation ist keine Kunst, sondern – in härtester Dogmensprache ausgedrückt – Gnade ex opere operato: aus der Feier selbst heraus.

sionsgeschichte Jesu ist. Die Kraft der Verwandlung rührt aus dem Gedächtnis des Leidens, weil der Gekreuzigte der Auferstandene ist, der »für« die Vielen ist und bleibt, indem er »mitten unter ihnen« ist, zuhöchst in der Feier der Liturgie.

d) Das Beten

Das gemeinsame Gebet ist die Lebensader der Urgemeinde. Lukas stellt das Beten nicht ohne Grund an den Schluss der Viererkette. Es ist keine Zugabe zum Leben der Urgemeinde, sondern die Grundlage. Das Brotbrechen vollzieht sich – Eucharistie und Eulogie – als Gebet; die Koinonia ist wesentlich Gebetsgemeinschaft; die *lex credendi* folgt der *lex orandi:* Im Gebet, in der Liturgie ist vorgeprägt, was geglaubt und dann gelehrt wird.

(1) Das Bild des Lukas

Das Gebet ist vor allem Gotteslob (Apg 2,47) – aus Dankbarkeit für Jesus. Wenn Lukas schreibt, dass »sie täglich einmütig im Tempel« weilten (Apg 2,46), hat er die Tempelaktion Jesu im Sinn: dass der Tempel nach Gottes Willen ein »Haus des Gebetes« sein soll (Lk 19,46). Lukas insinuiert nicht, dass die Urgemeinde noch selbstverständlich am Opferkult partizipiert hätte. So hoch er als Institution des frommen Judentums zu schätzen ist (vgl. Lk 1f.; Apg 21,15–23,22), stellt doch die Stephanus-Rede (Apg 7,1–53) detailliert heraus, dass sich Gott an das Haus des Tempels nicht fesseln lässt (7,46–50), während zum Heil alles darauf ankommt, zum Glauben an den »einzig Gerechten« (7,52) zu gelangen, der als »Menschensohn zur Rechten Gottes steht« (7,56). In der Apostelgeschichte erzählt Lukas, wie vor allem Petrus und Paulus – ganz im Sinne Jesu – den Tempel zum Ort der Verkündigung werden lassen. Das Gebet der Urgemeinde bereitet den Boden; im Sinne des Lukas lässt es sich nicht als Versuch einer Besetzung des Tempels durch Christen (und einer Enteignung der Juden) verstehen, sondern als Ausdruck der Gemeinschaft mit Jesus, der Solidarität mit

Israel und der Verwurzelung in der alttestamentlichen Glaubensgeschichte.

Neben freien Gebeten hat das feste Gebet von alters her seinen Platz im Glaubensleben der Christenmenschen. Zu den Gebeten der Urgemeinde gehörten ganz sicher die Gebete Israels, vor allem die Psalmen (vgl. 1 Kor 14,26): nicht nur weil die ersten Christen allesamt *Juden*christen waren, sondern weil die Psalmen in einzigartiger Weite und Tiefe Lebens- und Gotteserfahrungen des Gottesvolkes ansprechen.

Das wichtigste Gebet war freilich gewiss das Vaterunser (Lk 11,1–4): das Gebet um die Heiligung des Namens und das Kommen des Reiches Gottes, das Gebet aber auch um die Hilfe Gottes in der Not des Lebens, sei es um das tägliche Brot, sei es um die Vergebung der Schuld, sei es um die Bewahrung vor der Versuchung, Gott und seinen Sohn Jesus zu verraten. Das Vaterunser ist ein Gemeindegebet. Es kann nicht in der 1. Person Singular, sondern nur in der 1. Person Plural gebetet werden: Es setzt immer schon die Gemeinschaft voraus, die Gott durch Jesus stiftet, indem er erfüllt, worum er gebeten wird, und es fördert diese Gemeinschaft, indem es zum Ausdruck bringt, was sie zusammenbringt und zusammenhält.

Die Anrede Gottes als Vater, wie Jesus sie im Gleichnis »vom verlorenen Sohn« (Lk 15,11–32) auslegt, artikuliert das Vertrauen der Gemeinde, sich an Gott wenden zu können und von Gott so gehört zu werden, dass es der Verwirklichung seines Heilswillens dient. Die Du-Bitten sind getragen von dem Wissen, dass die »unnützen Knechte« (Lk 17,10) von sich aus rein gar nichts zum Aufbau des Reiches Gottes leisten und ihre Hoffnung allein darauf gründen können, dass Gott von sich aus aktiv wird, um seinen Namen zu heiligen und sein Reich heraufzuführen; dass er sie aber in die Nachfolge Jesu ruft, damit sie in Wort und Tat Zeugen dieser Hoffnung sein können. Die Wir-Bitten sind Ausdruck des Glaubens, dass der Segen der Gottesherrschaft schon gegenwärtig das Leben der Jünger prägt, indem Gott ihnen inmitten menschlicher Not und menschlicher Schuld zu leben gewährt. Die Bitte um das tägliche Brot ist an den Schöpfer, die Bitte um Vergebung an den Erlöser gerichtet. Das Brot ist das elementare Lebensmittel der Menschen auf Erden, die menschliche Schuld der Stempel des Todes mitten im Leben. Die Bitte um das tägliche Brot nimmt die Welt als Schöpfung und jeden Besitz als Gabe wahr, die Bitte um Vergebung und Bewahrung vor der Versuchung ist das Eingeständnis menschlicher Schwäche und mehr noch das Vertrauen auf den Gott des Lebens. »Gott, sei mir Sünder gnädig«– Lukas weiß von Jesus, dass die Christen nicht anders beten können als der Zöllner im Tempel (Lk 18,9–14), und er weiß wohl von Paulus, dass ein Glaubender, der so betet, gerechtfertigt wird (vgl. Apg 13,38f.; 15,7–11).

(2) Heutige Perspektiven

Karl Rahner hat Predigten, die er kurz nach dem Zweiten Weltkrieg in München gehalten hat, unter dem Titel *Von der Not und dem Segen des Gebetes* veröffentlicht.[89] Ob er hat ahnen können, wie groß die Not heute ist – und wie viel größer der Segen?

»Haus des Gebetes« zu sein (Lk 19,46), ist die Berufung der Kirche. Inmitten der religiösen Sprachnot heutiger Menschen gewinnt diese Berufung neue Bedeutung. Viele Zeitgenossen haben selbst die einfachsten Worte und Gesten des Betens verlernt; sie haben keine Möglichkeit mehr, ihre religiösen Ängste und Hoffnungen auszudrücken. Viele wissen gar nicht mehr, was ihnen fehlt, wenn ihnen die Welt des Glaubens versperrt bleibt.[90] Das nur zu beklagen, wäre zu billig. Angezeigt ist vielmehr, dort, wo sich Kontakte ergeben (in der Schule, in der Sakramentenkatechese, bei den Kasualien), den Sinn für das Beten zu wecken: vom Kreuzzeichen über die Stoßgebete bis zum Vaterunser und zum freien Gebet. Beten zu lehren, ist nicht der geringste Dienst an Gott und den Menschen, den die Kirche heute leisten kann. Wie kann dies gelingen?

---

[89] Freiburg – Basel – Wien ^{9}1977.
[90] Anders Martin Walser; vgl. Jan-Heiner Tück (Hg.), Was fehlt, wenn Gott fehlt. Martin Walser über Rechtfertigung – theologische Erwiderungen, Freiburg – Basel – Wien 2013.

Eine Grundvoraussetzung dafür ist, dass die Kirche sich selbst neu als Gemeinschaft des Betens begreift und vollzieht. Das ist nicht nur eine Frage des *Dass,* sondern auch eine des *Wie.* Einerseits bedarf es neuer Gebetsformen und Gebetszeiten. Viele Großstadtkirchen nutzen bereits die Chance, Oasen der Religiosität inmitten der Kommerzwüsten zu sein. In vielen Dörfern und Stadtbezirken hingegen stehen die Kirchen tagelang leer, ohne dass in ihnen gebetet würde. Die spirituelle Ausstrahlung der Kirchenräume, der Kirchenmusik und der Kirchenkunst zur Wirkung kommen zu lassen, ist ein Dienst an den Menschen, die sich mit Surrogaten des Glaubens trösten müssen und die kirchliche Gebetssprache verlernt haben. Andererseits bedarf es des liturgischen Betens zu festen Zeiten und in gebundenen Formen – sowohl zum »Aufbau des Leibes Christi« (Eph 4) als auch stellvertretend für die Menschen, die nicht (mehr) beten können. Den alt- und neutestamentlichen Gebeten, vorab den Psalmen und dem Vaterunser, aber auch den großen Gebeten der kirchlichen Tradition eignet ein Glaubenswissen, das weit über den Horizont der heutigen Generation und der westlichen Zivilisation hinausführt und deshalb eine unversiegbare Quelle christlicher Spiritualität bleibt – auch wenn alles seine Zeit und Stunde hat.

Die Mischung alter und neuer, gebundener und freier Gebete eröffnet die Möglichkeit, Verkrustungen aufzubrechen und neue Bekanntschaften mit alten Traditionen zu schließen. Dass das Stundengebet (wenn möglich) weder lästige Pflicht noch tödliche Routine wird; dass die Fürbitten nicht zu heimlichen Appellen an andere verkommen; dass das Vaterunser nicht heruntergerattert, sondern (wie vor allem regelmäßig in evangelischen Gottesdiensten) sorgsam gebetet wird; dass die Gemeinden nicht genötigt werden, zu allen möglichen Privatgebeten des Vorstehers »Amen« sagen zu müssen, aber auch erkennen können, wie der Glaube in der Sprache von heute seinen Ausdruck finden kann, und dass der Vorbeter tatsächlich betet – darauf die Aufmerksamkeit zu richten, ist so wichtig wie eine gute Predigtvorbereitung. Wer den Grundwortschatz des Glaubens beherrscht, hat es leichter, frei zu beten; wer seinen Glauben mit seinen persönlichen Worten auszudrücken versteht, findet leichter in die Glaubenswelt der Gebete aus der Schrift und der Tradition hinein.

Prägt das Vaterunser das Beten der Kirche, führt es die Glaubenden aus dem Teufelskreis ihrer Ichsucht und öffnet sie für die Liebe zu ihren Nächsten, selbst zu ihren Feinden: Wer im Beten Gott als den wahrzunehmen beginnt, der sich der Menschen in ihrer Schuld und Not annimmt, um sie endgültig zu retten, kann selbst nicht mit dem Rücken zum menschlichen Elend leben, sondern wird erfahren, dass die Liebe, die er anderen schenkt, nichts anderes ist als die Weitergabe jener Liebe, der er selbst seine Hoffnung verdankt.

Rainer Kunze weiß aus eigenem Erleben, welche Rolle (vor allem) die evangelische Kirche in der DDR gespielt hat. Ein Vierzeiler beschreibt sie treffender als viele voluminöse Analysen[91]:

PFARRHAUS
(für Pfarrer W.)
Wer da bedrängt ist findet
mauern, ein
dach und

muss nicht beten

Ein Pfarrhaus wird zum Asyl, in dem nicht gebetet werden muss – weil in ihm viel gebetet wird. Und dass der Pfarrer niemanden zum Beten zwingt, zeigt, wie ernst er es nimmt.

Rainer Kunze hat aber nicht nur Augen für die Freiräume des Lebens, die das Beten schafft, sondern auch für das immerwährende Gebet, das mitten im Leben durch das Haus der Kirche geschieht[92]:

DAS KIRCHLEIN ST. PETER ZU PYRAWANG
Zählen kann es bis zwölf
und niemals hat es sich verzählt
Es merkt sich die zahl
an der zahl der jünger beim abendmahl
innen auf der wand

---

[91] Zimmerlautstärke. gedichte, Frankfurt/Main 1977, 41.
[92] Ein tag auf dieser erde. gedichte, Frankfurt/Main 1998, 11.

Auch hat der turm vier ecken,
die kuppel acht,
das macht
zwölf für den Tag,
zwölf für die nacht.
So einfach ist's zu wissen,
zu glauben schwieriger schon.
Das glöckchen klingt,
als schmiede der mesner den Sonntag.

3. Hören & Sprechen

Die religiöse Sprachnot ist vielerorts groß. Wenn das Christentum, das auf Tradition beruht, an ein Ende kommt, tun sich vor allem diejenigen schwer, die in ihrem ganzen Leben nicht gewohnt waren, eine eigene Sprache zu sprechen und eigene Entscheidungen zu treffen. Wenn eine Generation keinen Zugang zur Sprache des Glaubens gewonnen hat, ist die nachfolgende schlecht dran. Wer die Worte des Evangeliums nie recht gehört hat, in dessen Herz können sie nicht gedrungen sein.

Was not tut, ist eine Alphabetisierungskampagne. Was fehlt, ist religiöser Sprachunterricht. Kinder, die heute eingeschult werden, können meist nicht lesen, schreiben und rechnen; sie können auch immer häufiger nicht beten. Wenn sie die Grundschule verlassen, können sie lesen, schreiben und rechnen; sollten sie nicht auch beten können? Jugendliche müssen lernen, sich in der Welt der Medien, der Computerprogramme und Internetforen frei, verantwortlich, intelligent zu bewegen; sollten sie nicht auch die Chance haben zu wissen, wie man sich in einer Kirche bewegt? Erwachsene müssen lernen, dass sie lebenslang lernen müssen, um den Anforderungen der Arbeitswelt gerecht zu werden; sollte ihnen nicht Gelegenheit gegeben werden, in ihrem Glauben zu reifen und zu entdecken, dass die Lernprozesse im Christsein sie nicht behindern, sondern fördern und ihnen nicht abverlangt, sondern zu ihrem eigenen Nutzen angeboten werden? Viele Ältere ergreifen die Möglichkeit, nachdem die Kinder aus dem Haus sind oder die Berufsjahre ein Ende gefunden haben, endlich einmal das zu tun, was sie schon immer machen wollten; sollte hier nicht die Gunst der Stunde genutzt werden, um das Evangelium ins Gespräch zu bringen?

Wer seinen Glauben nicht ausdrücken kann, ist eingeschränkt in einer wesentlichen Dimension seines Menschseins. Er hat ein Recht, die Sprache des Glaubens kennenzulernen. Analphabetismus ist kein moralisches, sondern ein soziales Problem. Die sprachlos Gewordenen tragen selbst keine Schuld, sondern sie leben in einer Notlage. Deshalb ist es eine diakonische Aufgabe erster Güte, denjenigen, die ihre Glaubenssprache vergessen oder nie beherrscht haben, Hilfe zur Selbsthilfe zu geben, damit sie ihre Sehnsüchte und Ängste, ihre Sorgen und Nöte, ihre Freude und ihr Glück, ihre Hoffnung, ihren Glauben und ihre Liebe vor Gott zum Ausdruck bringen können.

a) Der Grundwortschatz des Glaubens

Viele religionspädagogische und didaktische Programme kranken heute noch an der falschen und bequemen Erwartung, das, worum es im Glauben gehe, sei im Wesentlichen bekannt; in der Katechese und im Unterricht komme es eher darauf an, Freiräume im religiösen Denken zu eröffnen, Kritikfähigkeit zu fördern, Problembewusstsein zu schärfen. Freiheit, Urteilskraft und Unterscheidungsvermögen sind Tugenden reifen Christseins Sie zu entwickeln, ist wichtig; sie können aber nur von solchen Menschen entwickelt werden, die im Haus des Glaubens heimisch geworden sind. Wenn dies – ganz vorsichtig ausgedrückt – in unseren Breitengraden heute seltener als früher der Fall ist, stellen sich ganz neue Probleme; es ergeben sich aber auch ganz neue Chancen. Es mag erschütternd sein, im Erstkommunionunterricht Kinder zu sehen, die kein Kreuzzeichen machen können; ist es aber nicht auch eine Möglichkeit, ihnen das Symbol des Kreuzes – mit der Horizontalen und der Vertikalen, der Erinnerung an das Schicksal Jesu und der Hoffnung auf den Sieg des Lebens – in einer Weise nahezubringen, die ihrem Entwicklungsstadium angemessen ist? Wäre es nicht Verrat an diesen Kindern, ihnen oder ihren Eltern mit heimlichen Vorwürfen zu kommen und sie mit ein paar frommen Floskeln abzuspeisen, um ihnen im Übrigen angenehme Gruppengefühle zu vermitteln? Wenn in einer Trauergemeinde nur der Priester oder der Diakon das Vaterunser sprechen kann – ist dann das Gebet weniger wert? Und ist es ausgeschlossen, die Angehörigen durch die ganz einfachen Zeichen der Liturgie, durch die Worte der Trauergebete und durch eine einfühlsame, verständliche, theologisch klare Ansprache jedenfalls in diesem Moment für das Geheimnis des lebendigen Gottes zu öffnen und ihnen so zu helfen, ihre Trauer wahrzunehmen und anzunehmen in der Hoffnung auf ewiges Leben?

Auch für die Profis ist die Herausforderung groß, die Glaubensvermittlung auf eine Weise zu elementarisieren, die nicht banalisiert, sondern konzentriert. Sie müssen entscheiden, womit in der Entwicklung des Glaubens anzufangen wäre und was zu den wesentlichen Lerninhalten gehören sollte. Im Sprachunterricht der Schulen ist es üblich, einen Grundwortschatz zu definieren. Sollte das im Religionsunterricht und in der Gemeindekatechese unmöglich sein? Erfahrungen und Überlegungen gibt es durchaus. Die Konzepte sind verschieden und jeweils signifikant.

Setzt man auf einen Katechismus? Wenn er gut gemacht ist, kann er helfen, die wesentlichen Punkte und inhaltlichen Zusammenhänge der Glaubenslehre aufzufinden. Aber Katechismen sind nicht Originale. Sie sind insofern immer zweitrangig, als sie sich auf die primären Quellen des Glaubens zurückbeziehen und nachträglich eine Summe ziehen. In der katholischen Kirche hat es leider nie einen didaktisch so klugen und spirituell so tiefen Katechismus gegeben, wie es zu seiner Zeit der *Kleine Katechismus* Martin Luthers für die Kirchen der Reformation gewesen ist. Aber der beste Katechismus ist eher das Handbuch der Grammatik und das Vokabelverzeichnis als das Lesebuch selbst, das die Sprache lebendig werden lässt.

Die primären Quellen, die den Grundwortschatz des Glaubens erschließen und gleichzeitig die großen Geschichten des Glaubens erzählen, sind die Liturgie und die Bibel. Die Gebete und Lieder, die Zeichen und Gesten der Liturgie – nicht nur der Eucharistiefeier – sind in doppelter Weise elementare Glaubenssprache: Zum einen lautet ein alter, sehr gut begründeter Grundsatz besonders der orthodoxen, aber auch der katholischen Theologie: *lex orandi – lex credendi,* frei übersetzt: Geglaubt wird, was gebetet wird. Das Gebet ist nicht nur ein Ausdruck, sondern auch die Quelle des Glaubens. Zum anderen wird in der Liturgie der Glaube nicht zum Gegenstand des Nachdenkens, vielmehr ist die Liturgie – wie die Diakonie – die Praxis des Glaubens selbst. Die Sensibilität in den Gemeinden ist vielerorts groß und es wird viel pädagogischer Aufwand getrieben, um Kinder und Jugendliche zur Liturgie hinzuführen; tatsächlich haben Heranwachsende viele Probleme mit der »abgehobenen« Sprache z. B. der Hochgebete; auch viele Erwachsene erzählen, wie gerne sie Familiengottesdienste besuchen, weil die ganz einfache Sprache, den Glauben auszudrücken und zu erklären, sie selbst anspricht. Aber die Liturgie braucht nicht jeden Sonntag neu erfunden zu werden; auf Dauer leidet sie (und leiden die Kinder), wenn sie mit mehr oder weniger sinnvollen Zusatzsymbolen und Zusatzgeschichten überfrachtet wird. Vor allem dürfen Kinder und Jugendliche nicht unterfordert werden. Die Gefahr einer künstlichen Infantilisierung ist noch nicht überall erkannt.

In der Liturgie spielt die Bibel eine große Rolle. Nicht nur in den Lesungen, sondern auch in den Texten der Lieder und Gebete ist sie allenthalben präsent. Die Perikopenordnungen sind Gegenstand permanenter Diskussionen, gerade bei denen, die sich z. B. für Kinder- und Jugendgottesdienste engagieren. Scheinbar unpassende gegen passend erscheinende Lesungen auszutauschen, ist eine beliebte Praxis. Ist sie auch gut? Ist die Versuchung nicht allzu groß, sich die biblischen Texte so zurechtzulegen, dass sie den reibungslosen Ablauf der Pastoral möglichst wenig stören? Ist es nicht auch ein wichtiges und verständliches Zeichen, an einem Sonntag genau den Bibeltext zu lesen, der in allen anderen katholischen Kirchen auf der ganzen Welt auch gelesen wird?

b) Biblischer Sprachunterricht

Dass die Bibel den Grundwortschatz des Glaubens birgt, hat die katholische Kirche auf dem Zweiten Vatikanischen Konzil neu entdeckt. Man braucht nicht zu behaupten, dass es nach den biblischen Zeiten keine Offenbarung, keine authentische Gotteserfahrung, keine verbindliche Lehre mehr gegeben hätte; eine solche Vorstellung wäre grotesk. Aber das Eine lässt sich auch heute gut verstehen: dass die Schriften des Alten und Neuen Testaments vom heiligen Geist Gottes durchweht sind und dass dieser Geist die Männer und Frauen, denen wir die biblischen Schriften verdanken, dazu bewegt hat, auf eine Weise Zeugnis vom Handeln und Wesen Gottes abzulegen, dass Menschen an ihnen zu allen Zeiten erkennen können, wer Gott ist und worin sein Wille besteht. Für Christen ist das Handeln Gottes in Jesus Christus, seiner Menschwerdung, seinem Wirken, seinem Tod und seiner Auferweckung, alles entscheidend. Deshalb sind sie um ihres Glaubens willen auf die ursprünglichen Zeugnisse Jesu Christi und des urkirchlichen Lebens angewiesen, die im Neuen Testament gesammelt sind. Gleichzeitig gehören aber auch die heiligen Schriften jenes Volkes zur christlichen Bibel, dem Jesus selbst angehörte: Er selbst hat sie gelesen, gebetet und ausgelegt; ohne das Alte Testament hätte das Neue keine Wurzeln.[93]

Die Orientierung an der Bibel und in der Bibel fällt aber nicht leicht. Eine übliche Bibel hat etwa 1.500 eng bedruckte Seiten. Die katholischen Bibelausgaben versammeln nicht weniger als 73 Bücher, 46 im Alten und 27 im Neuen Testament. Die Übersicht zu behalten, ist außerordentlich schwer. Eine kompetente »Bibel für Einsteiger« gibt es noch nicht. Viele haben sich vorgenommen, einmal die ganze Bibel von vorn bis hinten durchzulesen. Die wenigsten haben durchgehalten. Folgt man der Genesis und den ersten Exoduskapiteln noch leicht und gern, wird es nach den Zehn Geboten in Ex 20 für christliche Leser mühsam und langatmig. Was sol-

---

[93] Vgl. Päpstliche Bibelkommission, Das jüdische Volk und seine Heilige Schrift in der christlichen Bibel (Verlautbarungen des Apostolischen Stuhles 152), Bonn 2001.

len sie, fragen viele, mit all den Gesetzesvorschriften aus Zeiten, die längst vergangen sind, und mit den Regeln des jüdischen Kultes, die im Christentum doch keine Bedeutung mehr haben? Selbst wenn man bei genauerem Zusehen dieses Urteil erheblich modifizieren wird, bleiben die Orientierungsschwierigkeiten.

Die Bibelwissenschaft macht die Sache nicht unbedingt leichter. In den letzten 50 Jahren hat sie sich vor allem für die kleinen Texteinheiten interessiert und durch hoch komplexe Analyseverfahren immer mehr und immer ältere Vorstufen des Bibeltextes zu eruieren versucht. Menschen ohne Hebräisch- und Griechischkenntnisse können dies längst nicht mehr nachvollziehen. Außerhalb der Exegetenzunft ist das Interesse für derartige Operationen begrenzt. Innerhalb wachsen die Zweifel, wie gut begründet die zahlreichen (und widersprüchlichen) Hypothesen sind, besonders beim Alten Testament. Die Einsicht bricht sich Bahn, dass auch der biblische Text in seiner Endgestalt aller exegetischen Aufmerksamkeit wert ist. Gewiss droht schon wieder die Gefahr, unhistorisch zu werden und die Bibeltexte ihrer traditionsgeschichtlichen Tiefenschärfe zu berauben. Aber die Zeit ist reif für ein neues Bündnis zwischen Exegese und Bibelpastoral auf der Basis des kanonischen Textes, der im Gottesdienst gelesen, im Unterricht verwendet und von allen unvoreingenommenen Betrachtern als verbindliche Heilige Schrift wahrgenommen wird.

Das setzt in der Bibelwissenschaft wie in der Bibelpastoral ein Umsteuern voraus. Das Interesse war (und ist) hier wie dort häufig auf Problemfelder diesseits und jenseits der Schrifttexte gerichtet: Welche Geschichte spiegeln sie wider und setzen sie voraus? Welche Probleme werfen sie auf und wie können sie heute gelöst werden? Wie stellt sich die gegenwärtige Situation im Licht des Bibeltextes dar? Solche Fragen sind und bleiben wichtig. Aber sie treten zurück, wenn zunächst einmal die Bibelkenntnisse selbst gefördert werden müssen. Nicht über die Texte zu sprechen, sondern tiefer in sie einzudringen und länger mit ihnen umzugehen, müsste die Devise sein: genauer zu lesen, genauer hinzuschauen, genauer wahrzunehmen. Alle Techniken, die Lesegeschwindigkeit herabzusetzen, sind wichtig. Ob Kinder, Jugendliche oder Erwachsene die Szenerie biblischer Texte malen, ob sie biblische Szenen nachspielen, ob sie zu Schreibmeditationen finden, Klangbilder arrangieren, ob sie Musik hören oder Bilder betrachten – alle Hilfsmittel, die es erlauben, tiefer in die religiöse Welt der biblischen Texte einzudringen, sollten willkommen sein. Wer die Gabe hat, biblische Geschichten frei nachzuerzählen, sollte keine Scheu vor der Heiligkeit der Texte haben. Die Bibel ist in einer Kultur mündlicher Überlieferung gewachsen. Viele biblische Texte, nicht zuletzt die Gleichnisse Jesu, sind von Anfang an darauf angelegt, dass sie frei nacherzählt werden, unter Beibehaltung der Haupthandlung und der Erzählstruktur, aber in voller Freiheit zu text- und situationsgerechten Adaptionen.

c) Die große Erzählung der Bibel

So reich die Bibel an verschiedenen Büchern ist, so vielseitig, vielfältig und vielförmig – sie bildet auch eine Einheit. Das Alte und Neue Testament fügen sich zu einer großen Gesamterzählung. Die Bibel beginnt bei Adam und Eva – und noch vor dem ersten Menschenpaar, weil sie die ganze Welt in den Blick nimmt. Durch die moderne Physik ist die biblische Schöpfungserzählung in keiner Weise widerlegt; vielmehr wird viel deutlicher, was sie eigentlich zu sagen hat: dass die Welt weder ein Gefängnis noch ein Laboratorium für Menschenversuche, weder ein riesiges Vergnügungszentrum noch ein Exerzierfeld, sondern Gottes Schöpfung ist, geschaffen für Mensch und Tier, für Himmel und Erde, für Sonne, Mond und Sterne, Tag und Nacht, Licht und Finsternis.

Die Bibel ist aber auch realistisch: Sie verspricht nicht das Paradies auf Erden, sondern weiß und sagt, dass wir Menschen jenseits von Eden leben: sterben müssen, schuldig werden, leiden und andere leiden lassen, sicher auch Gutes tun und Glück haben und Freude bereiten, aber nicht das Gute gegen das Böse aufrechnen können. Mit der Erzählung, wie Gott die Menschen erschaffen hat, ist sofort die Erzählung vom Sündenfall verbunden: Adam und Eva sind der Versuchung erlegen, sein zu wollen wie Gott, also nicht nur das Gottsein Gottes zu leugnen, sondern auch das eigene Menschsein nicht zu akzeptieren. Die alttestamentlichen Bücher der Geschichte und der Prophetie führen die Folgen an vielen, vielen Beispielen vor Augen: von guten Menschen, denen Böses widerfährt, von Faulpelzen, die einfach Glück haben, von Mächtigen, die stürzen, und Armen, die zugrunde gehen, aber auch von Königen, die Achtung vor Gott und den Menschen haben und deshalb wissen, dass sie kein Gott sind, und von Armen, die reich beschenkt werden und dennoch sterben müssen.

Die Bibel ist aber nicht nur ein Stück Weltliteratur, das wie kein zweites die Höhen und Tiefen menschlichen Lebens beschreibt. Sie ist vor allem das Zeugnis der Erkenntnis des einen Gottes, der heilig und gerecht ist, barmherzig und voll Erbarmen. Deshalb gibt es, wie das Alte Testament allmählich auszusagen wagt, die Hoffnung, dass es ein Jenseits menschlicher Schuld und Not gibt: das Reich Gottes als Reich der Gerechtigkeit, des Friedens und des ewigen Lebens. Von dieser Hoffnung ist das Neue Testament geprägt – und davon, dass es Jesus ist, der sie bezeugt und verwirklicht. Jesus Christus ist die »Mitte« der ganzen Heiligen Schrift des Alten und des Neuen Testaments. Er ist es nicht deshalb, weil angenommen werden müsste, dass die ursprüngliche Aussageintention auch der alttestamentlichen Bibeltexte immer schon eine christologische war; dächte man so, würde man das biblische Glaubenszeugnis verflachen. Jesus Christus ist die »Mitte« der Schrift, ihr Gravitationszentrum und Fluchtpunkt vielmehr insofern, als er, der Messias, nicht eine menschliche Idee ist oder das Produkt einer genetischen Entwicklung, sondern von Ewigkeit her der Sohn Gottes, der Gottes Plan entspricht, den er schon vor der Erschaffung der Welt hatte, weil er seinem Gottsein entspricht.

Deshalb endet das Neue Testament nicht mit einem Blick in die dynamische, hoffnungsfrohe, aber vielfach auch mittelmäßige und bisweilen fragwürdige Geschichte der Kirche, sondern – wie das Alte Testament – mit einem Ausblick auf das, was noch zu hoffen ist: die Vollendung des Heils, die der Seher Johannes in das Bild des vom Himmel herabkommenden und die ganze Erde erneuernden Jerusalem fasst. Das Ende der Bibel greift auf den Anfang zurück: die Wasserströme und die Bäume des Paradieses haben Platz im himmlischen Jerusalem. Aber das Neue ist doch ganz neu; die Geschichte kann nicht noch einmal mit einem zweiten Sündenfall von vorn beginnen, sondern Heil und Leben haben ewige Dauer.

Wenn es richtig ist, dass die große Erzählung heute keineswegs mehr so bekannt ist wie früher, dann ist es nicht sinnvoll, im anstehenden Alphabetisierungsprogramm sofort auf die Suche nach Neuentdeckungen zu gehen und in einer der vielen hoch interessanten Nischen und Winkel im Haus der Heiligen Schrift stecken zu bleiben. Es könnte sich vielmehr herausstellen, dass auch die großen Texte der Bibel – von der Genesis bis zu den Evangelien – für viele Neuland sind: mit der großen Möglichkeit der Didaktik und der Katechese, Bekanntschaften zu vermitteln, die belastbar und bereichernd sind. Es lässt sich dann aber auch an vielen »kleineren« Texte – an Tobit oder an Jona, am Hirtenpsalm 23 oder am (weihnachtlichen) Hoffnungsbild Jes 9, am Gleichnis vom Verlorenen Sohn (Lk 15,11–32) oder vom Guten Hirten (Joh 10), an der Geschichte der Jerusalemer Urgemeinde oder der Bekehrung und Berufung des Paulus – im Teil das Ganze des biblischen Evangeliums von der Schuld und Not der Menschen und der alles überragenden und verwandelnden Gnade Gottes aufweisen.

Eine diakonische Bibelpastoral der Zukunft müsste ausgerichtet sein auf die Alphabetisierung der Kleinen, der Unmündigen, der Tauben und Stummen, die in den Augen Gottes offensichtlich so wichtig und die dem Herzen Jesu augenscheinlich so nahe sind. Das Ziel der Alphabetisierungskampagne bestünde darin, denen, die längst resigniert haben oder gar nicht mehr ahnen, was ihnen fehlt, wenn ihnen der Glaube nicht zugänglich geworden ist, Zugang zur Glaubenssprache der Bibel zu verschaffen und damit Zugänge zu den Wurzeln ihrer eigenen Identität, so dass sie – wie Paulus es im Römerbrief schreibt – nicht nur in unaussprechlichen Seufzern (die Gott gewiss hört) ihre Sorge und Hoffnung artikulieren können, sondern in der Freiheit der Kinder Gottes sagen: »Abba, lieber Vater«.

VIII. Solidarität

Die Kirche ist berufen, die Armut Jesu zu teilen: Brot für die Welt zu sein, den Schrei nach Gerechtigkeit laut werden zu lassen und für das Leben einzutreten, wo es bedroht wird. Die Armut Jesu speist sich weder aus Weltverachtung noch aus purer Not. Sie ist freie Wahl, reine Gnade, großer Segen. Deshalb ist auch die Solidarität, die in der Kirche geübt wird, zwar ein Notbund, wenn es nicht anders geht, aber auch Ausdruck einer Großzügigkeit, die von der überbordenden Barmherzigkeit Gottes gespeist wird und deshalb nichts Gönnerhaftes an sich hat, sondern aus der gemeinsamen Teilhabe an der Liebe Gottes resultiert.

1. Brot für die Welt

Konflikte hat es in der Kirche früh gegeben – aber manchmal sind auch Lösungen gelungen. Der frühe Streit, von dem Lukas in der Apostelgeschichte berichtet, dreht sich, wie so oft, ums liebe Geld. Er ist die Kehrseite einer der ganz großen Stärken kirchlichen Lebens: dass der Glaube Mann und Frau, Arm und Reich, Jung und Alt zusammenführt.

a) Der Sozialdienst der Urgemeinde

Nach Lukas sind es drei Faktoren, die zu sozialen Spannungen geführt haben.
Erstens: Die Gemeinde wächst; das hat man erhofft – macht aber die Aufgabe nicht leichter, den Zusammenhalt zu fördern. Lukas zählt die Zahl der Neubekehrten nach Tausenden (Apg 2,41; 4,4). Das ist eine fromme Übertreibung, die den späteren Missionserfolg auf die Anfangszeit zurückprojiziert und gleich klarstellen soll: Die Kirche ist keine Sekte; sie ist als Volkskirche ange-

legt. Je mehr »Seelen« aber die Gemeinde hat, desto mehr Konflikte können entstehen.

Zweitens: In der Jerusalemer Urgemeinde gibt es gleich am Anfang nicht nur »Hebräer«, sondern auch »Hellenisten« (Apg 6,1). Mit den einen sind die aus Palästina stammenden Judenchristen gemeint, deren Muttersprache Aramäisch ist; zu ihnen gehören Petrus und die Zwölf Apostel. Mit den anderen sind die aus der Diaspora stammenden Judenchristen gemeint, deren Muttersprache Griechisch war; zu ihnen gehören Stephanus und Philippus, später Barnabas und Paulus. Wie die Juden Jerusalems sich nach Landsmannschaften und Sprachzirkeln in verschiedenen Synagogen versammeln, so auch die Judenchristen: Sie kommen in verschiedenen Häusern zusammen. Nur so konnten die Gläubigen ein Dach über dem Kopf finden. Das ist eine positive Entwicklung – aber die Wege zwischen den kleinen Gemeinschaften gläubiger Christen werden länger.

Drittens: Die Lage der Witwen ist prekär. Es gibt kein Rentensystem; die Familie muss für den Unterhalt aufkommen. Wenn niemand da ist, herrscht schnell blanke Not. Im Alten Testament bildet sich deshalb ein Sozialgesetz für Witwen und Waisen heraus; im Judentum gibt es caritative Initiativen. Auch in der Urgemeinde hat man ein Herz für die Witwen. Von der Gütergemeinschaft, die Lukas plastisch beschrieben (Apg 4,32–37), müssten vor allem sie profitieren, die in der Regel nicht mehr arbeiten können und nicht betteln sollen. Aber es gab massive Organisationsprobleme und eine offenkundige Ungleichbehandlung von »hebräischen« und »hellenistischen« Witwen.

Das Problem beschreibt Lukas in lakonischer Nüchternheit:

[1] In den Tagen aber, als die Jünger immer mehr wurden, entstand ein Murren der »Hellenisten« gegen die »Hebräer«: Sie würden bei der täglichen Diakonie ihre Witwen übersehen. [2] Da riefen die Zwölf die Menge der Jünger zusammen und sagten: »Es ist nicht recht, dass wir über dem Tischdienst das Wort Gottes vernachlässigen. [3] Deshalb, Brüder, seht euch nach sieben bewährten Männern bei euch um, voll von Geist und Weisheit, die wir für diesen Bedarf einsetzen werden; wir aber wollen beim Beten und beim Dienst des Wortes bleiben.« (Apg 6,1–4)

Auf das Problem angesprochen, versuchen die Zwölf gar nicht, es kleinzureden; sie machen einen konstruktiven Lösungsvorschlag, der den Beifall aller findet. Es wäre schön, wenn sich die Zwölf um alles kümmern könnten; aber ihnen wächst die Sache über den Kopf. Die »Hellenisten« müssen die Möglichkeit haben, ihre eigenen Angelegenheiten zu klären und sich selbstverantwortlich um ihre Witwen zu kümmern. Es sollen »sieben Männer« sein, die als Sozialarbeiter tätig werden. Auch die Sieben ist – wie die Zwölf – eine heilige Zahl. Es geht um Vollständigkeit, Stimmigkeit, Fülle. Lukas ist vor allem eines wichtig: Für die Witwen muss gesorgt werden.

Lukas berichtet weiter:

> [5]Dieser Vorschlag gefiel der Gesamtheit, und sie wählten Stephanus, einen Mann voll Glauben und heiligem Geist, und Philippus und Prochonus und Nikanor und Timon und Parmenas und Nikolaus, einen Proselyten aus Antiochien. [6]Diese stellten sie vor die Apostel – und die beteten und legten ihnen die Hände auf. (Apg 6,5f.)

Die kurze Szene ist theologisch und kirchenrechtlich brisant. Oft wird sie zwar als Legitimation für die hierarchische Ordnung der katholischen Kirche in Anspruch genommen: Die Zwölf, deren Nachfolge die Bischöfe sind, setzten die Diakone ein, deren Hauptaufgabe die Caritas sei. Aber so einfach geht die Rechnung nicht auf.

Erstens: Die Zwölf Apostel sind zwar die entscheidenden Personen der Kirchenleitung; sie setzen die »Sieben« ein. Aber ausgewählt hat sie die Gemeinde, besonders wohl die Gruppe der »Hellenisten«, um die es ja geht. Freilich: Die Wahl allein reicht nicht; die Handauflegung unter Gebet ist eine – man kann vielleicht schon sagen – sakramentale Handlung, eine »Ordination«, die freilich in diesem Fall nicht erst den Geist vermittelt, sondern feststellt und daraufhin den Dienst im Namen Gottes für die Kirche überträgt. Das wird der Kern der bischöflichen Vollmacht in der Nachfolge der Apostel, jedenfalls nach katholischem und orthodoxem Verständnis.

Zweitens: Die Apostel wollen für sich nicht die absolute Dominanz in der Kirche; sie wollen sich vielmehr auf das konzentrieren können, was den Kern ihrer Sendung ausmacht: Gebet und Verkündigung. Die Gefahr einer Aufspaltung von Verkündigung und Versorgung sieht Lukas noch nicht; er setzt auf eine Arbeitsteilung, die beides effektiver macht: den Dienst am Wort und den Dienst an den Witwen und Waisen, den Armen.

Drittens: Was die Apostel tun wollen, nämlich beten und verkündigen, tun auch andere. Der apostolische Dienst wird also nicht exklusiv, sondern positiv verstanden. Die Zwölf Apostel, wie Lukas sie gezeichnet hat, müssen sich in der Mission und in der Liturgie auf Gott beziehen, wie alle anderen auch. Weil sie Jesus gesehen haben und von ihm berufen worden sind, sind alle anderen auf ihre Lehre zurückbezogen (Apg 2,42). Aber das schließt nicht aus, dass in der Kraft desselben Geistes und in Gemeinschaft mit ihnen auch andere Gläubige geisterfüllt beten und das Evangelium verbreiten. Stephanus und Philippus sind nach der Apostelgeschichte auch inspirierte Verkünder des Evangeliums. Die »Sieben« sind die ersten, die zeigen, dass es auch nach den Aposteln eine glaubwürdige Verkündigung in Wort und Tat gibt.

Viertens: Die Sieben heißen zwar im Volksmund »Diakone«, nicht jedoch bei Lukas. Sie versehen zwar den Tischdienst – aber das hat Jesus beim Letzten Abendmahl auch getan. Stephanus und seine Partner sind nicht »Apostel«. Aber sie sind bedeutend als Zeugen des Evangeliums: Stephanus ist der erste Märtyrer, Philippus der Missionar und Gemeindegründer von Samaria.

Fünftens: Der Tischdienst, den die »Sieben« an den »hellenistischen« Witwen versehen sollen, ist zwar auf die Caritas konzentriert, aber nicht darauf reduziert. Im urchristlichen Gottesdienst hing das gemeinsame Essen, ein vorzüglicher Ort der Diakonie, bei dem Speis' und Trank geteilt wurden, mit der Eucharistie zusammen (1 Kor 11). Wenn die »Sieben« für das eine die Verantwortung trugen, dann vermutlich auch für das andere.

So oder so: Wo in den Häusern das eucharistische Brot gebrochen wird, muss auch genug zu essen sein. Sonst hätte man Jesus verraten. Eucharistie und Diakonie gehören zusammen. Dafür stehen die »Sieben«. Die Apostel haben es nach Lukas so gewollt.

Wollte man Gottesdienst feiern, ohne der Armen zu gedenken, würde man Götzendienst treiben.

b) Der gedeckte Tisch

Die innergemeindliche Solidarität, die sich in der Caritas zeigt, ist nicht exklusiv, sondern offen für neue Gäste. Das ist die Kehrseite der gesamten Mission. In der Apostelgeschichte wird immer wieder erzählt, wie schwer es gefallen ist, diese Offenheit zu praktizieren, die sich gerade aus der Verbindlichkeit des Glaubens, der Eindeutigkeit des Heilswillens Gottes ergibt.

Nach Lukas ist es Petrus, der den ersten Mann, der nicht beschnitten war, getauft hat: den heidnischen Hauptmann Cornelius. Leicht ist es Petrus wahrlich nicht gefallen. Denn er musste eine Grenze überschreiten, die nicht nur ein Tabu war, sondern vom Gesetz des Mose gezogen wurde: die Grenze zwischen Drinnen und Draußen, Juden und Heiden, Rein und Unrein. Deshalb wird er hart kritisiert: von denen, die sich nicht vorstellen können, dass man am Tisch des Herrn sitzen und zur Gemeinschaft der Kirche gehören kann, ohne als Jude jüdisch zu leben.

> [1]Die Apostel und die Brüder in Judäa hörten, dass auch erste Heiden das Wort Gottes angenommen hätten. [2]Und als Petrus hinaufkam nach Jerusalem, stritten die aus der Beschneidung mit ihm [3]und sagten: »Du bist bei Menschen eingekehrt, die nicht beschnitten sind, und hast mit ihnen gegessen.« (Apg 11,1–3)

Aber Gott hat, erzählt Lukas, durch den Heiligen Geist einen enormen Aufwand getrieben, um Petrus zum entscheidenden Schritt zu bewegen. In einer Horrorvision sieht er in Joppe (Jaffa) ein riesiges Segeltuch voller Gammelfleisch vom Himmel kommen, das ihm vor die Füße gekippt wird: »Schlachte und iss!« (Apg 10,13; vgl. 11,7) Petrus schüttelt es: »Niemals, Herr, noch nie habe ich etwas Verdorbenes und Unreines gegessen!« (Apg 10,14) Doch er muss sich belehren lassen: »Was Gott gereinigt hat, nenne du nicht unrein!« (Apg 10,15)

Was diese Lektion bedeutet, wird ihm bald klar. Er wird nach Caesarea geholt, 50 km weiter nördlich, ins Haus des Hauptmanns Cornelius, eines gottesfürchtigen Heiden, der um die Taufe bittet. Petrus tut sich immer noch schwer, aber er hat etwas gelernt:

> Gott hat mir gezeigt, dass man keinen Menschen unrein oder unheilig nennen darf! (Apg 10,28)

Das sind große Worte. Sie sind lange vor der Allgemeinen Erklärung der Menschenrechte und vor der Präambel des Grundgesetzes gefallen. Es sind Worte, an denen die Kirche sich messen lassen muss. Aber es sind Worte, die ihre Gültigkeit behalten, auch wenn sie mit Füßen getreten werden. Petrus kann diese Worte sprechen, weil er seine eigenen Grenzen überwunden hat. Mit dem Blick auf Gott und auf Jesus von Nazareth erkennt er, was den Menschenrechten vorausliegt: die Würde der Menschen. Sie ist unantastbar, so wie Gott unantastbar ist, werde sein Name auch in den Schmutz gezogen, am meisten von den religiösen Eiferern, die über Leichen gehen.

Zu dieser Sorte gehören die Kritiker des Petrus in Jerusalem nicht. Sie wollen reinen Tisch machen, indem sie den »liberalen« Apostel in die Schranken weisen und den Heiden Auflagen machen. Petrus hält dagegen. Er erzählt die Geschichte seines eigenen Grenzübertritts – und überzeugt die Skeptiker, dass die Mitgliedschaft in der Kirche Jesu Christi nur vom Glauben und der Taufe abhängt, und nicht von Nation und Tradition, Geschlecht und Beruf.

Wer in der Kirche reinen Tisch machen will, muss sich ein Beispiel an Petrus nehmen. Und wer sich ein Beispiel an Petrus nimmt, erkennt, dass der seine Lektion gelernt hat: Gott selbst macht reinen Tisch, weil er »nicht auf die Person schaut, sondern in jedem Volk willkommen heißt, die ihn fürchten und Gerechtigkeit üben« (Apg 10,35f.).

c) Soforthilfe

Die Apostelgeschichte beschreibt die atemberaubende Dynamik der missionarischen Entwicklung. Besonders viel geschieht in Antiochia, der Metropole von Syrien. Dort leben griechischsprachige Judenchristen, die aus Jerusalem vertrieben worden sind (11,19). Dort treiben sie Mission, zuerst unter Juden, dann auch unter Heiden (11,20). Dort entsteht eine stürmisch wachsende Gemeinde (11,21). Dort sieht Barnabas, von den Aposteln geschickt, nach dem Rechten (11,23f.). Dort wird – durch Barnabas – der ehemalige Christenverfolger Saulus-Paulus in die Gemeinde integriert (11,25f.). Dort wirken beide erfolgreich als Lehrer (Apg 11,26). Dort wird später die erste Missionsreise starten (Apg 13). Die stürmische Entwicklung bleibt von anderen nicht unbemerkt:

> Die Jünger nannte man zuerst in Antiochia Christen. (Apg 11,26)

Freilich tauchen dunkle Wolken am Horizont auf. Die engen Verbindungen zwischen Jerusalem und Antiochia schaffen nicht nur die Grundlage für den großen Missionserfolg. Sie schaffen auch Verantwortung und begründen Pflichten. Die Stunde tatkräftiger Hilfe kommt, als urchristliche Propheten aus Jerusalem in Antiochia eintreffen. Einer von ihnen, Agabus mit Namen, prophezeit eine weltweite Hungersnot, später wird er in Caesarea dem Paulus das Martyrium vorhersagen (Apg 21,10f.).

> [27]In diesen Tagen kamen von Jerusalem Propheten nach Antiochia. [28]Einer von ihnen, Agabus, stand auf und sagte durch den Geist eine große Hungersnot für den ganzen Erdkreis voraus. Die entstand unter Claudius. [29]Da bestimmten sie, dass jeder Jünger nach seinem Vermögen den Brüdern, die in Judäa wohnten, eine Gabe senden sollte. [30]So taten sie es und schickten es zu den Presbytern durch die Hand von Barnabas und Saulus. (Apg 11,27–30)

Lukas bezieht die prophezeiten Hungersnöte auf die Regierungszeit von Kaiser Claudius (41–54 n. Chr.). Für verschiedene Provinzen sind sie bezeugt, auch für Judäa. Dort tut Hilfe besonders not. Erstens ist die Region wirtschaftlich unterentwickelt im Vergleich zu Syrien, das nicht direkt betroffen zu sein scheint. Zweitens sind die

Apostel in Jerusalem auf Unterstützung angewiesen, weil sie nicht mehr als Fischer in Galiläa, sondern als Missionare von Jerusalem aus arbeiten.

In Antiochia wird effiziente Hilfe organisiert. Niemand wird überfordert – alle geben, was sie können. Das ist vorbildlich, aber nicht einzigartig, weil es dem Grundsatz der Urgemeinde (Apg 4,32–36) und der Organisation der Armenspeisung in der Urgemeinde (Apg 6,1–7) entspricht.

Die spontane Aktion könnte das Vorbild für die Kollekte der Heidenchristen sein, die nach Gal 2,11 beim »Apostelkonzil« vereinbart worden ist: »für die Armen in Jerusalem«. Von ihr sagt Paulus in 2 Kor 8, dass niemand sich überfordern dürfe, aber alle Spenden willkommen seien.

Für Lukas ist von Anfang an beides wichtig: dass in den Häusern das Brot gebrochen und dass den Armen das gegeben wird, was sie zum Leben brauchen. Noch ist nicht von öffentlichen Armenspeisungen die Rede. Aber das wird kommen, sobald die Kräfte reichen. Noch muss die Aufmerksamkeit auf die »Brüder« konzentriert werden. Aber auch das ist wichtig bis heute: Kirche gibt es nicht nur vor Ort, sondern auf der ganzen Welt. Solidarität ist wesentlich. Wer heute in der Eucharistiefeier für Adveniat oder ein anderes Hilfswerk spendet, hat genau verstanden, was Lukas im Sinn hatte.

2. Schutz für die Kleinen – Gedanken zum Missbrauchsskandal

Jesus hat gar nicht so selten vom Gericht gesprochen – immer im Interesse der Kleinen.

> Wer einen von diesen Kleinen, die an mich glauben, zum Bösen verführt, für den wäre es besser, dass ihm ein Mühlstein um den Hals gehängt und er ins Meer geworfen würde. (Mk 9,42 parr.)

Das grausige Bild steht in einer ganzen Kette von harten Gerichtsworten:

Wenn dich deine Hand zum Bösen verführt ...
Wenn dich dein Fuß zum Bösen verführt ...
Wenn dich dein Auge zum Bösen verführt ... (Mk 9,43–48)

Und nur eines soll folgen: »Abhauen« und »Ausreißen«. Natürlich ist das keine Legitimation einer drakonischen Scharia; Jesus redet ja die Täter an, die potentiellen und die realen. Selbstverständlich hat er das Wort metaphorisch gemeint: das Böse soll mit Stumpf und Stiel ausgerottet werden, und zwar von denen, die es begangen haben oder in der Versuchung stehen, es zu tun. Oberflächliche Korrekturen reichen nicht; das Übel muss an der Wurzel gepackt werden; die Täter selbst sind in der Pflicht.

Lange Zeit mochte man sie kaum noch hören, diese harten Gerichtsworte Jesu. Große Teile der historisch-kritischen Exegese haben sie Jesus abgesprochen und auf das Konto kirchlicher Redakteure gesetzt, die ihrem Ressentiment gefolgt seien, als sie Jesus solch brutale Worte in den Mund gelegt hätten. Aber das ist Ideologie. Jesus ist nicht sprachlos angesichts der Verführung der Kleinen, wie er im sexuellen Missbrauch von Kindern, in der körperlichen und seelischen Gewalt, die ihnen angetan wird, manifest geworden ist. Jesus war ein Prophet, der kritisiert, ermahnt, verurteilt hat. Freilich stellt sich dann bohrend die Frage, wie sich die harten Gerichtsworte zur Botschaft von der Liebe Gottes verhalten, in der das Herz Jesu schlägt.

Wenn wieder einmal ein Skandal hohe Wellen schlägt, kommt manchen die harte Kritik aus dem Mund Jesu gerade recht. Der Zorn über Heuchelei und Vertuschung, über ausgenutztes Vertrauen und gebrochene Versprechen, über unschuldige Opfer und himmelschreiendes Unrecht sucht sich ein Ventil. Wer sich aber auf Jesus beruft, muss sich von ihm auch sagen lassen, was in der Bergpredigt steht:

Richtet nicht, damit ihr nicht gerichtet werden! (Mt 7,1 par. Lk 6,37)

Man muss tiefer bohren, um den heiligen Zorn Jesu mit seiner heißen Liebe zu den Menschen, zu den Opfern wie den Tätern, zu verbinden.

Im Wort über »die Kleinen, die an mich glauben« und die niemand »zum Bösen verführen« darf, verknoten sich drei rote Fäden, die Jesu Evangeliumsverkündigung durchziehen: seine Liebe zu Kindern, seine Warnung der Jünger und seine Hoffnung auf Gott.

a) Der Freund der Kinder

Unmittelbar vor den Gerichtsworten zum Schutz der Kleinen berichtet Markus von einer Szene, in der Jesus ein Kind in die Mitte stellt.[94] Für die Jünger Jesu ist sie nicht sehr schmeichelhaft. Denn nach dem Markusevangelium haben sie zwar gerade zum zweiten Mal von Jesus gehört, dass er leiden müsse, weil er verachtet und verworfen werde (Mk 9,31). Aber ihnen war daraufhin nichts Besseres eingefallen, als untereinander darüber zu streiten, wer von ihnen der Größte sei. Jesus reagiert mit einem Wort, das jede Hierarchie vom Kopf auf die Füße stellt:

> Wer Erster sein will, soll der Letzte von allen sein und aller Diener. (Mk 9,35 parr.)

Die Radikalität dieses Wortes ermisst man erst, wenn man sieht, dass nicht die Schwachen angeredet werden, die schön bescheiden bleiben sollen, sondern die Starken, die in der Gefahr stehen, sich auf Kosten anderer durchzusetzen, und dass Jesus nicht einen einmaligen Zustand, sondern eine permanente Bewegung beschreibt: Sobald jemand aufgrund dieses Wortes von unten nach oben gekommen ist, trifft es ihn mit voller Wucht; und wenn er von vorne nach hinten gekommen ist, macht es Hoffnung. Die Konsequenz kann nicht sein, auf einer anderen Basis neue Positionskämpfe auszutragen; die Konsequenz kann nur darin bestehen, das Dienen selbst, das Leben für andere und mit anderen, als den Kern der Nachfolge auszumachen. Das aber ist exakt die Lebenslinie Jesu,

---

[94] Zur Wirkungsgeschichte vgl. Hubertus Lutterbach, Kinder und Christentum. Kulturgeschichtliche Perspektiven auf Schutz, Bildung und Partizipation von Kindern zwischen Antike und Gegenwart, Stuttgart 2010.

der als Menschensohn »nicht gekommen ist, um bedient zu werden, sondern um zu dienen« (Mk 10,45 parr.).
Dem Wort folgt eine sprechende Geste:

> ³⁶Und er nahm ein Kind und stellte es in ihre Mitte und umarmte es und sagte ihnen: »Wer ein solches Kind in meinem Namen aufnimmt, nimmt mich auf. ³⁷Und wer mich aufnimmt, nimmt nicht mich auf, sondern den, der mich gesandt hat.« (Mk 9,36f. parr.)

Die Geste der Umarmung sagt schon alles. Jesus zeigt, für wen er da ist und wie: für die Kleinen und die Kinder, denen er seine Liebe, seine Zuneigung, seine Nähe schenkt. Dass Jesus ein Freund der Kinder ist, passt ins Bild, sprengt aber den Rahmen dessen, was in der Antike üblich war. Mit dem erotischen Interesse griechischer Philosophen an der Bildung begabter Eleven hat es nichts zu tun (auch wenn die Päderastie wohl eher platonisch genossen worden ist). Im Hintergrund steht eher, dass nach Ps 8 Gott selbst sich durch Kindergeschrei ein Lob gefallen lässt: Kindermund tut Wahrheit kund.

So wie Jesus sich den Kindern zuwendet und sie in die Mitte stellt, sollen es seine Jünger tun, die in heiligem Größenwahn die Maßstäbe verloren haben. Ein Kind annehmen – das kann sich ganz konkret in der Elternschaft zeigen, in einer Adoption, in der Sorge für Heimkinder, in der Erziehungsarbeit; es kann und muss sich aber auch grundsätzlicher zeigen: im Bild des Menschen, im Einsatz für Schwache, Arme, Kranke. All diese Humanisierungseffekte hat diese kleine Szene ausgelöst, weil Jesus das Menschenrecht der Kinder offenbart hat, ihren zentralen Platz im Plan Gottes.

Etwas später erzählt Markus eine Szene, in der gleichfalls Kinder im Mittelpunkt stehen: Mütter und Väter bringen sie zu Jesus, damit er sie segne; die Jünger aber wollen sie abweisen (Mk 10,13–16 parr.). Jesus jedoch verschafft ihnen Raum. »Lasst die Kinder zu mir kommen!« (Mk 10,14 parr.) Das, was er fordert, praktiziert er auch: »Er umarmte sie und legte ihnen die Hände auf und segnete sie.« (Mk 10,16 parr.) Diese Geste der Nähe und Liebe ist aber nicht nur ein Vorbild, sondern auch eine Mahnung:

Wer die Gottesherrschaft nicht annimmt wie ein Kind, wird nicht hineinkommen. (Mk 10,15 parr.)

Das ist der Kehrseite der Seligpreisung, die den Armen, den Hungernden und Weinenden zuteilwird (Lk 6,20f. par. Mt 5,3–10). Die Gottesherrschaft wie ein Kind annehmen, heißt: sie von Gott, dem Vater, zu erbitten und zu empfangen, im Vertrauen darauf, das Beste zu erhalten.

Kinder sind für Jesus nicht nur Objekte der Liebe und Fürsorge; das sind sie auch – als Schutzbefohlene, Schwache und Kleine. Aber sie sind für Jesus auch Subjekte Gottes und des Glaubens, Vorbilder für alle.

So ist von den Kindern auch im Gerichtswort Mk 9,42 parr. die Rede: Die Kleinen sind die Kinder, auch die Armen und die Schwachen. Dass sie an Jesus glauben, macht sie nicht unverwundbar. Im Gegenteil: Sie werden eher noch verletzlicher, weil sie auf Gewalt nicht mit Gegengewalt reagieren, sondern lieber Unrecht erleiden als Unrecht tun. Deshalb nimmt sich Jesus derer besonders an, die glauben – nicht weil er anderen gegenüber gleichgültig wäre, sondern weil er weiß, wie tief die Verwundung gerade bei denen ist, die auf Gott vertrauen, wenn sie von Dienern Gottes und solchen, die sich dafür halten, missbraucht werden.

Jesus, der Freund der Kinder, wird von niemandem verdächtigt, ein Kinderschänder zu sein. Er hat Kinder berührt, er hat sie umarmt – aber nie im stillen Kämmerlein, immer vor den Augen der Öffentlichkeit, unter den Blicken ihrer Eltern, im Angesicht Gottes.

b) Die große Versuchung

»Führe uns nicht in Versuchung, sondern erlöse uns von dem Bösen«, ist nach Matthäus die letzte Vaterunserbitte Jesu (Mt 6,13). In ihr kommt die Schwäche der Menschen ebenso zum Ausdruck wie die Macht des Bösen. Wer das Vaterunser betet, gibt zu verstehen, dass er selbst nicht die Kraft hat, dem Bösen zu widerstehen, sondern nur mit Gottes Hilfe die Versuchung bestehen kann.

Das schließt aktive Gegenmaßnahmen nicht aus, sondern ein. Die Gerichtsworte Jesu rufen zur Verantwortung. Die ganze Bergpredigt ist ein Programm gegen die Versuchung zum Bösen; wer sie nicht hören will, steht in größter Gefahr. Wenn aber schon die Jünger, die doch erwachsen und stark sind, bekennen müssen, dass sie in der Versuchung nicht – wie Jesus selbst – bestehen würden: um wie viel mehr müssen sie dann die »Kleinen« davor bewahren, in Versuchung zu geraten. Und wie viel schlimmer ist es dann, wenn sie selbst es sind, die in Versuchung führen – oder gar selbst die Versuchung, der Versucher sind.

Die Versuchung, vor der bewahrt zu werden alle beten sollen, geht nicht im Reiz auf, irgendein Tabu zu brechen und eine der sogenannten lässlichen Sünden – warum auch immer – zu begehen; es ist die Versuchung zum Bösen, jener zerstörerischen Macht, die alles Leben verschlingt; es ist ein Pakt mit dem Teufel. Wer ihn abschließt, sagt sich von Gott los und glaubt vielleicht, für sich selbst etwas gewinnen zu können, wird aber in den Strudel des Verderbens gerissen.

So ist auch die Verführung zum Bösen zu verstehen, vor der Jesus die Jünger in Mk 9,42 parr. warnt. Jesus hat weniger einzelne Gebotsübertretungen im Blick, auch wenn der Missbrauch von Kindern unweigerlich in einen Sumpf von Lüge und Gewalt, von sexueller Verirrung und perversen Begierden hineinführt. Die Verführung zum Bösen setzt noch radikaler an; Jesus schaut noch tiefer in den Abgrund des Elends und des Leids, das verführte, vergewaltigte Kinder zu erleiden haben. Das Böse ist das Nein zum Leben unter dem Vorwand, es zu steigern; es ist das Ja zum Tod unter dem Vorwand der Freiheit; es ist das Teuflische im Gewand des Menschlichen.

Die Macht, die vom Bösen ausgeht, ist ungeheuer. Mit Geboten und Vorschriften kann man ihr nicht beikommen, sosehr sie notwendig sind, die verheerenden Folgen zu begrenzen. Selbst das Heilige wird in den Schmutz gezogen. Ja, mehr noch: Es gibt keine größere Versuchung, als im Namen Gottes, im Namen des Höchsten anderen Unrecht zu tun – oder unter dem Schleier des Höchsten, unter dem Mantel der Demut, unter dem Schild der Frömmigkeit das Unrecht zu verbergen. Jesus hat dazu in der Bergpredigt die passenden Worte gefunden.

Er hat aber die Jünger auch deshalb das Beten gelehrt, weil es die Möglichkeit gibt, vor der Versuchung bewahrt zu werden. So zu beten, wie Jesus es im Vaterunser gelehrt hat, ist das eine; so zu leben, wie Jesus zu beten gelehrt hat, ist das andere. Die Liebe zu Gott ist das Wichtigste; sie führt zur Nächstenliebe, sie führt auch zur Kinderliebe.

c) Die Abschreckung

Ein Mühlstein um den Hals der Täter[95] – das befriedigt das menschliche Rachebedürfnis. Strafe muss sein – schon um der Gerechtigkeit willen. Aber was hilft sie den Opfern? Sie verschafft vielleicht Genugtuung – aber sie kann nichts ungeschehen und nichts wiedergutmachen.

Jesus richtet in dem scharfen Prophetenwort den Blick auf die Täter. Es geht ihm um Prävention. Es fehlt in den Evangelien nicht an Worten und Gesten, mit denen Jesus die Kleinen groß macht und die Schwachen stärkt. Aber hier geht es um diejenigen, die andere klein und schwach machen. Ihnen begegnet Jesus mit einer todernsten Warnung. Dass dies nicht die einzige Reaktion sein kann, versteht sich von selbst. Aber sie ist wichtig, in bestimmter Hinsicht sogar entscheidend.

Jesus sieht die Täter in der Verantwortung. Gewiss weiß man heute, dass viele Täter selbst Opfer sind, gerade in Missbrauchsfällen. Aber herausreden kann sich niemand, der nicht vollkommen einer psychischen Krankheit erlegen ist. Jesus kennt die Unheilslast des Bösen, das sich einschleicht in die Köpfe und Herzen von Menschen und sie abbringen will vom Pfad der Tugend. Er sieht diejenigen, die in die Irre gegangen sind, auch als Opfer, denen er nachgeht, um sie zur Umkehr zu bewegen und um sie wieder in die rechte Spur des Lebens zu führen.

---

[95] S.o. S. 263.

Aber niemand darf sich dadurch herausreden, dass er selbst Probleme habe. Die Härte des prophetischen Gerichtswortes spiegelt die Größe der Verantwortung und der Schuld, für die es keine Vergebung geben kann, wenn es nicht zu einer Versöhnung der Opfer mit den Tätern kommt – gestiftet von Gott selbst.

Jesus sagt nach Mk 9,42 parr.: »... es wäre besser für ihn, dass ihm ein Mühlstein um den Hals gehängt und er ins Meer geworfen würde«. Das heißt: Jesus spielt sich nicht selbst als Rächer auf. Schon gar nicht ist er der Henker. Er spricht aber offen aus, wie katastrophal die abscheuliche Untat nicht nur für das Opfer, sondern auch für den Täter ist, der auch sein eigenes Leben zerstört. Er zieht nicht nur andere, sondern auch sich selbst ins Verderben.

Kein Zweifel, dass Jesus hier nicht an Selbstjustiz denkt, sondern an Gottes Gericht. Ohne dieses Gericht gibt es kein Heil – um der Opfer, um der Kleinen, um der Missbrauchten, Misshandelten und Vergewaltigten willen. Die Liebe Gottes ist nicht billig.

Aber sie ist grenzenlos. Es gibt Hoffnung, auch für die Täter. Nicht gegen ihren Willen, aber um Gottes Willen. Dafür tritt Jesus ein. Nicht nur mit scharfen Worten, die das Unrecht geißeln; sondern am Ende mit seinem Leben.

Die Warnung der Täter dient dem Schutz der Opfer. Ohne eine klare Gerichtsbotschaft wird das Böse verharmlost. Auch das ist eine Lektion, die in der Kirche neu gelernt werden muss. Die alten Höllenpredigten wünscht sich niemand zurück; aber die harmlose Unverbindlichkeit der süßen Jesusbilder ist abgeschmackt.

Jesus tritt mit seinem Leben nicht nur für die Gerechtigkeit, sondern für die Liebe Gottes ein. So vieles, was den Kleinen angetan worden ist, ist in dieser Welt, in diesem Leben gar nicht wiedergutzumachen. Wenn es kein ewiges Leben, keinen Tod und keine Auferstehung gäbe – es wäre zum Verzweifeln.

Auch so verzweifeln viele – an der Kirche, an den Jüngern Jesu, an Jesus selbst, an Gott. Für sie müssen diejenigen eintreten, die nicht nur neutrale Beobachter sein wollen; Voyeure gibt es mehr als genug. Unterstützung verdienen diejenigen, die sich um die Opfer kümmern.

Die Größe des Verrates, der Abgrund an Heuchelei – erst vor dem Hintergrund der Praxis Jesu zeichnen sich die Dimensionen des Missbrauchskandals der letzten Jahre ab, der lange nicht ausgestanden ist und der schon viel länger schwelt als gedacht. Die Empörung, die er auslöst, spiegelt die Enttäuschung wider über diejenigen, denen gerade deshalb Vertrauen entgegengebracht wird, weil Jesus sein Herz den Kindern geschenkt und dadurch die Praxis der Kirche geprägt hat. Kinderfreundlichkeit ist, man glaubt es kaum, eine Frucht des Christentums. Jesus hat die Maßstäbe gesetzt: für den Umgang mit Kindern, für den Umgang mit Missbrauch – für Hoffnung wider alle Hoffnung.

d) Die Aufklärung

Den sexuellen Missbrauch von Kindern und Jugendlichen durch Geistliche aufzuklären, ist eine menschliche und theologische Pflicht. Denn was es aufzuarbeiten gilt, ist eine menschliche Katastrophe: missbrauchte Macht, verratenes Vertrauen, ausgenutzte Schwäche. Was es aufzuarbeiten gilt, ist aber auch eine religiöse Katastrophe. Es geht um praktische Blasphemie. Gottes Heiligkeit wird angetastet; sein Wille wird pervertiert, seine Barmherzigkeit wird in den Dreck gezogen.

Aber nicht nur dass, sondern auch wie aufgeklärt werden muss, ist sozial wie theologisch-religiös zu reflektieren. Das Markusevangelium hat nicht nur die Warnung der Jünger vor Missbrauch aufbewahrt; es überliefert auch ein Jesuswort, das den Weg weist, die nötige Aufklärung zu treiben:

> Nichts wird geheim gehalten, das nicht offenbar wird. (Mk 4,22)

Es ist von genau derselben religiösen Radikalität und Klarheit wie das schreckliche Wort vom Mühlstein, das doch nur den Schrecken des Missbrauchs im Gewand der Frömmigkeit bannt.

Nach Markus redet Jesus von der Paradoxie der Geheimhaltung in einem Zusammenhang, der viele irritiert. Es geht um die Gleichnisse Jesu, seine populärste Form der Verkündigung. Sollte man nicht meinen, dass sie ganz klar und einfach sind? Dass ihr Sinn offen zutage liege? Nach Markus hat Jesus selbst seine Gleichnisse viel dialektischer gesehen. Sie offenbaren nicht nur, sie verbergen auch. Sie sollen die Augen für Gott und seine Welt öffnen; aber sie führen auch dazu, dass viele die Augen verschließen, weil sie Gott und seine Welt nicht so sehen, wie Jesus sie sieht.

Diese Erfahrung führt Jesus aber weder in Resignation noch in Zynismus, sondern an die Seite der Propheten Israels in ihren dunkelsten Stunden. Sie mussten einsehen, dass Gott sie offenbar nicht gesandt hatte, Gehör zu finden, sondern Kritik zu ernten. Das hat Folgen. Was immer sie sagen: Sie offenbaren nicht nur, sie verbergen auch. Mehr noch: Sie müssen verbergen, um offenbaren zu können. Sie müssen den Widerspruch provozieren, um Klartext reden zu können.

Diese Dialektik macht sich Jesus zu eigen. Die Gleichnisse sagen alles, aber sie zwingen zu nichts. Sie legen Gott und die Menschen nicht fest, aber sie führen sie aufeinander zu. Sie stellen niemanden an den Pranger, aber sie machen ganz klar, was gut und böse, richtig und falsch ist. Die Gleichnisse öffnen die Augen, weil sie das Allerheiligste nicht zu Markt tragen, sondern so geheim halten, wie es ist. Sie verschließen die Augen, damit ein neuer Blick riskiert werden kann.

Das bringt Jesus in seinem nachdenklichen Wort zum Ausdruck. Er nimmt sich die Freiheit, die Wahrheit zu sagen, von der er überzeugt ist; aber er lässt anderen die Freiheit, Ja oder Nein zu sagen. Jesus wahrt das Geheimnis Gottes; aber er ist kein Geheimniskrämer. Er ist diskret; aber er verschweigt nichts. Er respektiert die Skepsis der Menschen; aber er macht den Mund auf, solange er die Möglichkeit zu reden hat. Was er geheim hält, dient nur dem einen Zweck: dass es offenbar wird. Das Motiv seiner Geheimhaltung ist Demut, ihr Ziel ist die Öffentlichkeit.

Aber das Jesuswort gewinnt in der notwendigen Aufklärungsarbeit eine neue Bedeutung. Transparenz ist das eine, Datenschutz, Opferschutz das andere. Die katholische Kirche ist gewaltig in der Defensive. Sie wollte vorbildlich in der Aufarbeitung der dunklen

Vergangenheit sein. Aber sie darf nicht wieder den Eindruck erwecken, nur allzu gerne auf dem hohen Ross der Moral zu sitzen, und sei es bei der Aufarbeitung eigener Fehler. Die Kirche kann, wenn sie in der öffentlichen Debatte einer demokratischen Gesellschaft gefragt wird, keine Sonderregeln für sich reklamieren. Sie muss sich der Kritik stellen – und sie darf sich nicht jeden Vorwurf gefallen lassen. Deshalb ist Kritik an der Kritik erlaubt, ja geboten. Nur: Der Ton macht die Musik. Und: »An ihren Früchten werdet ihr sie erkennen«, heißt es in der Bergpredigt (Mt 7,16.20).

Das Wichtigste: Die Kirche muss in der Öffentlichkeit mit einer Zunge sprechen – je sensibler das Thema, desto wichtiger ist dies. »Euer Ja sei ein Ja, und euer Nein ein Nein; alles andere ist von Übel«, sagt Jesus auch in der Bergpredigt (Mt 5,37).

Zur öffentlichen Verantwortung gehört aber auch, von Anfang an die Prinzipien der Aufklärung und ihre Dialektik klarzumachen. Das Interesse der Öffentlichkeit ist der Kirche sicher. Zur Transparenz gehört auch, nicht nur zu sagen, was offengelegt werden kann, sondern auch, was geheim bleiben muss – warum und wozu.

Was offengelegt werden muss, sind die Untaten der Täter, ihre Zahl und Schwere, ihre Ursachen, Erscheinungen und Folgen. Es gibt die These, dass der Zölibat, die Seminarausbildung, die katholische Sexualmoral und der klerikale Korpsgeist die Ursachen seien. Es gibt die Gegenthese, dass all dies keine Gründe, keine Motive, keine begünstigenden Umstände seien. Wer hat Recht? Die Antwort ist von ungeheurer Wichtigkeit. Sie kann nur durch unabhängige Forschung gegeben werden.

Was aber geschützt werden muss, sind in erster Linie die Opfer, also die »Kleinen«, die Jesus am Herzen liegen. Niemand darf sie zwingen, zum Forschungsobjekt zu werden: die Wissenschaft nicht, die Öffentlichkeit nicht, die Kirche schon gar nicht. Wenn die Bischöfe den Opferschutz starkmachen, an dem es so offenkundig gefehlt hat und fehlt, werden sie immer im Verdacht der Vertuschung stehen. Diesen Verdacht müssen sie aushalten – und sagen, weshalb sie bei ihrer Linie bleiben, und aus der Kritik, die sie ernten werden, nicht schon wieder ein Martyrium machen.

Was geschützt werden muss, sind auch die Unschuldigen, zumal wenn sie unter einer Art Generalverdacht stehen, schuldig zu sein. Das ist bei Priestern heute der Fall, so bizarr auch immer die antiklerikalen Vorurteile sein mögen. Datenschutz ist absolut notwendig. Anonymisierung ist der einzige Weg. Er gehört zu den Standards sozialwissenschaftlicher und kriminologischer Studien. Die Öffentlichkeit giert nach Sensationen. Aber der wissenschaftliche Untersuchungsauftrag zielt auf die Erhellung von Strukturen, von Rollenmustern, von Täter- und Opfertypen, von Fallzahlen und Reaktionsweisen. Darauf hat die Öffentlichkeit und haben die Opfer Anspruch. Die notwendige Geheimhaltung hat keinen anderen Zweck als den der Offenbarung, weil nur so eine kritische Masse an Daten erschlossen werden kann, die überhaupt zu begründeten Aussagen führt.

Und was ist mit den Tätern? Denen, die entlarvt, und denen, die bislang unentdeckt geblieben sind? Den lebenden und den toten? Jeder von ihnen muss sich vor dem himmlischen Richter verantworten, wie jeder Ankläger allerdings auch. Der himmlischen Gerechtigkeit kann kein gesellschaftliches, kann auch kein kirchliches Urteil vorgreifen. Darauf zielt das Jesuswort aus der Bergpredigt: »Richtet nicht, damit ihr nicht gerichtet werdet.« (Mt 7,1)

Was strafrechtlich verfolgt werden kann, gehört angezeigt: vor einem staatlichen und einem kirchlichen Gericht. Es muss einen fairen Prozess geben. Das ist ungeheuer schwierig. Aber die Urteile müssen ohne Ansehen der Person gefällt werden; es darf keine Privilegien und keine Extrastrafen für Geistliche geben.

Wenn die Erforschung sexuellen Fehlverhaltens Geistlicher Verdachtspunkte liefert, bleibt die Wissenschaft am Ball – aber ein Forschungsinstitut ist kein Gericht. Das Verfahren muss geregelt sein, wie die Gerichte eingeschaltet werden; die Regeln müssen transparent sein. Würde zwischen wissenschaftlicher Erforschung und juristischer Beurteilung nicht unterschieden, könnte keine Studie das Licht der Welt erblicken.

Auch der Opferschutz hört nicht auf. Vor einem irdischen Richter muss die Schuld des Angeklagten nachgewiesen werden. Das erfordert einen Prozess der harten Prüfung von Zeugenaussagen. Für viele, die bleibende Schäden davongetragen haben, ist das unzumutbar. Die Kirche, unter deren Dach sie zu Opfern geworden sind, hat die Pflicht, sie auch öffentlich zu schützen – obwohl sie den Verdacht nährt, es im eigenen Interesse zu tun.

Aber es geht noch weiter. So inopportun es scheint: Es muss für Täter auch einen Weg zurück geben. Nicht unbedingt ins Priesteramt. Aber zurück in eine Kirche, die sich auf die Seite der Opfer stellt. Gibt es einen Weg der Versöhnung? Wo verläuft er? Wohin führt er? Warum gibt es ihn? Über diese Fragen wird so gut wie gar nicht gesprochen. Glaubwürdigkeit erreicht man so nicht. Es kann kein Weg sein, der alles sofort in die Öffentlichkeit zerrt. Er muss diskret sein.

3. Einsatz für das Leben

In der Öffentlichkeit ist die katholische Kirche die einzige große Organisation, die sich klar und eindeutig für den Schutz des Lebens einsetzt: vom Anfang bis zum Ende. Fraglich ist nur, ob sie die Zweifelsfälle des Lebens genügend im Blick hat und Klarheit nicht mit Rigorismus verwechselt. Fraglich ist auch, ob sie nur konservative Ideale verfolgt oder eigene Gründe hat. Und fraglich ist, ob sie die richtigen Schwerpunkte setzt. Ehe und Familie, Kinder und alte Menschen, Geld und Lebenssinn sind wichtige Felder, auf denen Glaubwürdigkeit – weitgehend durch eigene Schuld – verspielt worden ist, aber wiedergewonnen werden muss: nicht ohne die Bereitschaft zur Umkehr, hin zum Evangelium Jesu von Nazareth.

a) Ehe und Familie

Wie wichtig ist die Ehe für den Staat? Wie wichtig ist die Familie für die Gesellschaft? Die politische Debatte ist kontrovers. Es geht um Steuer- und Adoptionsrecht, um den Gleichheitsgrundsatz und die Auslegung des Grundgesetzes, dass »Ehe und Familie ... unter dem besonderen Schutze der staatlichen Ordnung« stehen (Art. 6 I GG).

Aber wie verhalten sich Ehe und Familie zueinander? Wie sieht der besondere Schutz aus? Was ist mit gleichgeschlechtlichen Lebensgemeinschaften, mit kinderlosen Ehepaaren, mit Allleinerziehenden? Die katholische Kirche ist politisch engagiert: für die Förderung der Familien, für die Rechte von Kindern, für den Schutz der Ehe. Ihre Position ist klar. Aber sie tut sich schwer, mit ihren Forderungen durchzukommen. Es ist zwar nach wie vor so, dass der Zusammenhang von Ehe und Familie von einer ganz großen Mehrheit der Bevölkerung bejaht und von sehr vielen Paaren auch gelebt wird. Aber die politische Debatte ist auf Minderheiten fixiert. Diskriminierungen, vermeintliche und tatsächliche, sollen abgebaut werden. Die Orientierung der Kirche an Ehe und Familie hat den Geruch des Ewiggestrigen.

Wenn sie selbstkritisch ist, wird die Kirche zugeben, dass sie von einer Idealisierung der Ehe und Familie, die schnell in eine Moralisierung umschlägt, nicht ganz frei ist. Wie sieht es aus mit der moraltheologischen Wertung nicht nur außer-, sondern auch innerehelicher Sexualität? Die Kirche muss sich ehrlich machen, wenn sie gesellschaftlich wieder wirksam werden will.

Ihre eigene Orientierung kann sie nur bei Jesus finden. Er selbst hat – »um des Himmelreiches willen« – ehelos gelebt. Aber das hat ihn nicht im Mindesten zu einer Abwertung der Ehe geführt. Im Gegenteil: Für ihn ist sie ein Stück Himmel auf Erden. Sie ist paradiesisch. Jesus kritisiert die Regelung des alttestamentlichen Gesetzes, bei einer Scheidung müsse ein Scheidebrief ausgestellt werden (Dtn 24,1), damit ein Dokument Rechtssicherheit schafft, als Konzession an die menschliche »Hartherzigkeit« (Mk 10,5). Gottes Bild vom Menschen entspricht sie nicht. Um dieses Bild zu veranschaulichen, geht Jesus auf die Genesis zurück. Aus der ersten Schöpfungsgeschichte zitiert er: »Als Mann und Frau schuf er sie« (Gen 1,27); und aus der zweiten zitiert er: »Sie werden ein Fleisch sein.« (Gen 2,8) Die Einheit von Mann und Frau, die sexuell vollzogen wird, ist gottgewollt. Sie soll nicht geschieden werden.

Über den gesellschaftlichen Nutzen der Ehe sagt Jesus nichts. Man muss ihn nicht geringschätzen; aber die Ehe gibt es nach Jesus nicht, weil sie eine Funktion erfüllt, sondern weil sie menschlich ist. Die Fruchtbarkeit steht im Blick, weil die nächste Szene bei Markus von Kindern handelt, die Jesus segnet (Mk 10,13–16). Aber Jesu erster Gedanke ist: Mann und Frau sind füreinander geschaffen. Nicht alle Männer für alle Frauen, sondern ein Mann und eine Frau füreinander, ein Leben lang. Wenn die sich finden, haben sie unverschämtes Glück gehabt – und sollen alles tun, es nicht zu verlieren.

Dass es viel zu häufig böse endet, verkennt Jesus nicht. Aber er fixiert sich nicht auf Ehebruch und Liebeskrisen. Er denkt positiv. Daran fehlt es heute vielleicht am meisten: an Geschichten und Gedanken, die den Traum von Glück und Treue ernst nehmen, den die allermeisten haben, die eine Ehe eingehen. Dieses positive Denken – kann es nicht auch denen helfen, die nicht so viel Glück gehabt haben oder sich eingestehen müssen, es verspielt zu haben. Die Kirche darf sich nicht über andere erheben, aber sie darf und muss klarstellen, wofür sie steht: am besten für das, für das Jesus gestanden ist.

Und der Staat? Was immer er als Gesetzgeber tut – im Stillen muss er darauf setzen, dass möglichst viele Ehen geschlossen werden und möglichst lange halten und dass möglichst viele Kinder auf die Welt kommen. Ein bisschen mehr Lautstärke und Ehrlichkeit würde nicht schaden.

b) Geld und gute Worte

Es gibt heilsame Enttäuschungen. Wer sein Glück auf Geld bauen will, wird bitter enttäuscht werden. Letztlich tut das gut, weil es den Blick fürs Wesentliche schärft. Sicher: Kein Geld zu haben, ist auch nicht gerade eine Glücksgarantie. Aber wer viel Geld hat, hat auch viele Sorgen – und meistens die falschen: wie man noch mehr Geld bekommen kann.

Wer nicht arm sein muss, sondern es sich leisten kann, arm zu sein, ist ein glücklicher Mensch. Jesus konnte es sich leisten. Nicht weil er das Geld verachtet hätte. Sondern weil er alles auf Gott setzte – und weil er immer wieder Menschen fand, die ihn unterstützt haben, weil sie von ihm und seiner Botschaft fasziniert waren. Er selbst kommt aus einer Zimmermannsfamilie; reich konnte man mit dem Handwerk nicht werden, aber sein Auskommen konnte man finden.

Jesus hatte ein realistisches, also ein kritisches Verhältnis zum Geld. Einerseits sagt er:

Man kann nicht beiden dienen, Gott und dem Mammon. (Mt 6,24; Lk 16,13)

Andererseits aber auch:

Macht euch Freunde mit dem ungerechten Mammon. (Lk 16,9)

Die Geschichte von dem Reichen, der Jesus aufsucht, um von ihm eine Antwort zu hören, wie er das ewige Leben erlangen kann (Mk 10,17–31), ist eine perfekte Veranschaulichung beider Worte. Jesus will, dass seine Jünger seine Armut teilen: seine Freiheit, seinen Frieden, sein Glück. Und wenn sie zu schwach sind, alles auf eine Karte zu setzen, sollen sie doch wenigstens auf Zeit die Armut des Menschensohnes teilen – um nahe bei den Armen zu sein, die nur auf Gott bauen können.

So verläuft auch die Geschichte der gescheiterten Berufung. Der reiche Mann macht eigentlich alles richtig: Er geht zu Jesus; er fragt ihn nicht, wie er reich, sondern wie er glücklich werden kann; er lässt sich von Jesus belehren; er folgt seinem Hinweis auf die Zehn Gebote; er beteuert, alles von Kind auf befolgt zu haben. Jesus bezweifelt es nicht. Im Gegenteil: Weil er ihn liebgewonnen hat, ruft er ihn in die Nachfolge: »Geh, verkauf, was du hast, und gib es den Armen; dann wirst du einen Schatz im Himmel haben, und dann komm und folge mir!« (Mk 10,21) Das ist zu viel. »Der aber war betrübt und ging traurig weg, denn er hatte viel Besitz« (Mk 10,22), berichtet Markus.

So sieht eine echte Finanzkrise aus. Jesus will nicht, dass der Mann seinen Besitz verkommen lässt, sondern dass er ihn verkauft, also einen anständigen Preis für ihn erzielt. Aber das Geld soll er nicht für sich selbst behalten, sondern spenden. Alles auf einen Schlag? Einen Teil? Der Mann klebt an seinem Besitz; er ist nicht glücklich, sondern traurig. Er verpasst die Chance seines Lebens, ein Jünger zu werden. Das meint der Spruch vom Kamel, das nicht durch ein Nadelöhr passt (Mk 10,23–25). Wer an seinem Geld klebt, ist nicht frei für das Leben, für das irdische nicht und für das ewige schon gar nicht.

Die Jünger, die Jesus nachfolgen, sind aber nicht fein raus. Sie ziehen ihre Lehren und fragen: »Wer kann dann gerettet werden?« (Mk 10,28) Sie fragen es, obwohl sie ja »alles verlassen« haben (Mk 10,28). Sie wissen, dass sie im Grunde ihres Herzens auch nicht frei sind, sondern an ihrem Besitz kleben. Wenn es nicht das Geld ist, dann die Macht, das gute Gewissen, der wahre Glaube. Die Finanzkrise trifft auch die Armen, gerade sie, und nicht nur im Kampf ums materielle Überleben.

Jesus weiß das. Aber er rechnet mit Gott. Seine Antwort auf die Frage lautet: Niemand kann gerettet werden – von sich aus. Aber alle können gerettet werden – durch Gott. »Bei Menschen ist's unmöglich, aber nicht bei Gott, denn bei Gott ist alles möglich.« (Mk 10,28) Es ist der Glaube, der zählt. Das ist die wichtigste Lehre aus der Finanzkrise.

Nachweis der Erstveröffentlichungen

Orientierung am Neuen Testament: *Kleine Herde? Salz der Erde? Das Neue Testament und die Suche nach einem neuen Bild der Kirche*, in: *Herder Korrespondenz* 48 (1994) 25–31: 25ff.

I. Der Auftrag der Kirche
1. Mit einer Guten Nachricht: *Evangelium und Gemeinde*, in: *Unsere Seelsorge* 34 (1984) 5–8; 2. Unterwegs: *Gemeinde auf dem Weg. Christsein nach dem Hebräerbrief*, in: *Bibel und Kirche* 48 (1993) 180–187; 3. Zur Einheit und zur Vielfalt: *Dialektik der Einheit. Die Gemeinschaft der Kirche nach dem Neuen Testament*, in: *Jan-Heiner Tück (Hg.), Römisches Monopol? Der Streit um die Einheit der Kirche (Theologie kontrovers)*, Freiburg – Basel – Wien 2008, 15–32

II. Das Leben der Kirche
1. Missionarisch: *Kleine Herde? Salz der Erde? Das Neue Testament und die Suche nach einem neuen Bild der Kirche*, in: *Herder Korrespondenz* 48 (1994) 25–31: 28–31; 2. Kooperativ: *Kooperation in den paulinischen Gemeinden. Eine neutestamentliche Perspektive*, in: *Bibel und Liturgie* 71 (1998) 108–116; 3. Konstruktiv: *Aufbau der Gemeinde. Der paulinische Plan*, in: *P. Klaesvogt – R. Lettmann (Hg.), Priester mit Profil. Zur Zukunftsgestalt des geistlichen Amtes*, Paderborn 2000, ²2001, 57–94 (leicht gekürzt)

III. Die Reform der Kirche
1. Back to the roots: *Back to the Roots? Das Neue Testament und die Diskussion über die Kirchenreform*, in: *Impulse* 67 (2003) 2–6; 2. Katholisch werden: *Katholisch werden. Die neutestamentliche Revolution*, in: *Theologisch-praktische Quartalsschrift* 2013; 3. In der Welt, nicht von der Welt: *In der Welt, nicht von der Welt. Die Freiburger Rede im Fokus des Neuen Testaments. Drei Thesen und drei Fragen*, in: *zur debatte* 3/2012, 11f.

IV. Frauen für die Kirche
1. Frauen wie Lydia: *Lydia und andere. Frauen im Urchristentum*, in: *MagazIn (Sommersemester 2006) 13–15*; 2. Diesseits und jenseits des Schweigens: *Das Schweigen der Frauen (1 Tim 2) Folge 1: Christ in der Gegenwart 48*

(1996) 159; Folge 2: Christ in der Gegenwart 48 (1996) 167; 3. In alter und neuer Stärke: *Erstveröffentlichung*

V. Dienste und Ämter in der Kirche

1. In der Kraft des Geistes: *Die Spiritualität urchristlichen Gemeindelebens,* in: *Meditation 25 (1999) 7–11;* 2. Auf die Kirche achten: *Was ist der Bischof?,* in: *Christ in der Gegenwart 62 (2010) 325f.;* 3. In Rom und aller Welt: *Petrus und Paulus – und der Papst,* in: *Christ in der Gegenwart 63 (2011) 438–441*

VI. Eucharistie

1. Das kostbare Mahl: *Das kostbare Mahl – Gäste am Tisch des Herrn. Eine biblische Betrachtung,* in: *Christi in der Gegenwart 55 (2003) 21f.;* 2. An der Quelle des Lebens: *Die Quelle des Lebens – und sein Höhepunkt. Das Schreiben des Papstes nach der Bischofssynode über die Eucharistie,* in: *Kirchenzeitung für das Erzbistum Köln (25. März 2007) 16.44;* 3. Für alle: *Für euch – für viele – für alle. Für wen feiert die Kirche Eucharistie? Zur Diskussion um die Einsetzungsworte,* in: *Magnus Striet (Hg.), Gestorben für wen? Zur Diskussion um das »pro multis« (Theologie kontrovers), Freiburg – Basel – Wien 2007, 17–27*

VII. Spiritualität

1. Aufbrechen & Innehalten: *Aufbrechen & Innehalten,* in: *Peter Bubmann – Bernhard Sill (Hg.), Christliche Lebenskunst, Regensburg 2008, 257–264* (Nachdruck: Topos-Taschenbücher 724, Regensburg 2010, 58–67); 2. Beten & mehr: *Der Gottesdienst der Urgemeinde. Perspektiven des lukanischen Bildes in Apg 2,42,* in: *Albert Raffelt (Hg.), Weg und Weite. FS Karl Lehmann, Freiburg – Basel – Wien 2001, 81–96;* 3. Hören & Sprechen: *Die Sprache des Glaubens. Alphabetisierung mit der Bibel,* in: *Diakon Anianus 34 (2002) 7–11*

VIII. Solidarität

1. Brot für die Welt: *Armenspeisung,* in: *Christ in der Gegenwart 62 (2010) 239; Tischdienst,* in: *Christ in der Gegenwart 62 (2010) 258; Reiner Tisch,* in: *Christ in der Gegenwart 62 (2010) 267; Hungersnot,* in: *Christ in der Gegenwart 62 (2010) 275;* 2. Schutz für die Kleinen – Zum Missbrauchsskandal: *Der Mühlstein,* in: *Christ in der Gegenwart 62 (2010) 181f.; Geheimhaltung dient der Offenbarung,* in: *Christ in der Gegenwart 65 (2013) 62;* 3. Einsatz für das Leben: *Ehe und Familie,* in: *Christ in der Gegenwart 64 (2012) 441; Finanzkrise,* in: *Christ in der Gegenwart 64 (2012) 461*

Bibelstellenregister

Altes Testament

Genesis

Gen 1–3   156
Gen 1,26f.   145
Gen 1,27   276
Gen 2,8   276
Gen 2,24   148, 159
Gen 3   147
Gen 3,16   148, 153
Gen 12,3   116, 128
Gen 17   43

Exodus

Ex 3,6   116
Ex 20   251
Ex 24   211

Levitikus

Lev 16   87

Deuteronomium

Dtn 6,4f.   84
Dtn 21,23   85, 188
Dtn 24,1   276
Dtn 27,23   63

1. Chronikbuch

1 Chr 29,2f.   97

2. Chronikbuch

2 Chr 3,6   97

Tobit

Tob 13,20f.   97

Psalmen

Ps 8   266
Ps 22,19   125
Ps 40,8f.   38
Ps 118,22   89

Sprichwörter

Spr 3,12   179

Jesus Sirach

Sir 25,24   156

Jesaja

Jes 6,1–13   84
Jes 7,14 [Septuaginta]   116
Jes 8,23–9,1   115
Jes 9   255
Jes 26,19   18
Jes 28,16 [Septuaginta]   89
Jes 29,18   18
Jes 35,5f.   18
Jes 45,14   61

Jes 53   213f.
Jes 53,12   213
Jes 54,11f.   97
Jes 60,14   99f.
Jes 66,18–24   117

Jeremia

Jer 31,31–34   78

Daniel

Dan 11,38   97

Habakuk

Hab 2,4   24

Neues Testament

Matthäus

Mt 1,23   116
Mt 3,1–12   117
Mt 5,3–12   20, 65
Mt 5,3–10   130, 267
Mt 5,12f.   129
Mt 5,13–16   65, 128
Mt 5,16   65
Mt 5,21–48   65
Mt 5,37   273
Mt 6,13   267
Mt 6,24   278
Mt 7,1   264, 274
Mt 7,16   273
Mt 7,20   273
Mt 8,11ff.   117
Mt 8,21   20

Mt 10,6   127
Mt 10,7   20
Mt 11,2–6   18, 130
Mt 11,28ff.   128
Mt 12,42f.   117
Mt 13,33   128
Mt 15,21–28   117
Mt 15,24   115, 127
Mt 16,18   185
Mt 18,12ff.   127
Mt 18,20   121
Mt 19,12   149
Mt 23,8   118
Mt 23,27ff.   127
Mt 26,26   196, 210
Mt 28,16–20   52, 115, 119, 129, 131
Mt 28,18ff.   22
Mt 28,19   16
Mt 28,20   129

Markus

Mk 1,14f.   17, 19
Mk 1,14   18
Mk 1,15   18, 116f., 127
Mk 1,16–20   20, 118, 128, 185
Mk 1,21–3,6   127
Mk 1,35   222
Mk 1,36–38   222
Mk 2,1–12   130
Mk 3,13–19   128, 198
Mk 3,13–16   116
Mk 3,13f.   195
Mk 3,16–18   185
Mk 4,22   271
Mk 4,30ff.   128
Mk 5,1–20   128

Mk 5,19   212
Mk 6,6b–13   128, 130
Mk 6,7   20
Mk 6,8–13   201
Mk 6,31   222
Mk 7,24–30   117, 128, 150
Mk 7,31   128
Mk 8,27   194
Mk 8,31f.   188
Mk 8,31   194
Mk 8,32   127
Mk 8,34   195
Mk 9,31   265
Mk 9,35   265
Mk 9,36f.   266
Mk 9,42   263, 267f., 270
Mk 9,43–48   264
Mk 10,5   276
Mk 10,13–16   266, 277
Mk 10,14   266
Mk 10,15   267
Mk 10,16   266
Mk 10,17–31   278
Mk 10,21   278
Mk 10,22   278
Mk 10,23–25   279
Mk 10,28–31   20
Mk 10,28   279
Mk 10,31   186
Mk 10,40   132
Mk 10,43   128
Mk 10,45   117, 212, 266
Mk 11,15ff.   88
Mk 12,26   116
Mk 14,3–9   150
Mk 14,9   150
Mk 14,13   201
Mk 14,14   201

Mk 14,17–21   119
Mk 14,17   198
Mk 14,18   194
Mk 14,19   194
Mk 14,22–25   119
Mk 14,22ff.   198
Mk 14,22   210
Mk 14,24   197
Mk 14,28   119
Mk 14,31   194
Mk 14,35f.   195
Mk 14,38   197
Mk 14,50   21, 119, 194
Mk 14,66–72   119, 188
Mk 14,71   194
Mk 16,6f.   185
Mk 16,7   119

Lukas

Lk 1f.   242
Lk 1,1–4   227
Lk 1,2   227
Lk 1,4   228
Lk 3,1–20   117
Lk 5,1–11   128, 185
Lk 6,20f.   20, 130, 267
Lk 6,22f.   129
Lk 6,37   264
Lk 7,18–23   130
Lk 7,18f.   18
Lk 7,22f.   18
Lk 7,36–50   150
Lk 8,2   20
Lk 9,48   132
Lk 9,51–56   128
Lk 9,58   20
Lk 10,1–16   131

Lk 10,1–9   232
Lk 10,9   20
Lk 10,16   132
Lk 10,21   20
Lk 11,1–4   243
Lk 11,20   20
Lk 11,31f.   117
Lk 12,8f.   19
Lk 12,32   64
Lk 13,20f.   128
Lk 13,24f.   127
Lk 13,28f.   117
Lk 13,31f.   117
Lk 15   116, 127, 221
Lk 15,11–32   243, 255
Lk 16,9   278
Lk 16,13   278
Lk 17,10   243
Lk 18,9–14   244
Lk 19,1–10   127
Lk 19,10   221
Lk 19,46   242, 244
Lk 22,14–20   237
Lk 22,18   198, 238
Lk 22,19   199, 237
Lk 22,20   237f.
Lk 22,21ff.   237
Lk 22,24–38   237
Lk 22,26   123
Lk 22,27   238
Lk 22,31f.   189
Lk 22,32   212
Lk 24,34   185, 238
Lk 24,48f.   131

Johannes

Joh 1,5   215
Joh 1,14   137
Joh 1,35–51   128
Joh 1,35–42   185
Joh 2,20   87
Joh 3,16   135
Joh 4,1–42   128
Joh 4,42   215
Joh 5   135
Joh 6,33   215
Joh 6,51   216
Joh 7,41   115
Joh 9,5   135
Joh 10   221, 255
Joh 12,20–24   135
Joh 13,1   135f.
Joh 13,13   118
Joh 13,20   132
Joh 13,34   77
Joh 14,6   137
Joh 16,33   135
Joh 17   135
Joh 17,11   135
Joh 17,13   135, 137
Joh 17,16   134
Joh 18,12   188
Joh 18,20   127
Joh 18,25–27   188
Joh 19,23   125
Joh 19,24   125
Joh 20,1–18   185
Joh 20,19–23   131
Joh 20,19   231
Joh 21   119
Joh 21,15–17   190
Joh 21,15ff.   119

Bibelstellenregister

Apostelgeschichte

Apg 1,1   227
Apg 1,2   227
Apg 1,4   231
Apg 1,8   129, 231
Apg 1,13   185
Apg 1,14   230, 232
Apg 1,15   230
Apg 1,21f.   227
Apg 1,22   232
Apg 2–6   185
Apg 2,1–47   129
Apg 2,1–41   119
Apg 2,1–36   226
Apg 2,1–11   231
Apg 2,1   231
Apg 2,37–41   226
Apg 2,41   58, 232, 256
Apg 2,42   226, 230, 259
Apg 2,45   232
Apg 2,46   237, 242
Apg 2,47   242
Apg 3f.   130
Apg 4,1–21   129
Apg 4,4   58, 232, 256
Apg 4,6–12   228
Apg 4,32–37   257
Apg 4,32–36   263
Apg 4,32   231
Apg 4,35   232
Apg 5,14   232
Apg 5,21–42   129
Apg 6,1–7   263
Apg 6,1–4   257
Apg 6,1   257
Apg 6,5f.   258
Apg 7,1–53   242

Apg 7,46–50   242
Apg 7,52   242
Apg 7,56   242
Apg 8,4–25   23
Apg 8,34   213
Apg 9   186
Apg 9,1–22   130
Apg 10f.   23, 130
Apg 10,13   260
Apg 10,14   260
Apg 10,15   260
Apg 10,28   261
Apg 10,35f.   261
Apg 11,1–3   260
Apg 11,7   260
Apg 11,19–26   48
Apg 11,19   262
Apg 11,20   262
Apg 11,21   262
Apg 11,23f.   262
Apg 11,25f.   262
Apg 11,26   21, 262
Apg 11,27–30   262
Apg 12,1–5   129
Apg 12,19b–23   129
Apg 13f.   190
Apg 13   262
Apg 13,1ff.   72
Apg 13,38f.   244
Apg 13,45   129
Apg 13,50   129
Apg 14,2   129
Apg 14,11ff.   129
Apg 15   45
Apg 15,5   43
Apg 15,7–11   130, 244
Apg 15,7–9   187
Apg 16,11–40   143

286

Apg 16,14f. 73, 152
Apg 16,14 144
Apg 16,15 144
Apg 16,16–40 129
Apg 16,40 152
Apg 17,1–15 129
Apg 17,22–31 228
Apg 17,32 129
Apg 18,2f. 146
Apg 18,9f. 130
Apg 18,22f. 50
Apg 19,9 129
Apg 19,21–40 129
Apg 20,17–38 172
Apg 20,17–35 227
Apg 20,28 74, 173, 176
Apg 21,9 145
Apg 21,10f. 262
Apg 21,15–23,22 242
Apg 22,1–21 130
Apg 22,30–23,11 129
Apg 23,12–22 129
Apg 24,1–27 129
Apg 24,14 126
Apg 26,1–23 130
Apg 28,22 126
Apg 28,16–31 130

Römerbrief

Röm 1,1 24
Röm 1,5 126
Röm 1,8 125
Röm 1,11f. 24, 133
Röm 1,12 76
Röm 1,14 92, 126
Röm 1,15 126
Röm 1,16f. 15, 24f., 76, 131
Röm 3,22f. 94
Röm 3,25 89
Röm 5 147, 195
Röm 5,5 27, 89
Röm 5,12 214
Röm 5,15 215
Röm 5,18 215
Röm 6,1–11 64, 94
Röm 6,10 85
Röm 8 67, 90
Röm 8,2ff. 89
Röm 8,7ff. 89
Röm 8,15 89f.
Röm 8,32 68
Röm 8,39 180
Röm 10,9 94
Röm 10,14 72
Röm 11 115
Röm 11,18 133
Röm 12 60, 73
Röm 12,1f. 140
Röm 12,1 25
Röm 12,3–8 26
Röm 12,3 166
Röm 12,4f. 77, 91
Röm 12,6ff. 67, 69, 96, 162
Röm 12,6 166
Röm 12,7f. 163
Röm 12,7 72
Röm 12,8 72f.
Röm 12,9–21 41, 62
Röm 12,13–20 27
Röm 14f. 65
Röm 14,2 26
Röm 14,3 26
Röm 14,4 26
Röm 14,7 91
Röm 14,9 26

Röm 14,10   26
Röm 14,13   26
Röm 14,17   78, 91
Röm 14,21   26
Röm 15,8   74, 90
Röm 15,16   25
Röm 15,23f.   24, 71
Röm 16,1f.   71, 73, 151, 180
Röm 16,1   145
Röm 16,2   73
Röm 16,3ff.   145
Röm 16,3f.   146, 151
Röm 16,3   71
Röm 16,5   58
Röm 16,6   71
Röm 16,7   71f., 92, 145, 151
Röm 16,12   71, 146
Röm 16,23   58

1. Korintherbrief

1 Kor 1,1f.   88
1 Kor 1,2   47
1 Kor 1,4–9   76
1 Kor 1,4ff.   95
1 Kor 1,10–17   163
1 Kor 1,10ff.   75
1 Kor 1,11ff.   81
1 Kor 1,12   50
1 Kor 1,13   94
1 Kor 1,17   72, 75f., 92
1 Kor 1,18   76, 92, 96, 164
1 Kor 1,26–31   76
1 Kor 1,26ff.   68f., 80, 105
1 Kor 1,26f.   88
1 Kor 1,30   69, 86
1 Kor 2,3   93
1 Kor 2,4   93

1 Kor 2,6–16   75
1 Kor 2,9   97
1 Kor 2,10–16   96
1 Kor 3   98
1 Kor 3,1–17   72
1 Kor 3,1–5   81
1 Kor 3,4ff.   72
1 Kor 3,5f.   92
1 Kor 3,5   74
1 Kor 3,6ff.   75
1 Kor 3,6   74
1 Kor 3,9–17   60, 81
1 Kor 3,10–17   120
1 Kor 3,10   106, 164f.
1 Kor 3,11   104, 174
1 Kor 3,12–15   96
1 Kor 3,13ff.   97
1 Kor 3,16   103
1 Kor 3,21ff.   89
1 Kor 3,22   50
1 Kor 4,6–13   67
1 Kor 4,6   92
1 Kor 4,7   95
1 Kor 4,10   68
1 Kor 4,14f.   74
1 Kor 4,26–33   163
1 Kor 6,10   104
1 Kor 7   111, 146
1 Kor 7,1   75
1 Kor 7,10–16   76
1 Kor 8–10   65
1 Kor 8,1   75
1 Kor 8,6   92
1 Kor 8,7–13   68
1 Kor 8,7   82
1 Kor 8,11   164
1 Kor 9   67, 75f., 98
1 Kor 9,5   50

1 Kor 10,15   77
1 Kor 10,16f.   47, 64, 78, 91, 123, 199, 211, 237
1 Kor 10,21   239
1 Kor 10,22   68
1 Kor 11   259
1 Kor 11,2–16   155
1 Kor 11,5   151, 154
1 Kor 11,8f.   156
1 Kor 11,10f.   156
1 Kor 11,11f.   67, 156
1 Kor 11,13–16   155
1 Kor 11,13   77
1 Kor 11,17–34   201
1 Kor 11,18   47
1 Kor 11,19   47
1 Kor 11,20   236
1 Kor 11,22–25   78
1 Kor 11,23–26   119
1 Kor 11,23–25   210, 236
1 Kor 11,23ff.   47, 88, 90f.
1 Kor 11,23   193, 210
1 Kor 11,24f.   199
1 Kor 11,26   85
1 Kor 12   47, 60, 73, 78, 120
1 Kor 12,1ff.   107
1 Kor 12,1   75, 95, 163
1 Kor 12,3   163
1 Kor 12,4–11   67f., 89, 162
1 Kor 12,4–7   72, 162
1 Kor 12,4ff.   47, 95, 163
1 Kor 12,4   70
1 Kor 12,5   70
1 Kor 12,6   70
1 Kor 12,7   69, 101, 163
1 Kor 12,8–11   69
1 Kor 12,12–27   26, 77, 91, 164
1 Kor 12,12f.   88

1 Kor 12,12   107
1 Kor 12,12a   78
1 Kor 12,12b   78
1 Kor 12,13–27   95
1 Kor 12,13   67, 69, 80, 91, 94, 212
1 Kor 12,14   78, 107
1 Kor 12,15f.   78
1 Kor 12,18   96
1 Kor 12,19   78
1 Kor 12,20   78, 107
1 Kor 12,22   78
1 Kor 12,23f.   78
1 Kor 12,24f.   96
1 Kor 12,28–31   162
1 Kor 12,28ff.   69, 163
1 Kor 12,28   71–73, 92, 163, 165, 173
1 Kor 12,29ff.   69
1 Kor 12,29f.   96
1 Kor 12,31   69, 96, 101
1 Kor 13   76, 89f., 95, 101
1 Kor 13,1–13   98
1 Kor 13,1ff.   68
1 Kor 13,1   101, 163
1 Kor 13,2   163
1 Kor 13,3   163
1 Kor 13,13   101
1 Kor 14   61, 70, 99, 101
1 Kor 14,1–5   96, 101, 163
1 Kor 14,1   96
1 Kor 14,4   163
1 Kor 14,20–25   163
1 Kor 14,22–25   61, 200
1 Kor 14,23ff.   72, 99
1 Kor 14,25   61
1 Kor 14,26   72, 99, 243
1 Kor 14,33b–36   154

1 Kor 14,34   146
1 Kor 15,1–11   92, 114, 131
1 Kor 15,1f.   187
1 Kor 15,3–5   21, 94, 119
1 Kor 15,3ff.   90
1 Kor 15,3   94
1 Kor 15,5   185
1 Kor 15,6–11   119
1 Kor 15,8ff.   74
1 Kor 15,8   186
1 Kor 15,9   186
1 Kor 15,10   186
1 Kor 15,22–28   91
1 Kor 15,28   212
1 Kor 16,1f.   72
1 Kor 16,1   75
1 Kor 16,13   187
1 Kor 16,15ff.   73
1 Kor 16,15f.   72
1 Kor 16,19   58, 146

2. Korintherbrief

2 Kor 1f.   75
2 Kor 1,15–24   75
2 Kor 3,6   74
2 Kor 4,5   190
2 Kor 5,14   214
2 Kor 5,18ff.   95
2 Kor 5,21   85
2 Kor 6,4   74
2 Kor 8   263
2 Kor 10–13   75
2 Kor 10,10f.   75
2 Kor 11,3   147
2 Kor 11,8–15   75
2 Kor 11,15   74
2 Kor 11,22–32   75

2 Kor 11,23   74
2 Kor 12f.   76
2 Kor 12,9   188
2 Kor 12,10   93, 188
2 Kor 12,12   164
2 Kor 13,3   75
2 Kor 13,4   188

Galaterbrief

Gal 1,6–9   50
Gal 1,13–16   188
Gal 1,13–15   186
Gal 1,13f.   129, 131
Gal 1,15f.   23f., 119
Gal 1,16–21   50
Gal 1,16f.   75
Gal 1,17   185
Gal 2,1–10   123, 183
Gal 2,2   44
Gal 2,4   43, 76
Gal 2,5   76
Gal 2,6   189
Gal 2,8f.   190
Gal 2,9   43, 45, 48
Gal 2,11–16   191
Gal 2,11–14   48, 58
Gal 2,11   49, 263
Gal 2,12   49
Gal 2,14   76
Gal 2,15f.   49
Gal 2,16   191
Gal 2,20   212
Gal 3,1–5   68
Gal 3,13f.   188
Gal 3,13   63, 85
Gal 3,26ff.   44
Gal 3,27f.   152, 162

Gal 3,28   67, 80, 89, 91, 94, 113, 145, 156, 163
Gal 3,29   94
Gal 4,6   89f.
Gal 5   67
Gal 5,1–6   76
Gal 5,5f.   94
Gal 6,6   72
Gal 6,10   130
Gal 6,16   52

Epheserbrief

Eph 2,20f.   174
Eph 2,20   165
Eph 4   121, 245
Eph 4,4   148
Eph 4,7–13   174
Eph 4,7   166
Eph 4,11   79, 165, 176
Eph 4,13   166
Eph 4,16   166
Eph 5,21–24   156
Eph 5,22–33   147
Eph 5,22   146

Philipperbrief

Phil 1f.   76
Phil 1,1   73, 172
Phil 1,9ff.   77
Phil 1,9f.   64
Phil 1,27   16
Phil 2,2ff.   77
Phil 2,6–11   21, 64, 195
Phil 3   75, 79
Phil 4,2f.   152
Phil 4,15   77

Kolosserbrief

Kol 3,18f.   147
Kol 3,18   146
Kol 4,15   152

1. Thessalonicherbrief

1 Thess 1–3   76
1 Thess 1,2–10   77
1 Thess 1,4f.   77
1 Thess 1,6f.   98
1 Thess 1,8   93
1 Thess 1,9f.   93
1 Thess 1,9   82, 94
1 Thess 2,1f.   77
1 Thess 2,5   77
1 Thess 2,7   74
1 Thess 2,8   75
1 Thess 2,11f.   74
1 Thess 2,11   77
1 Thess 2,14   98
1 Thess 3,1–5   98
1 Thess 3,2   74
1 Thess 4,1–12   41
1 Thess 4,9–12   98
1 Thess 4,9   77
1 Thess 4,13–18   75
1 Thess 4,18   73
1 Thess 5,1–22   41
1 Thess 5,2   77
1 Thess 5,12   72
1 Thess 5,14   73
1 Thess 5,15ff.   98
1 Thess 5,19f.   68
1 Thess 5,21   64, 77

1. Timotheusbrief

1 Tim 1,10   171
1 Tim 1,18ff.   176
1 Tim 1,18   177
1 Tim 2,1f.   173, 176
1 Tim 2,5f.   214
1 Tim 2,7   168
1 Tim 2,8–15   180
1 Tim 2,11–15   151
1 Tim 2,11f.   153
1 Tim 2,11   152f.
1 Tim 2,13f.   167
1 Tim 2,13   180
1 Tim 2,14   147
1 Tim 2,15   153
1 Tim 3,1–13   175
1 Tim 3,1–7   80, 167, 172, 178
1 Tim 3,8–13   177
1 Tim 3,11   152, 180
1 Tim 3,15f.   176
1 Tim 4,3   153
1 Tim 4,6–16   153
1 Tim 4,6   171, 176
1 Tim 4,13   173
1 Tim 4,14   176f.
1 Tim 5,1   173
1 Tim 5,3–16   146, 152
1 Tim 5,17f.   153
1 Tim 5,17   175
1 Tim 5,22   176f.
1 Tim 5,23   179
1 Tim 6,20   179

2. Timotheusbrief

2 Tim 1,6   176
2 Tim 1,7   167, 177
2 Tim 1,13   171
2 Tim 2,15   171
2 Tim 3,6f.   156
2 Tim 4,3   171
2 Tim 4,19   146

Titusbrief

Tit 1,5   176
Tit 1,6–9   177
Tit 1,7f.   178
Tit 1,7   172
Tit 1,9   171
Tit 2,1   171
Tit 2,4f.   153
Tit 3,4–7   167

Philemonbrief

Phlm 2   58
Phlm 8f.   77

Hebräerbrief

Hebr 1,1f.   31, 35
Hebr 1,3   32
Hebr 2,1   29, 31, 34
Hebr 2,3   28
Hebr 2,9f.   33
Hebr 2,9   31–33, 36, 214
Hebr 2,10   38
Hebr 2,14   35, 38
Hebr 2,17f.   39
Hebr 2,17   38
Hebr 2,18   33
Hebr 3,1f.   32
Hebr 3,1   31
Hebr 3,6   37

Hebr 3,7–19 32
Hebr 3,7 31
Hebr 3,10 29
Hebr 3,12f. 41
Hebr 3,12 39
Hebr 3,13 39
Hebr 3,14 37
Hebr 3,15f. 31
Hebr 3,16–19 39
Hebr 3,18 35
Hebr 4,1–11 31
Hebr 4,1 29f., 35, 41, 65
Hebr 4,2 31f., 35
Hebr 4,3–11 35
Hebr 4,3 34
Hebr 4,6–11 32
Hebr 4,6 39
Hebr 4,7 31f.
Hebr 4,8 32
Hebr 4,11 39
Hebr 4,12f. 32, 34
Hebr 4,12 32, 34
Hebr 4,14–5,10 38
Hebr 4,14–5,4 33
Hebr 4,14 36, 38
Hebr 4,15 33, 38f.
Hebr 4,16 36f., 39f.
Hebr 5,1ff. 39
Hebr 5,2 33
Hebr 5,7 33
Hebr 5,9 34f., 39
Hebr 5,11–6,3 30
Hebr 5,11ff. 30, 39
Hebr 5,11 30
Hebr 5,19f. 38
Hebr 6,1ff. 36
Hebr 6,1 29, 39
Hebr 6,5 32

Hebr 6,10 41
Hebr 6,12 37
Hebr 6,13–20 35
Hebr 6,15 37
Hebr 7,1–10,18 40
Hebr 7,4 31
Hebr 7,20f. 35
Hebr 7,25 33, 39
Hebr 7,27 35, 85
Hebr 7,28 39
Hebr 8,5 31
Hebr 9,1–28 38
Hebr 9,8 39
Hebr 9,12 35, 85
Hebr 9,14 39f.
Hebr 9,26ff. 35
Hebr 9,28 31f.
Hebr 10,1–10 39
Hebr 10,1 39
Hebr 10,7 38
Hebr 10,9 38
Hebr 10,10 35, 85
Hebr 10,19–39 37
Hebr 10,19f. 38
Hebr 10,19 37
Hebr 10,22–25 40
Hebr 10,22 39f.
Hebr 10,23 35f.
Hebr 10,24f. 41
Hebr 10,24 41
Hebr 10,25 29, 41
Hebr 10,29 36
Hebr 10,32–39 41
Hebr 10,32–36 29
Hebr 10,32–35 28
Hebr 10,32ff. 29
Hebr 10,32 37
Hebr 10,33 29, 41

Hebr 10,34   29, 41
Hebr 10,35   37
Hebr 10,36   29, 37
Hebr 10,39   29, 39
Hebr 11,1   34, 36
Hebr 11,2   37
Hebr 11,4–40   37
Hebr 11,6   39
Hebr 11,7   34
Hebr 11,8f.   217
Hebr 11,8   35
Hebr 11,11   35
Hebr 11,13–16   37
Hebr 11,13   218
Hebr 11,26   32f.
Hebr 11,27   34
Hebr 11,40   37
Hebr 12,1ff.   37
Hebr 12,1f.   29
Hebr 12,1   37, 39
Hebr 12,2   29, 31–33, 38f.
Hebr 12,3   32f.
Hebr 12,4–13   29
Hebr 12,4   29
Hebr 12,7   37, 179
Hebr 12,11   39
Hebr 12,13   29, 41
Hebr 12,14–17   39
Hebr 12,14   31f., 41
Hebr 12,15   36, 41
Hebr 12,19   31
Hebr 12,22   37
Hebr 12,22ff.   40
Hebr 12,25f.   31, 35
Hebr 12,28   40

Hebr 13,1   39, 41
Hebr 13,2   41
Hebr 13,3   29, 41
Hebr 13,4   39, 41
Hebr 13,5   39, 41
Hebr 13,9ff.   30
Hebr 13,9   36
Hebr 13,11ff.   39
Hebr 13,13   32f.
Hebr 13,15f.   40
Hebr 13,16   41
Hebr 13,17   41
Hebr 13,22   29
Hebr 13,23   29
Hebr 13,55   41

1. Petrusbrief

1 Petr 1,1   57, 132
1 Petr 1,7   187
1 Petr 1,17   57
1 Petr 2,11   57
1 Petr 2,25   171
1 Petr 3,1–7   147
1 Petr 3,1   146
1 Petr 4,4   58
1 Petr 5,2   176
1 Petr 5,4   171
1 Petr 5,12   133
1 Petr 5,13   132

1. Johannesbrief

1 Joh 4,8   195
1 Joh 4,16   195